Autobiographie d'une âme

Yves Klopfenstein

Autobiographie d'une âme

LE LYS BLEU
ÉDITIONS

ISBN : 979-10-422-0297-2

Avant toute chose

J'appartiens à une organisation invisible et sans doute la plus ancienne au monde. Vous ne me voyez pas et jamais ne connaîtrez mon nom. Je reste fantomal à vos yeux, mais par moments, lorsque vous vous dites que ce qui vous arrive est miraculeux, inattendu, cyclique ou catastrophique, alors sachez qu'il est fort probable que j'y sois pour quelque chose. Je suis, comme les myriades de mon organisation, à la manœuvre dans les coulisses de vos vies, et ce depuis tous vos commencements.

Comme dans votre univers social, nous sommes bien structurés. Nous faisons tous partie de l'une des trois triades de l'Organisation. Chaque triade se voit confier une mission particulière et, pour la mener à bien, elle s'articule autour de trois ordres complémentaires. Moi je fais partie du plus petit des ordres de la plus modeste des triades, celui des Âmes.

C'est quoi une âme ? Un principe incorruptible et transcendant à l'homme ? Un principe spirituel que l'on dissocie du corps pour mieux le rattacher à un salut ou à un dieu ? N'est-ce qu'une manière de se rassurer quant à une possible continuité ou survie de l'existence ? De Saint Augustin à Simone de Beauvoir, des bonzes japonais aux religions africaines traditionnelles, de l'Inde aux îles Ellice, vous vous êtes construit une idée de l'âme qui se ressemble malgré vos interprétations différentes. Pour ma part, je vous dirais simplement que c'est une Intelligence, une énergie, une intention qui donne une forme particulière à une existence qui singularise une vie en lui donnant une texture, une couleur et une odeur. Je dirais, pour imager mon propos, que l'âme c'est tout à la fois le parfum d'une fleur, une signature impalpable et pourtant singulière, et la manière dont une fleur s'adapte à son environnement.

À certains moments, vous avez pris conscience de ma présence et vous m'avez associé au souffle, ce qui n'est pas complètement dénué de sens puisque le souffle c'est un peu comme un parfum, on le sent, mais on ne le voit pas. À d'autres moments, vous avez voulu faire de moi le principe du monde en m'associant à toutes ses composantes mathématiques, astrales, végétales, animales et naturelles. Et puis comme vous étiez en train de tout confondre, d'associer cette force à des mondes virtuels, occultes ou surnaturels, nous avons eu pour mission prioritaire de faire table rase de vos extravagances en suscitant le rationalisme et l'esprit des Lumières. Nous avons, comme Persée, chaussé nos sandales ailées et, en bons messagers, nous avons réussi à allumer un feu dans l'esprit de quelques hommes d'une partie du monde que vous habitez. En pratiquant un tel brûlis, on visait à défricher vos certitudes tout en opérant un transfert de fertilité dans votre esprit. On espérait même que le feu que nous avions allumé en vous se propagerait jusqu'aux confins de votre espace-temps.

Avec le feu que nous avons allumé en vous, vous avez forgé de nouvelles clés qui vous ont permis d'ouvrir la serrure du monde, d'avancer, de sortir hors de la nuit dans laquelle vous vous étiez empêtrés. Quelques-uns de mes collègues ont même réussi à vous faire oublier notre présence en vous lorsque, suscitant en vous des idées nouvelles dont vous ne pouviez précisément dire comment elles s'y formaient, vous avez crié au génie de l'intuition de la découverte, de la création de l'esprit. Et voilà qui m'amène à vous parler de ma fonction au sein de l'Organisation.

Une âme, ce n'est pas qu'une Intelligence ou qu'une énergie pure qui interviendrait de manière aléatoire dans votre existence, au gré des jaillissements de certaines de vos intuitions. C'est aussi un messager qui a comme tâche et pour mission de vous accompagner tout au long de votre parcours terrestre. Pour cela, nous nous intégrons à vos enveloppes charnelles afin de vous pousser à résoudre des questions que votre confrontation à la réalité ne manque pas de vous poser. Vous avez voulu trouver un sens à l'existence, alors nous avons décidé de vous y aider, quand bien même la notion de sens ne veut rien dire d'autre que votre peur de vivre. Et durant ce long chemin de la quête du sens, nous nous sommes adaptés à vos choix. De la notion de primauté du groupe, vous êtes passés à celle de l'individu. D'un destin d'une nation ou d'un peuple, vous êtes passés à celui d'une existence particulière et vous tâtonnez entre prédestination et liberté, quand vous ne vous bricolez pas une aventure sur mesure.

Pour faire court, je suis cette petite voix intérieure que l'on écoute ou qu'on ignore, que l'on refoule ou qu'on dénigre, quand on ne la rabaisse pas au rang d'affabulation, de métaphore décrivant des phénomènes endopsychiques ou que sais-je encore. Cela dit, je suis aussi porté au pinacle quand vous m'assimilez à votre intuition. Mais ne me confondez jamais à votre instinct. Votre instinct vous domine tandis que votre intuition vous laisse toujours libre du choix que vous pouvez faire. L'intuition et l'imaginaire, dans leurs fulgurances ou dans leurs divagations, ne sont rien d'autre que des résultats remarquables de la collaboration réussie entre vous et nous. Nous suggérons, vous décidez.

Mais mener à bien une telle mission, cela demande de la préparation. On ne se retrouve jamais à devoir s'immiscer dans une enveloppe charnelle du jour au lendemain. Chez nous, on ne gère pas les choses à la va-vite ou dans la précipitation. Le temps ne joue pas contre nous. Le temps n'est ni un allié ni un adversaire. Il n'est que l'occasion saisie d'expérimenter la vie dans tout ce qu'elle comporte de sublime ou d'horrible, de joies ou de peines, de simplicité ou de complexité, de langueur ou de stress. Du coup, je reçois mon ordre de mission dès la conception d'un enfant, car je vais devoir composer avec un individu, sa famille, son environnement, son héritage génétique et son patrimoine transgénérationnel. Vous vous rendez bien compte de la masse d'informations qu'il me faut intégrer si je veux réussir à trouver le bon langage pour vous permettre d'avancer.

Oh ! je ne dis pas que l'on réussit à chaque fois, je dis juste que l'on se donne tous les moyens possibles pour interagir avec vous, communiquer et former un duo soudé, capable de vous faire traverser votre existence sans que vous oubliiez ou négligiez de vous rencontrer.

Et si je sais à peu près quand je quitte mon ordre, je ne sais jamais quand je rentre. La durée de cette mission, c'est vraiment la seule inconnue avec laquelle je vais devoir composer. Je n'ai pas accès à la limite terminale de votre existence et, bien que je me confronte à votre patrimoine génétique, votre tempérament et vos addictions qui conditionnent pour partie votre longévité possible, les aléas et les accidents qui vous surviennent me demeurent imprévisibles puisque c'est vous qui choisirez. Il y a donc quelque chose de l'ordre de l'aventure, au sens où vous parlez du risque et de l'imprévu, qui m'attend au moment où je vous rejoins sur terre. Or que mes missions soient courtes ou longues, faciles ou difficiles, c'est toujours avec joie que je m'organise pour vous côtoyer de l'intérieur. Vous comprendre et essayer de vous faire naître, en conscience, à qui vous êtes, voilà ce qui pour moi relève de l'aventure comme on parle avec excitation d'un voyage que l'on nous propose en terre inconnue.

Et justement pour me préparer à cette expédition je consulte ce que vous pourriez appeler un cloud qui contient toutes les données relatives aux différentes manières dont nous nous y prenons pour vous rencontrer. Cette gigantesque base de données est en libre accès à l'ensemble de l'ordre et contient aussi tous les résultats que nous avons obtenus. On s'en inspire forcément, mais chacun d'entre nous est totalement libre de composer comme il l'entend. Car ce qui compte vraiment pour chacun d'entre nous c'est de répondre à ce que vous appelez l'obligation de moyens. L'exigence à laquelle nous nous plions c'est celle de rester attentifs et consciencieux dans l'accompagnement personnalisé que nous mettons en place pour que vous réalisiez clairement que vous ne vous réduisez ni à des fonctions vitales ni à des besoins primaires. Parce que vous n'êtes ni qu'un tube digestif ni qu'une immédiateté, parce que vous ne pouvez pas non plus vous définir que par le feu ou l'art, autrement dit par l'intelligence et la technique, alors diligemment il nous faut composer avec vos héritages et votre personnalité propre pour vous faire accéder à votre réalité élargie. Et cette accession c'est comme un deuxième accouchement à travers lequel vous réalisez que le monde ne se réduit pas à ce que vous voyez, ressentez et connaissez. Un monde élargi se laisse entrevoir par une conscience s'augmentant des possibles que jusque-là vous aviez relégués avant le réel. Or en l'intégrant comme suivant le réel, le possible l'actualise en se jouant de l'imprévisibilité comme on se joue de la pesanteur lorsque l'accélération subie égale la gravité. Avec une conscience élargie, l'écart entre la représentation, l'expérience et la connaissance de soi, et l'événement de soi surgissant dans toute son imprévisibilité, déborde le réel de part en part en produisant une sensation d'être enfin pleinement soi.

Mais la possibilité de cette autre conscience de soi fait peur. Elle est perçue comme un trop-plein, comme une submersion pour l'homme et sa volonté de ne s'en remettre qu'à la rationalité de l'art et le feu. Or je trouve que cette allégorie est plutôt parlante quand on observe le chemin que certaines civilisations suivent en pensant que leur avenir n'est que surhumanité ou transhumanité. Cela vous étonne-t-il que je connaisse Platon ? Oh, il ne faudrait pas oublier tout ce que je viens de vous dire ni nous réduire à ce que nous ne sommes pas. Nous sommes là, à vos côtés, depuis l'aube de votre monde. Nous étions présents lorsque vous avez exploré la terre et brisé ses atomes. Nous étions encore là lorsque vous avez conquis l'espace en y envoyant des véhicules et des hommes. Nous étions toujours à vos côtés quand vous avez sondé les profondeurs des océans et du cerveau. Et plus vous avancez, disséquez et trouvez, et plus vous continuez à vous désintéresser de vous-mêmes, sauf à vous considérer comme matière scientifiquement expérimentale et comportementale. À force de vous réduire à n'être qu'objet d'observation, vous négligez la découverte essentielle que vous procure l'acte de naître à soi-même, je parle de cet instant savoureux et presque boulimique où la dimension spirituelle de votre conscience vous rend vraiment libre et amplifie parfois jusqu'à l'excès votre désir d'exister.

Malheureusement, j'ai l'impression que vous vous complaisez à vivre sans conscience. Vous vous êtes tellement habitués à ne pas vous écouter, vous avez tellement pris l'habitude de vivre en immédiateté ou conformément à ce que vous pensez que les autres attendent de vous, que vous ne vous voyez plus. Or là, juste derrière les masques qui vous servent à vous cacher de vous-même, il y a le miroir sans tain de votre conscience, cet autre monde auquel j'appartiens et qui cherche à interagir avec vous. Il vous suffirait de vous écouter pour vous rendre compte que nous vous envoyons régulièrement des suggestions ou des interrogations qui pourraient vous permettre de vivre pleinement votre vie, au lieu de répéter ce que d'autres avant vous n'ont fait que subir et reproduire sans le savoir.

Nous, nous vous observons depuis toujours. Nous vous écoutons aussi. Je crois que l'on peut dire que nous vous connaissons bien, peut-être même mieux que vous-mêmes. Nous nous sommes tellement préparés à vous rencontrer et nous sommes tellement concentrés sur notre mission que nous remarquons immédiatement la plus petite émergence de vos doutes et de vos émotions qui commencent à se former et remonter les circuits de l'information jusqu'à votre conscience morale. À ce stade, je dois encore vous mettre en garde parce que, tout comme je ne suis pas votre instinct, je ne suis pas votre conscience, bien que j'utilise tous vos organes sensoriels, tous vos circuits de neurones. D'une certaine manière, je suis la parfaite illustration de votre concept d'altérité irréductible. Vous voyez ce que je veux dire ? Je fais renvoi ici à une autre dimension profondément enfouie à vous-même et qui, bien que totalement différente, reste la condition de l'autre moi au regard de soi qui devrait vous permettre de vous mesurer et vous représenter de manière binoculaire là ou trop souvent, par habitude ou lâcheté, vous vous contentez d'une perception borgne ou monoculaire de votre réalité.

Et si je pense parler de vous de la sorte, c'est que cela fait sept fois que j'ai intégré des enveloppes corporelles et accompagné des humains à faire face à ce qu'ils avaient à vivre. Ne vous bloquez pas sur le nombre de fois où l'on se revêt d'une existence. Sept représente une limite inférieure métaphysique, un peu comme il en est chez vous de la vitesse de la lumière que vous considérez comme une limite supérieure conventionnelle. Sept c'est un nombre suffisamment important pour comprendre la diversité et la complexité de l'humanité sans toutefois penser en avoir une représentation exhaustive. Sept, c'est un palier, rien de plus.

Mais je vois se former en vous l'incrédulité. Cela vous paraît-il tellement naïf ou fou de pouvoir renouveler sept fois une telle expérience ? Sceptique, êtes-vous en train de vous dire que vous n'avez affaire qu'à l'une de ces fables extravagantes que l'on sert aux candides, l'une de ces fausses croyances du temps révolu de l'enfance de l'humanité ? Oh ! je vois votre sourire, mais à ce stade permettez-moi de vous adresser mes propres craintes. À vous voir dubitatifs de tout ce que vous ne pouvez contrôler en le décomposant et le répliquant à l'envi, j'en viens à me dire que vous n'avez pas totalement compris l'esprit des Lumières. Sortir d'une dépendance dont vous vous étiez accoutumés par manque de volonté, par confort ou par intérêt ; avoir le courage de se servir de sa raison, cela ne veut pas dire rejeter tout ce en quoi vous adhériez auparavant ou ce qui vous échappe encore. Le célèbre Sapere aude relève plutôt d'une supplication à ne pas se laisser aveugler par un unique système du monde, quand bien même il vous permettrait de conquérir et de faire revivre des planètes pour vous sauver de la terre.

L'esprit des Lumières, c'est se donner comme obligation mentale et morale de toujours opérer une critique des savoirs et de leurs outils. C'est rester en état d'alerte vis-à-vis des constructions théoriques de toutes sortes, afin qu'elles restent à leur juste place, c'est-à-dire qu'elles ne prennent jamais le pas sur l'homme dans toutes ses dimensions. Mais je sais combien la tâche est compliquée tant il est commode et confortable de préserver ses acquis, ce que l'on découvre et qui fonctionne ou fait consensus, et rejeter ce que l'on ne comprend pas ou plus, ce qui résiste, oubliant de la sorte que tout passe, que tout est recyclable.

Et pourtant, à force de vous côtoyer, je pense que vous pourriez déplacer des montagnes plutôt que de continuer à vous réfugier dans vos cavernes, fussent-elles extraterrestres. Mais comme votre rapport aux savoirs est toujours empreint de vos blessures, qu'elles remontent à votre conception, à votre enfance ou à vos choix ; puisque vous n'arrivez pas à séparer la connaissance de vos lésions narcissiques ou de vos propres croyances, alors vous vous condamnez à chercher sans vous chercher, à comprendre sans vous comprendre. C'est plus facile, c'est plus commode de ne manipuler que des objets cliniques plutôt que d'oser toutes les dimensions d'un vivant mouvant, s'éparpillant en fourmillements.

Mais je ne suis pas là pour faire votre procès. Je suis -là parce que j'ai eu des missions à accomplir et sur lesquelles j'ai demandé à être évalué afin de pouvoir accéder à l'ordre auquel j'ai toujours voulu appartenir, celui des Vertus. En effet, la règle générale de notre organisation exige que chacun d'entre nous s'immisce sept à neuf fois dans une existence particulière avant de pouvoir demander à être affecté à un autre ordre ou à une autre triade. Ce prérequis formel étant maintenant atteint, j'ai posé ma candidature.

Comme vous le constatez, nous avons un système de promotion interne, mais certains ne l'utilisent pas, car ils se sentent bien dans ce qu'ils font. Moi, si je devais rester parmi les Âmes, cela ne me dérangerait pas, même si j'ai, comme vous, parfois envie de faire autre chose. J'insiste peut-être, mais c'est fascinant d'intégrer votre monde, vos complexités intérieures, vos peurs, vos démons, vos paresses, vos lâchetés et tous les schémas bloquants que vous vous imposez sans forcément vous en rendre compte. C'est captivant d'approcher différentes époques, d'autres civilisations et cultures, car à chaque fois les mêmes questions se posent comme si vous ne pouviez pas capitaliser les expériences passées, les cheminements et les conséquences qui en ont résulté.

Cela dit, ne vous méprenez pas sur mon rôle d'âme. Je vous suggère des pistes à explorer, je vous découvre d'autres réalités, je vous stimule à vous confronter à votre existence, mais c'est vous qui décidez de ce que vous voulez en faire. Je ne juge jamais les choix que vous faites parce que j'ai aussi la responsabilité de trouver le bon langage qui vous permette d'avancer. Quelques fois, j'y arrive et parfois je n'y parviens pas. Et si d'autres forces sont à l'œuvre en vous et qui peuvent complètement vous envahir, je reste pour vous ce que les anciens Égyptiens appelaient le ***ba****, c'est-à-dire la possibilité qui vous est donnée d'incarner une réalité augmentée, plus spirituelle que matérielle.*

Et puisque j'ai souhaité pouvoir changer d'ordre, j'ai dû suivre le protocole et m'employer à essayer d'amener à la lumière de leur propre esprit ces sept vies que j'ai eues en partage. Maintenant, il est l'heure de me soumettre à l'examen des moyens que j'ai suggérés aux temps où je les côtoyais. Pour faire court, je vais passer devant un conseil, un comité de sages éclairés qui va évaluer les opportunités que j'ai eues et saisies durant ces accompagnements sur mesure. Tout au long de ce premier temps où la parole me sera donnée, ce comité de sage ne dira rien tandis que je lui présenterai les sept vies qui forment mon dossier. La règle du silence s'impose à eux. Dans notre Organisation, il n'y a rien à ajouter, rien à retrancher, rien à critiquer de ce qui est dit par l'un de ses membres. Chacun prend du récit ce qui peut lui convenir, ce qu'il veut se réapproprier ou ce qu'il compte réutiliser. Ensemble, nous travaillons au seul bien commun de l'humanité comme à son progrès.

Puis après avoir partagé avec eux ces récits, le protocole précise qu'il me faudra leur présenter les raisons de ma candidature à rejoindre l'ordre des Vertus. C'est un moment un peu solennel et tout ce silence bloque certains de mes confrères qui préfèrent rester dans leur ordre plutôt que devoir soutenir le silence du comité. Quand tout ce que j'ai à dire sera dit, alors le modérateur du comité des experts, responsable de mon dossier d'admissibilité, va clore la séance et mettre en délibération mes actions, mes motivations et mes choix. Il proposera alors au collège des sages l'admission ou un moratoire durant lequel je devrais soit renouveler ma présentation soit réinvestir une ou plusieurs vies de façon à parfaire l'obligation de moyens qui m'est demandée et qu'ils n'auraient pas trouvée satisfaisante. En règle générale, l'ensemble du collège se rallie toujours à la proposition du modérateur. Son avis, toujours éclairé, est décisif et, comme vous le dites, la messe est dite pour le candidat.

Cette procédure d'évaluation est donc prise très au sérieux dans notre organisation et il y a un mystère autour de la constitution du collège d'experts. Bien que l'on se fréquente tous depuis toujours, aucun candidat ne sait à l'avance qui fera partie de ce collège et qui sera superviseur. À mon niveau de connaissance, je sais qu'il y a une direction tricéphale de l'Organisation qui regroupe un représentant de chaque triade. C'est cette direction qui désigne le collège et le superviseur. Le secret de ces nominations est une condition d'impartialité qui fait loi. Il est attendu des membres nommés une maîtrise absolue d'eux-mêmes. Rien ne doit transparaître, pas même un bruissement d'aile. Et leur silence absolu rajoute une solennité à cette rencontre en face à face. Mais je ne les crains pas. Ils sont justes dans leurs analyses et délibérés. La notion de privilège et de concurrence n'existe pas chez nous. Personne ne fait de l'ombre à personne et personne ne peut tirer avantage d'une situation ou d'un poste. Nous avons depuis toujours une politique d'amélioration continue pour chacun d'entre nous. La perfection que l'on recherche est une destination semblable à un horizon que l'on voudrait toucher du doigt. C'est un idéal, un cheminement dont nul ne peut se prévaloir de l'avoir atteint.

Tout va se jouer sur la pertinence et l'endurance que j'ai manifestée à trouver, à suggérer et à faire entrevoir des occasions de remises en cause de soi en vue de se dépasser pour se réaliser pleinement. Les résultats importent peu, car je vous le rappelle, je vous laisse toujours le choix de m'écouter, même à vos derniers moments dans vos derniers souffles et vos ultimes battements de cœur. Est-ce que je vais réussir ? Je ne saurais être mon propre juge. J'ai méticuleusement préparé mes comptes rendus. J'ai consulté notre cloud qu'on appelle communément « la bulle » et j'ai rassemblé mes souvenirs en me remémorant toutes ces figures et ces destins. Ma mémoire leur est-elle fidèle ? Mais la mémoire n'est-elle pas un outil de transformation continue des objets qu'elle conserve, qu'elle recompose et qu'elle rappelle à différentes occasions et de diverses manières ?

Mais il est temps d'entrer avec moi dans la salle d'audience. Accompagnez-moi dans votre monde comme on entre en relaxation. Laissez-vous guider par votre capacité à l'introspection de vos motivations et de vos actions. Je ne vous emmène pas au pays des merveilles, juste sur des chemins de vies et des situations que vous avez peut-être déjà vécues. Rassurez-vous, l'écho qu'elles pourraient vous renvoyer n'a pas de fonction morale. Tout va bien. Il n'y a pas de bonnes ou mauvaises réponses, il n'y a pas une manière de réussir sa vie.

La vie est une mangrove où les racines des palétuviers qui prospèrent le long des zones de balancement des marées sont des thèmes qui s'entremêlent à travers un jeu infini de renvois et de questions. Un thème en appelle un autre, l'évoque ou s'appuie sur lui, l'évite ou le filtre, le prolonge ou donne naissance à une nouvelle idée. Et si chaque vie est confrontée à cette marée de questions qui l'inondent et puis se retirent, c'est parce qu'il n'y a pas de bonnes réponses, juste des occasions à saisir et des choix individuels correspondant à des stades du cheminement individuel. La vie est un écotone, un territoire de transition tout à la fois fragile et riche de sa diversité.

Nous laisserez-vous la place et le temps de vous éclairer suffisamment pour que vos choix vous amènent à naître à votre conscience ?

Abel[1]

J'ai comme l'impression d'avoir appris et intégré depuis mon plus jeune âge, et sans vraiment en comprendre le sens, que toute espèce du genre *Homo* porte en elle la totalité de l'humanité, quelle que soit sa singularité et la difficulté que l'on a à l'accepter tant cela va à l'encontre de nos représentations et de nos volontés à toujours réduire le monde à nos principes, à nos coutumes et nos valeurs. J'ai été éduqué et j'ai été imprégné de l'idée qu'il n'y a d'Homme que d'hommes, et mon enfance a été bercée par une certaine idée de la tolérance comme expression d'un savoir-vivre *civilisé* reposant sur les jolis principes de la générosité, de l'abondance et de la bienveillance. Accueillir l'autre dans sa différence plutôt que d'éprouver du mépris à l'égard de sa manière de vivre ; recevoir sa représentation du monde et ses coutumes plutôt que de se laisser gagner par une envie de condamner ce qui nous est trop étranger ; aimer la vie dans son débordement fourmillant plutôt que de se laisser passer au cou le carcan d'une société de tempérance ; chercher à révéler et à s'inspirer de ce qu'il y a de bien en l'autre, plutôt que de se sentir menacé par tout ce qui ne nous a pas façonnés et qui met à mal notre *ego*. Mon enfance a passé et ma vie d'adulte s'est confrontée à la faille qui se creuse, et qui s'étire dès lors que le réel résiste au fantasme, dès lors que quelque chose ou quelqu'un vient fissurer l'unité de cet amour excessif de soi que l'on pensait constituer son individualité.

---

[1] Il y a dans ce que je ressens envers Abel quelque chose qui me ramène aux 6 Gnossiennes d'Erik Satie.

Moi je suis Abel et je fais partie de la lignée des hommes-buée. Pour certains, nous sommes inconsistants, pour d'autres une espèce parmi tant d'autres quand nous ne sommes pas assimilés à des vaniteux. Mais pour moi, nous faisons partie du clan du souffle. Je dirais me concernant que la buée qui nous caractérise n'est pas un brouillard annulant presque toute visibilité, mais qu'elle est ce léger trouble de la vue qui oblige à observer davantage, comme s'il fallait que quelque chose nous contraigne à voir plus lentement, autrement. Changer d'état, prendre moins d'espace pour prendre plus de temps à découvrir ou redécouvrir ce qui se cache au regard immédiat, ce qui se joue de nos instantanéités qui plongent nos esprits dans le brouillard confortable de nos certitudes et de nos habitudes. Tenez, que percevez-vous d'un vallon d'automne lorsque la brume l'enveloppe ? Combien de sens se mettent en alerte pour compenser la vue ? Sentez-vous les mousses emplir l'atmosphère de ses fragrances humides ? Entendez-vous la nature bruisser ? Voyez-vous surgir une nouvelle cartographie olfactive et auditive de ce lieu qui pourtant vous est familier ? La buée a ceci d'intéressant qu'elle opère comme s'il fallait retrancher quelque chose à la réalité perçue pour mieux l'augmenter.

De fait et d'esprit, je fais partie de cette branche de l'humanité qui se *sublime* dans une nature avec laquelle elle fait corps et âme. Je suis un indivisible, un individu. Mon « Je » est à revoir, à reconsidérer comme appartenant à une totalité qui l'enveloppe, le dépasse, le sublime et le dissipe. Mon « Je » n'est pas une revendication, c'est un mouvement qui s'agrandit, s'alourdit, se déforme et disparaît au regard que la vie me rend en miroir, comme si les êtres et les choses nous rendaient « regard pour regard ». À n'avoir de soi qu'une lecture en clair, c'est se condamner à ne pouvoir se déterminer qu'en immédiateté, que sur des idées conscientes et avouées. Or à prendre le détour d'une lecture chiffrée de soi c'est devenir un homme buée, c'est s'observer explorant les signes, les traces et les sens d'une vie étrangement invisible de prime abord.

Mais quand il est entré dans ma vie, cela a été un choc culturel pour moi, comme si j'avais changé de pays et de coutumes sans avoir eu le temps de m'y préparer. J'ai eu du mal à dormir, j'éprouvais de l'anxiété et de la frustration. Quelque chose ne tournait pas rond, mais je n'arrivais pas à comprendre pourquoi. J'ai ressenti ce sentiment pesant et inconfortable d'être incompris en ma propre demeure. Je peux le dire maintenant, j'ai été tourmenté par le simple fait d'être au contact de cet autre si différent.

Quand il a envahi mon espace, je ne me suis pas rendu compte qu'un autre système de valeurs qui m'était totalement étranger fissurait l'équilibre du mien que je croyais inébranlable. J'ignorais tout de lui, de ses règles du jeu et de sa représentation du monde, mais je ressentais un malaise tel que je préférais l'esquiver, prétextant être souffrant tout en me réfugiant dans le pays de mon enfance, bien à l'abri derrière l'idéologie bien-pensante qui m'avait été inculquée et qui me servait encore de fondement et de repères.

Peu à peu et sans vraiment m'en apercevoir je me suis contenté d'être inconsistant, un peu comme on ne remarque jamais la présence de certaines personnes que l'on croise pourtant régulièrement, tant elles sont discrètes ou sans intérêt. Et tandis que je restais les bras ballants, il me dépouillait méthodiquement de tous les liens qui pourtant me reliaient à lui. Ce n'est que bien plus tard que j'ai fini par comprendre que j'étais devenu un paria insignifiant, un candidat idéal de plus à condamner précipitamment aux oubliettes du monde.

Avec le recul, je dirais que j'étais mal armé pour faire face à l'intolérance qui guidait ses choix et ses actions quand il rencontrait un dissemblable. Avec le temps, je dirais que mon *ego* n'était pas à sa place, tant je l'avais atrophié par les litanies monotones de mon éducation utopique. Au lieu d'être mon rempart contre l'inadmissible, il m'avait déserté en se contentant de rester pâteux. Aujourd'hui, je ne cherche pas un coupable. C'est comme ça. J'ai pris à la légère ses propos outranciers. Peut-être que j'étais secrètement vaniteux. J'avais perdu cette petite voix qui rend vigilant à force de ne vouloir prêter attention ni m'insurger des mises en scène à travers lesquelles il me singeait.

J'aurais dû réagir. La mécanique de l'intolérance s'appuie insidieusement sur la réduction d'une part de l'humanité à des coutumes ou des caractéristiques dont elle a peur, qu'elle trouve barbare ou dont elle refuse l'existence. Ayant saisi tel ou tel détail, elle s'en moque en l'amplifiant, la simplifiant ou en la réduisant à n'être qu'une imitation que l'on aime à voir ou à entendre, qui nous flatte ou bien nous rassure, mais qui dans tous les cas nous divise. Et parce que la désinformation charriée par la caricature est habilement véhiculée sous toutes les déclinaisons sonores et visuelles possibles, elle devient par son omniprésence un outil redoutable à une *dé-formation* de masse, à une banale *dé-stitution* de l'autre, à une privation de la dignité de son être. Comme un refrain populaire entêtant, la caricature s'imprime durablement dans la mémoire. Elle devient collective. Personne ne la réinterroge. Alors on assiste, malgré soi au triomphe de l'intolérance. Mais elle ne s'arrêtera pas à cette victoire d'étape. Si rien ne l'arrête, si rien ne vient la requestionner ni la contester, alors elle enclenche un compte à rebours mortel qui du rire à la haine mènera crescendo à la déshumanisation de l'autre. À ce stade, le mécanisme de à la *néantisation* est investi, encouragé, exhorté. L'anéantissement légitimé de toute différence, de toute diversité, n'est qu'une question de jours.

Alors, quand il m'a traité de chaînon manquant, d'homme-singe ou de paléanthropien plus bête sauvage qu'être humain ; quand il m'a assimilé à un sous-homme, à une race inférieure et sous-développée, je n'ai pas eu le réflexe de réagir autrement qu'en souriant. Au nom d'une indulgence en partage qui me servait d'idée directrice ou de refuge, j'ai laissé faire, j'ai ignoré, croyant ainsi bien agir tout en me protégeant.

En fin de compte, j'ai été naïf ou couard. Réfugié derrière une morale mal comprise qui confondait bienveillance et lâcheté, je n'ai pas compris que le monde changeait sous les coups de boutoir d'une nouvelle règle du jeu dont j'ignorais la mesure. Moi qui n'ai fait que méjuger ses définitions ridicules de mon humanité d'homme-buée, je l'ai conforté dans son narcissisme dévastateur. Je crois que j'avais tellement envie de le convertir à mes principes, tellement envie de le faire adhérer à la *sublimation*, que je me suis aveuglé. Mon *ego* était complètement déboussolé, embrumé. Entre la peur et l'espérance, entre le vide et le plein, je ne voulais plus avoir à osciller tant je craignais de perdre mes raisons de vivre. Acculé dans mon propre espace intérieur, je n'ai pas su faire autrement que de le conforter dans l'image qu'il se faisait de moi, celle d'une suspension fugitive, d'un être sans véritable consistance, car sans orgueil ni résistance. Et si *le combat est père de toutes choses*, alors je l'ai bien couronné roi tandis que je devenais son esclave soumis à son obsession à vouloir dominer le monde sans partage.

Je suis Abel, un homme du passage qui se croyait éternel et qui s'est laissé déposséder passivement par la volonté de puissance de cet autre qui ne souffrait la faiblesse d'une *normalité* discordante à celle qu'il voulait trouver dans son miroir.

Or j'occupais la terre depuis bien des commencements et cela me suffisait pour vivre sereinement et en bonne intelligence avec la nature et d'autres hommes bien différent de moi, tant par la forme, la couleur, la langue et la culture. La terre était vaste et nos rencontres saisonnières renforçaient nos liens. J'habitais le monde comme un vieillard pétri des expériences passées et porteur des sagesses, et des traditions orales qui nous reliaient tous à la terre et au temps des rêves. Puis il a surgi dans mon espace, blackboulé mes valeurs, démoli mes repères et bafoué mon identité avant de me supplanter définitivement.

D'où venait-il ? D'un autre continent inconnu ? Simplement de partout et de nulle part ? Et puis comment en était-il arrivé là sans que personne ne s'en alerte ni ne s'inquiète ? Étions-nous tous déjà affadis au point de ne plus être en mesure de voir, d'entendre et de réagir en défendant notre conception du monde ?

C'est certain qu'il ne me ressemblait pas vraiment, mais on partageait suffisamment de traits communs pour que j'accueille ce nouveau venu, ce migrant, comme une chance. Il est vraisemblable aussi que je refoulais mon égoïsme naturel et mes peurs de le voir m'appauvrir tandis qu'il s'enrichirait sur mon dos. Cela dit, quelque chose en moi me disait que malgré son étrange aspect, son langage et ses manières si différentes des miennes, il était plutôt comme moi et qu'il n'avait probablement pas eu d'autre choix que de migrer dans mes contrées. Dans mon univers pétri de tolérance bien trop rudimentaire, il y avait, à perte de vue, de la place pour nous tous. Et puis je vous l'ai dit, mon jardin était immense et ses ressources suffisamment abondantes.

Ah ! j'étais bien trop Candide. Lui qui commençait à peupler mon univers s'est habilement servi de la crédulité dont je faisais preuve, pour apprendre à vivre dans ce nouvel environnement qui lui était totalement étranger, mais qu'il avait la ferme intention de s'approprier. Sans y prendre garde, une apocalypse avait surgi et commencé à déverser sur ma terre ses légions de bêtes immondes. La fin de mon monde était enclenchée et je ne le comprenais pas. Est-ce à dire que la fin d'un monde est toujours liée à la faiblesse de ceux qui l'occupent et qui ont fini par se laisser faire au lieu de se défendre, trop alanguis par les richesses qu'ils ont accumulées et derrières lesquelles ils se réfugient comme on se laisse envahir par la douce sensation de torpeur d'une sieste tropicale ?

C'est vrai qu'il était plus fourmillant que moi, qu'il avait un autre usage du monde et que ses outils différaient des miens parce qu'il osait faire autrement. Si j'avais pris la peine de l'observer attentivement, j'aurais remarqué qu'il se dégageait de lui cette volonté de puissance que rien ni personne ne peut arrêter. Il avait soif et moi j'étais repu. Au lieu de m'en méfier, je continuais obstinément à rêver qu'en partageant et qu'en mélangeant nos usages il y avait de quoi nous enrichir mutuellement. L'avenir, tel qu'il se laissait voir dans l'absurde entrebâillement de mes rêves, était prometteur et porteur de nouvelles données.

Je ne verrai jamais cette terre promise. Et pourtant, je l'ai scrutée dans mes rêves quand à chaque fois ce bleu pâle de l'horizon entremêlant le ciel et la mer formait un nouveau territoire cotonneux. Ce pays qui m'appelait naissait du dépassement des limites qui leur avaient pourtant été assignées. C'était un pays de cocagne, de lait et de miel. Les songes se sont estompés et le temps passé avec cet autre m'a fait comprendre, trop tardivement, qu'il ne pouvait y avoir d'Homme que lui. Notre possible avenir commun n'a été qu'un fiasco. Je crois que dès le départ de notre rencontre j'étais trop proche et trop éloigné de lui pour qu'il me considère comme une aubaine. N'a-t-il jamais vu autre chose en moi qu'un passé alors que j'étais déjà son futur ?

Si tous les deux nous utilisions des raisonnements pour nous adapter, résister et avancer, la comparaison s'arrête là, car nous ne faisions pas les choses dans l'optique d'une même finalité. Là où j'espérais, il flairait. C'était un curieux prédateur désinvolte, audacieux, opportuniste et insatiable, du genre de ceux qui n'en ont jamais assez et en réclament toujours plus, même quand tout ce qu'ils ont amassé déborde. Un peu comme s'il n'était qu'un coucou dans une nichée de fauvettes, il cherchait à monopoliser toutes les ressources, quitte à laisser ou faire mourir les autres oisillons avec lesquels il avait pourtant grandi. Or malgré le danger que la comparaison avec le coucou eût éveillé au plus profond de mon instinct de survie, je l'ai laissé faire, lui l'étrange étranger. Mon *ego* était-il déjà si atrophié qu'il en était devenu résigné, tétanisé ?

Je ressens encore les soubresauts de mon corps absorbant tant bien que mal les coups que se rendaient entre eux ma raison, mes émotions et mon intuition. Une petite voix en moi me disait « *méfie-toi ! Reste sur tes gardes ! Attention ! Réagis !* », mais je ne voulais pas m'y fier tant le carcan de mes valeurs déformait mes réflexes et mes choix. Je me rappelle comme si c'était hier avoir délibérément choisi de privilégier nos ressemblances et cette idée que nous avions une fraternité en commun. Au nom d'un principe supérieur auquel je n'osais déroger et sur lequel se perdaient mes repères, j'en suis même arrivé à me convaincre que nous devions bien avoir un seul et même père. Un premier homme qui nous avait engendrés, qui avait des bénédictions et des projets d'avenir nous concernant. Que je le veuille ou non, de par mon éducation et mon obéissance à ces principes qui faisaient mon identité, c'était mon frère et je ne devais ni l'envier, ni le rejeter, ni l'ignorer.

Mais vouloir une chose ne produit pas instantanément le résultat escompté. Certes, le désir inspire, mais la mise en œuvre pratique, parce qu'elle se confronte immédiatement à la rugosité de la réalité, rechigne à passer à l'action et pendant longtemps je me suis retrouvé dans cette impasse. Entre mon instinct qui me conseillait de l'éviter et mon cœur qui me disait de lui laisser du temps pour qu'il comprenne, j'ai oscillé intérieurement comme lorsqu'un vent furieux incline dangereusement les arbres et les fait entrer, en grinçant, dans une danse magnétique que rien ne semble pouvoir arrêter.

Mon cœur, trop souvent influencé par une dynamique de transfert et contre-transfert que la morale dominante encourageait, luttait contre mon instinct qui me coupait de toute logique de substitution, de toute prise en compte de relation à l'autre. J'ai finalement capitulé en faveur du parti de l'espoir, de cette force semblable aux racines qui, lentement mais sûrement, transpercent la roche et la pulvérisent en nutriments indispensables à la vie de tous.

Avec ce fourmillement caractéristique du message du corps dans mes entrailles conseillant une fuite immédiate et un espoir maquillé de bonne morale en bandoulière, je suis parti, cahin-caha, à sa rencontre. Je lui ai offert l'hospitalité et l'accès à qui j'étais. J'ai dépassé les barrières de la langue, derrière lesquelles on trouve souvent un bon prétexte pour ignorer ou stigmatiser l'autre. Je me suis appliqué à déchiffrer ces différents signes vocaux qui font l'appartenance à un même peuple, comme je me suis attaché à décrypter ces expressions qui tissent et entrelacent très étroitement un certain rapport au monde qui nous entoure. À multiplier les rencontres, j'ai même fini par croire que nous partagions la terre, non comme on la divise pour mieux l'enclore, mais comme on prend part, en même temps et au même titre, à l'abondance qu'elle offre.

Oui, je le sais bien, j'ai fait des choix dont je ne mesurais pas les conséquences tant j'étais aveuglé par mes principes d'une tolérance universellement partagée. Peut-être que j'étais devenu inactuel, appartenant à un passé qui n'avait plus lieu d'être. Peut-être aussi que mon frère et moi n'étions pas au même stade de nos cheminements respectifs et que par conséquent nous n'avions pas les mêmes choses à vivre, parce que petit à petit j'ai commencé à douter de nous. Et comme la nostalgie envahit l'âme et le corps, je me suis laissé happer puis défaire.

Pris dans une tempête intérieure, ballotté entre idéal et découragement, combien de fois suis-je retombé en désespoir tant je voulais y croire. Dans les moments les plus sombres de ma mélancolie, plus je le côtoyais et plus sourdait en moi cette idée accablante d'un monde en feu glissant vers sa mort, tant mon frère se comportait en opportuniste célébrant l'unique credo du *yolo – You only live once*. Il voulait profiter de tout sans attendre demain, sans se soucier des autres ni des générations futures, alors il exploitait tout ce qui passait à portée de mains, quitte à le défigurer, le rendre exsangue ou l'annihiler. Il était en transit tandis que j'étais à demeure sur cette terre.

Et plus je l'observais se jouant du réel selon les circonstances ou son bon plaisir, et plus je pressentais ma fin. Je me disais que lorsqu'il aurait fini de l'exploiter et d'en extirper ses richesses, quand il aurait achevé de tarir ses ressources les plus élémentaires, alors la terre serait exsangue, moribonde. Plus rien ne serait jamais comme avant. Il n'y aurait plus ni buée ni sublimation. Seule la désolation persisterait. Vidée de ses habitants et de sa diversité comme on se vide de son sang, la terre perdrait son élan vital tandis qu'il chercherait à la fuir tant elle serait devenue déserte et mortelle pour lui. Ce n'était qu'une question de temps et le temps jouait contre moi.

Où irait-il alors, lui qui n'était taillé que pour la marche ? Y aurait-il d'autres terres à découvrir dont on ne connaissait ni le passage ni la situation ? Et quand bien même une autre terre était imaginable, celui qui se prenait pour le seul Homme parviendrait-il à transformer son rapport au monde pour pouvoir y demeurer en bonne intelligence ? Parviendrait-il à se métamorphoser pour devenir l'auteur et le gardien d'une terre en partage ?

Dans ces moments où mon âme tourmentée expose à ma conscience une réalité peut-être trop lucide, je mesurais tout le chemin qui restait à parcourir tant ce qui nous séparait était plus grand que ce qui pouvait nous rapprocher. Une crevasse toujours plus profonde fissurait le sol que nous foulions, nous condamnant à évoluer séparément. Le rift qu'il avait engendré nous condamnait à un voyage en enfer. Est-ce que je me suis alors réfugié dans les valeurs de mon éducation pour mieux refouler le constat amer de mon incapacité à réagir ?

J'étais un homme-buée tandis que mon frère était un homme-glaise. J'étais le souffle là où il était la matière. J'étais la conscience introspective là où il était l'acte instinctif qui, par son audace, son errance et son instinct de survie, dompte, exploite, transforme ou anéantit irrémédiablement les obstacles qui freinent sa marche forcée vers un monde à sa mesure. Mû par une force brute et quasi mécanique, il a bouleversé les codes et les coutumes, il a fait table rase des habitudes et des valeurs qui étaient les miennes. Il s'est acharné à démonter et remodeler un paysage entièrement nouveau, conforme à démesure. Un monde de fer et de feu émergeait derrière lui tandis que se rétrécissait le mien, fondé sur le refus conscient d'une quelconque prévalence.

Sans forcément pouvoir le définir simplement, je me conduisais conformément à des principes hérités qui me semblaient évidents et que j'appelais le « respect ». Traiter tout être vivant avec le même égard, forgé sur le droit inaliénable de l'égalité du droit à la vie de tout ce qui compose le monde, voilà la définition que je donnais du respect. Et dans cette valeur du respect que je m'étais donnée, il y avait sans doute comme un idéal candide auquel je ne pouvais pas déroger sous peine d'être désorienté, perdant et perdu. Mon monde avait ses héros, ses saints et ses martyrs qui tous embrassaient cette utopie, comme si elle était réellement accessible. Et moi qui m'étais fixé la règle de ne jamais porter atteinte à l'égalité de liberté, à l'égalité de dignité et à l'égalité de vie de tout ce qui porte un souffle, de tout ce qui fait partie du socle sur lequel je m'étais enraciné, je me retrouvais quand même déstabilisé par la désinvolture inconvenante de mon frère à cet égard.

Si je voyais toutes choses en interaction vitales les unes avec les autres et sur un pied d'égalité de vie, pourquoi ne le percevait-il pas ? Pourquoi ne voyait-il pas l'interdépendance du vivant qui s'étalait pourtant avec abondance ? À trop marcher en scrutant les obstacles du sol qui s'étalaient sous ses pieds et qu'il s'était juré d'enjamber, avait-il perdu la faculté de lever les yeux ? N'était-il qu'un aveugle privé de cane et catapulté dans un espace inconnu ? Était-il condamné à errer çà et là sans jamais pouvoir s'arrêter ? N'avait-il pas eu le temps d'apprendre à préserver ou n'avait-il pu se construire que seul, dans la peur et le manque qui génèrent la lutte égoïste et absurde du plus fort pour sa seule survie ? Peut-être que par-delà l'homme impulsif avec lequel il se débattait inconsciemment, mon frère incarnait l'homme sans lendemain. Plus ces questions se bousculaient pêle-mêle dans mon esprit et plus j'étais perplexe.

Mes certitudes vacillaient comme si elles s'érodaient inexorablement sous les assauts intempestifs de l'homme-possédé, tellement pressé de vivre intensément l'instant présent qu'il ne se souciait ni de le mesurer ni de le préserver, le protéger et l'aimer. Mais j'ai finalement encore réussi à reprendre le dessus. J'ai réussi à balayer mes craintes parce que je m'étais promis de l'estimer et puis aussi parce qu'il en allait aussi de la bonne opinion que j'avais de moi-même, et que je voulais préserver coûte que coûte.

Tiens, à ce propos, je pense même que c'est moi qui, le premier, lui ai fait prendre conscience du caractère subtil de l'existence et des liens d'attachement qui perdurent entre les vivants et les morts. Oh ! je n'y suis pas arrivé du premier coup. J'ai dû puiser dans les ressources insoupçonnées de ma patience pour qu'il commence à se rendre compte du souffle reliant le visible et l'invisible. Lui qui ne voulait croire qu'en ce qu'il touchait, manipulait et transformait à l'envi, peu à peu il a commencé à ressentir ce mystérieux déplacement qui baigne la terre, suggère une même *psychologie,* c'est-à-dire ce langage intime des fonctionnements et des interactions entre le corps et l'esprit. Peut-être suis-je allé trop vite en essayant de le convaincre que ces liens transcendaient toutes les vérités que l'on se donne, qui nous enferment et nous clouent au sol.

Toujours est-il que, pris de passion pour mes certitudes, je suis devenu intarissable et je l'ai sans doute saoulé ou agacé en lui parlant de tout ce que je savais du souffle qui s'engouffre dans le corps et qui l'anime sans que l'on y prenne garde. Le souffle c'était ma révélation et je voulais en être un apôtre zélé. Je me rappelle pourtant cette petite voix intérieure qui, bien que muette, générait en moi une voix bien distincte, comme si quelqu'un que je connaissais sans jamais l'avoir vu me disait d'arrêter, que j'en faisais trop. Mais en bon disciple que je voulais être, je ne l'ai pas écoutée. J'étais tellement convaincu qu'un jour viendrait où il tomberait le masque et se rallierait à mes évidences que j'insistais à lui dire que le souffle c'était la vie qui bruisse, halète, entête ou suffoque. Le souffle c'était l'univers. Délicat comme le murmure du vol de l'oiseau de nuit ou puissant comme un ours en colère, le souffle se faisait généralement invisible, mais il lui arrivait parfois de se montrer lorsqu'il devenait tempête ou buée. Ce n'est que lorsqu'il changeait d'aspect, en devenant condensation, brume ou buée, qu'il montrait sa vraie destination, car on le voyait se former, prendre corps, se figer ou s'élever dans l'air et puis lentement se disperser pour se fondre dans tout l'espace avant de revenir en pluie fine ou torrentielle. Respecter le souffle c'était s'approprier le va-et-vient de la vie qui demeure sous les masques des apparences. Avec le souffle, il n'y avait plus de frontières entre les êtres puisque tous participaient, chacun à sa manière, à l'équilibre de la respiration du monde. Quand l'un l'inspirait, l'autre l'expirait et tous les êtres, les vivants et les morts, comme en cadence et sur une ligne mélodique invisible secrètement organisée, jouaient la mélodie de la vie.

Pourquoi me suis-je aveuglé à vouloir à tout prix qu'il comprenne, intègre et digère que la célébration du souffle ne pouvait être que poésie caressant la terre et le ciel ; qu'elle ne pouvait être que contemplation entrevoyant la sagesse qui suggère pour ne pas figer ? Je pensais à sa place croyant bien faire et ce faisant je me fourvoyais dans mes croyances à ne penser le souffle que comme une ode à l'amour gravé sur la beauté simple des nervures d'une feuille ou des motifs zébrés du vent sur la surface de l'eau qui gèle. Je pensais si fort pouvoir partager avec lui le monde de mes représentations que j'oubliais de l'écouter. Je désirais aveuglément que ma volonté l'engage, comme en effet miroir, à agir comme je l'espérais. Par empathie mal placée et sans chercher à savoir comment il percevait les choses, j'avais décidé qu'il devait s'alléger du sérieux, de la violence et de la gravité qu'il imposait à son existence. Mais quelque chose résistait.

Un souffle sans blast ne pouvait-il être que le principe espérance des hommes buées ? Ne pouvait-il y avoir, au mieux, que des lésions traumatisantes entre nos deux humanités animées par des effets de souffle différents ? Je n'en sais rien, mais avec le recul je dirais que je m'étais aveuglé par mon envie d'être aimé par cet autre que je prenais pour un frère. Et puis je fais le constat qu'en ce temps-là j'étais totalement prisonnier par l'image que je pensais devoir donner de moi, en passant pour quelqu'un de bien, que ne n'ai pas compris qu'un souffle peut être mortel. Emmuré dans des carcans de croyances et de convenances, je suis passé à côté de l'autre versant du réel qui se rit des morales et des convictions, et qui fracasse les bons sentiments en nuages de cendres.

Quelque chose résistait et au lieu de le prendre en compte j'ai passé mon temps à excuser ses comportements et ses actions qui ne cessaient pourtant de me heurter ou de me provoquer. Face à mon inconsistance, il s'est déployé avec de plus en plus d'aplomb, de cynisme et de cruauté.

À ce propos, le comportement type qui me revient à la mémoire c'est quand il prenait un malin plaisir à faire souffrir une bête devant moi. Son scénario était bien rodé. Il arrivait tout souriant avec un animal qu'il venait de capturer. Il me disait d'abord sa fierté d'avoir réussi à capturer un si beau spécimen. Il le palpait, le caressait et par moment relâchait l'étreinte qu'il lui imposait afin de tester son instinct de survie. Progressivement, les palpations prenaient la forme de brusqueries et les caresses se transformaient en coups ou en hyper flexions forcées. Dans certains cas et sans que je comprenne vraiment ce qui le motivait, il lui arrivait d'arracher un œil, de couper tel ou tel organe ou tout bonnement d'enflammer la que de l'animal avant de le relâcher. Et quand il les regardait souffrir ou mourir, quand il les observait se tordre ou se convulser en soubresauts, comme si les corps luttaient encore instinctivement pour la vie, il y avait dans son regard un je ne sais quoi de malsain et de terrifiant, comme s'il s'en délectait. J'en avais le sang glacé, j'en avais peur, mais je ne réagissais pas. Il avait pris le dessus. Qu'elle était donc cette nouvelle espèce pour se montrer capable de tant de sadisme envers les siens et la vie ? J'aurais dû me révolter, lui opposer une ferme résistance et ne jamais tolérer l'intolérable. J'aurais dû, mais je ne l'ai pas fait. Je confondais résistance et violence et je n'y voyais pas ma lâcheté.

J'ai été Abel, le dernier homme-buée. Ma vie a été courte, mais peut-on dire de la vie qu'elle a une bonne longueur ? Cet autre homme que je m'étais attaché à considérer comme un frère m'a privé du souffle alors que, de mon point de vue, j'avais encore tellement de choses à vivre et à comprendre.

Il portait en lui cette intolérance que la tolérance produit quand elle n'est pas contrainte par des limites et j'en ai été pour partie responsable. À force de vouloir, coûte que coûte, qu'il comprenne et intègre la posture et les valeurs qui avaient permis aux miens de vivre si longtemps sur cette terre, je n'ai fait qu'allumer le feu aux poudres de l'intolérance qui se retournait contre moi. Je n'ai pas compris que le monde en partage que j'imaginais possible nécessitait plus que de l'indulgence qui se métamorphose souvent en faiblesse à force de n'être contrainte par les puissances du respect et de la fermeté.

Sans une valeur supérieure commune posée comme une limite cadrant la pensée et l'action, sans un engagement réciproque à croire que certains principes sont tabous, le vivre ensemble explose au profit de celui qui trouve un intérêt à imposer ses propres idées. Le vivre ensemble se déchire sans une volonté partagée et engagée, bornée d'un côté par l'interdit et de l'autre par le respect.

Or nos valeurs étaient incompatibles parce que diamétralement opposées par nos représentations et fonctions du monde. Là où la contemplation du monde constituait le socle de mon être, pour lui il résidait dans la confrontation, dans cette espèce de harponnage par lequel on s'empare de quelque chose en le frappant pour le soumettre, le transformer ou le détruire. Mon monde était équilibré par le souffle ou la buée tandis que le sien ne pouvait l'être que par la force et le sang.

Vae victis.

J'étais Abel l'homme buée et mon frère m'a rayé de la carte. Est-ce que je lui en ai voulu ? Je ne le pense pas, d'abord parce que je n'ai pas voulu le voir venir, ensuite parce que le souffle ne nous appartient pas. Il se donne et se reprend. Son itinéraire et sa durée restent insaisissables.

Quand il a bien compris que derrière mon empressement à vouloir le convertir en fraternité il y avait de la peur, alors il en a joué comme le chat avec sa souris. Et moi je suis tombé dans le panneau de la proie croyant pouvoir encore échapper à l'étreinte mortelle de son prédateur lorsqu'il là relâchait de-ci de-là.

Comme il avait bien remarqué que mes croyances constituaient pour partie mes émotions que j'aimais ritualiser sous forme d'offrandes offertes au souffle, il a pour une dernière fois relâché son étreinte en me proposant d'accomplir ensemble un beau sacrifice à cet élément vital. Mon cœur s'est emballé, mon sang n'a fait qu'un tour : il était enfin le frère que j'espérais et que j'avais entrevu dans mes rêveries étoilées. Un frère ce n'est pas que quelqu'un qui me ressemble, c'est plus qu'un repère, davantage qu'un protecteur, bien mieux qu'un compagnon de route. Un frère c'est d'abord un lien affectif ressenti puis consenti. C'est un lien qui découvre la possibilité d'une communauté de partage. Un frère c'est un projet. C'est un fil d'Ariane donné pour ne pas se perdre dans le brouillard solipsiste de l'ego. C'est un prochain, une ancre de miséricorde.

Pour une première, on ne s'est concerté que sur le lieu qui serait le plus propice pour influencer ce nouveau destin que l'on voulait sceller.

Mon frère voulait un espace chargé en énergie, il voulait un lieu tellurique. Il avait besoin de sentir, ressentir et vivre la puissance des éléments. Il avait besoin, presque de manière animale, du déchaînement des vitalités âpres et rythmées qui émergeaient en bandes profondes des entrailles de la Terre. Une grotte en particulier avait retenu son attention. Profonde et mystérieuse, elle semblait relier le ciel aux enfers quand ses galeries s'effondraient en puits béant, *insondablement* opaques. Elle avait quelque chose de fascinant et d'inquiétant avec ce bruit d'eau souterraine qui emplissait ses cavités naturelles de constantes expressives. Avec des lignes mélodiques tantôt descendantes, tantôt ascendantes, la rivière qui coulait invisible dans ses tréfonds procurait un sentiment mélangé, comme si elle rugissait et rassurait tout à la fois.

Quant à moi, j'avais une préférence pour les berges de cette même rivière qui serpentait doucement à quelques pas de là, avant de plonger dans les entrailles de la Terre en transperçant la grotte de part en part. Au fond d'un vallon aux collines boisées, ses rives étroites et couvertes d'herbes hautes masquaient la frontière entre la terre et l'eau. Il fallait se rapprocher d'elle pour y voir une invitation au voyage. De loin, rien ne laissait présager d'une telle rencontre. Des tapis d'algues, dansant nonchalamment au milieu de son cours d'eau peu profond, formaient un paysage aux mille nuances de vert et tout ce vert dégageait une sensation d'abondance, de bien-être et de calme comme si, fondamentalement, la vie devait profiter de s'écouler paisiblement avant de disparaître dans des profondeurs inconnues.

J'aimais venir m'y reposer et laisser libre cours à mes pensées. Mes rêveries y prenaient souvent corps en épousant le langage des clapotis de l'eau trébuchant sur quelques pierres qui émergeaient çà et là. L'atmosphère qui y régnait invitait à une forme de repli sur soi, non pour se renfermer, mais pour s'y redéployer sereinement. À mes yeux, cet espace avait été agencé par le souffle et pour le souffle. C'était une scène idéalement adaptée à l'esprit même de l'offrande. Loin d'une logique d'échange et de contre-échange, loin de la spirale culpabilisante du don et de la dette, l'offrande c'était avant tout l'expression d'une reconnaissance. Je me reconnaissais comme identique aux souffles peuplant la terre comme je voulais exprimer ma gratitude envers ce souffle qui animait ma vie. À la fois acte mémoriel et transitionnel entres les souffles passés et présents, à la fois attestation d'une réciprocité et d'une pure expression de ma joie de vivre, l'offrande revêtait la parenthèse nécessaire au redéploiement de soi vers l'autre.

Mon tout nouveau frère a accueilli ma proposition sans trop ne chercher à ni me convaincre ni à me persuader. Certes, à la manière du Titien, il aurait aimé un décor plus sombre, plus brut, plus sauvage. Un décor minéral épais et dense, tant pour lui, l'offrande devait porter la double marque de la violence de la vie et de la mise à nu, du dépouillement de soi en faveur de l'autre. L'offrande devait servir de preuve de son dévouement ou de son attachement. Et celle-ci ne pouvait être ni atténuée ni minorée par un décor parsemé de bons sentiments. L'offrande attestait d'un drame, d'une mise en abîme où elle avait le mauvais rôle, celui de victime non consentante, mais propitiatoire.

Je reconnais volontiers cette destinée qu'à l'offrande, mais je crois que ne voulant pas trop m'y confronter j'esquivais la violence de l'acte en n'y voyant qu'un symbole. Quand j'y repense, j'ai tout de suite émis l'envie d'offrir un agneau parmi les premiers-nés de la saison parce que je n'y voyais qu'innocence et pureté, les deux qualités que je pensais nécessaires à la réciprocité des souffles, à un équilibre des mondes.

Quant à lui, comme il ne voulait en aucun cas faire la même chose que moi, il a simplement dit que puisque j'avais choisi en premier, il allait innover et faire un sacrifice végétal. Des fruits et des légumes, des fleurs et des herbes aromatiques soigneusement sélectionnés, de quoi rendre à la terre tout ce qu'elle donnait à l'homme avec abondance et parfums. Au fond, je ne sais si je l'ai vexé en choisissant le premier ou si je n'ai su voir la leçon qu'il m'administrait avec brio. Lui n'a rien laissé transparaître. Moi j'ai supposé que sa fierté en avait pris un coup, son orgueil aussi. Lui qui ne se voyait qu'à la meilleure place, qui n'avait de considération que pour lui, qui ne savait se positionner qu'en se mesurant ou en rabaissant les autres, se retrouvait par mon empressement relégué à n'être qu'un figurant. Et se retrouver à la seconde place, quand on est habitué à jouer le premier rôle, c'est prendre une gifle à son ego. Or une blessure d'orgueil rend taciturne et le cœur se remplit de ressentiments tout en vidant le visage de son expressivité naturelle. J'aurais dû faire machine arrière, lui proposer d'inverser nos offrandes dès que je l'ai vu se statufier intérieurement. J'aurais dû, cela m'a traversé l'esprit, mais je ne l'ai pas fait. Ai-je été vaniteux ? Quand j'y repense, je me dis que mon frère a dû le ressentir ainsi. Il n'a dû voir, dans mon absence de réaction, qu'une revanche de prétentieux aux désirs trop ambitieux au regard des possibles qui s'offraient réellement à lui. Mais lui n'a rien laissé transparaître.

Alors comme si de rien n'était on s'est donné rendez-vous pour le lendemain matin après avoir érigé nos autels de pierres sèches. Je n'ai pas vraiment dormi cette nuit-là tant j'étais au comble de la joie. J'avais un frère, j'étais son frère et plus rien ne serait comme avant.

L'aube frissonnait encore quand je suis arrivé sur le parvis de notre temple ouvert aux quatre vents. J'avais dans les bras mon agneau qui, confiant, ne cherchait pas à fuir. Mon frère est arrivé peu après. Dans ses bras, une corbeille de fruits et légumes astucieusement disposés. Je lui ai souri, la journée allait être belle, elle ferait date.

Il a posé son offrande sur l'autel tandis que je prenais le temps de faire corps avec l'esprit de l'animal. Il fallait qu'il accepte de mourir pour que l'on scelle une nouvelle alliance toute fraternelle. Je l'ai couché sur la pierre et, tandis que je l'égorgeais, j'observais ce moment de silence commun au cœur duquel mon âme saluait la sienne, s'inclinait devant sa dignité, affirmait la valeur de son chemin de vie et notre communauté de destin. Je l'ai accompagné dans la mort par des chants et des danses.

Le feu consumait nos offrandes. J'étais à genoux, reconnaissant et en communion avec le souffle du monde, lorsque j'ai ressenti dans mon dos un choc d'une rare violence. Projeté au sol, face contre terre, le souffle coupé et encore tout étourdi, je l'ai senti s'asseoir sur moi afin que je ne puisse me relever. J'ai eu peur, terriblement peur. Je ne comprenais plus rien à ce qui se passait. Je savais juste que ma vie ne tenait plus qu'à un fil. J'ai voulu me retourner, le regarder droit dans les yeux, mais il m'en a empêché. Une pluie de coups s'est abattue sur moi. Les coups de poing ne produisant pas assez d'effets, il a saisi une pierre et ma tête a volé en éclat. Sanguinolent, haletant, j'essayais mécaniquement de résister à la douleur et de rassembler mes esprits quand j'ai senti l'étreinte de ses mains sur mon cou. Il était fort et j'étais bien affaibli. Mes poumons commençaient à brûler et je me débattais comme un beau diable. C'était une question de vie ou de mort. Quand il a lâché son étranglement pour me tirer la tête en arrière, trop d'air est entré dans mes poumons d'un seul coup. Étourdi, je ne ressentais plus que ce sentiment étrange des énergies se vidant de leurs substances et de leurs consistances. Comme aspiré par un vide sans fin, seul mon esprit entrevoyait un épilogue. Alors quand la lame de pierre a tranché ma gorge, je me souviens de la brutalité de son geste, de la rugosité du tranchant, de ma stupeur, de mon effroi et puis de cette idée fixe que tout était achevé. Je n'irai pas plus loin, j'avais été au bout de ce que je pouvais être.

Paradoxalement, j'ai assisté calmement à ma propre mort. J'étais sa véritable offrande. Les fruits et légumes n'avaient été que des substituts, un leurre. Durant quelques instants j'ai ressenti mon souffle se noyer dans mon sang et puis je l'ai vu dansant sous mes yeux, et former une étrange buée qui montait rejoindre le firmament titubant des étoiles, tandis que je m'effondrais sous le soleil qui atteignait enfin son zénith. Ma buée s'élançait dans l'espace pour mieux se fondre dans la vie tandis que je la quittais. J'allais, délivré de mon apparence, continuer le voyage et faire escale dans un ailleurs. Mon âme me précédait en me montrant l'itinéraire.

Plus tard, mais la notion de temps importe peu puisqu'il n'a d'épaisseur que de souffle, peut-être pris de remords d'avoir prétendu ne pas être le gardien de son frère, ou peut être fier et fanfaronnant d'être enfin seul, il a gardé une trace de mon passage comme on célèbre des exploits dans une chanson de geste, en l'enrobant dans un récit du commencement de son avènement. Je suis devenu son mythe tandis qu'il se forgerait son histoire. Qu'à cela ne tienne. Le temps du mythe n'est que l'histoire d'un temps qui nous a échappé, mais que l'on peut réhabiliter si l'on s'y penche sans jamais vouloir le faire correspondre à ses croyances et à ses envies. Mais ce type de processus, je ne l'attends pas.

Durant cet intervalle de vie, j'ai compris, un peu tard et à mes dépens, qu'il est nécessaire de relativiser les certitudes qui forment les frontières émotionnelles de nos visions du monde. À vouloir vivre le souffle au pied de la lettre, je n'ai intégré qu'une vision bien allégée de la tolérance comme expression de la liberté guidant le monde. Je n'avais pas compris que le respect doit être intolérant à l'intolérance s'il veut pouvoir continuer à faire sens. Je n'avais pas pris conscience que le respect nécessite du courage, car il nous lie à un engagement qui nous dépasse et nous contraint pour que la tolérance ne devienne pas une lâcheté ou un prétexte.

Pour le reste, j'ai bien intégré que la forme et la longueur d'une existence n'ont de sens que dans les épreuves et les défis que la vie s'ingénie à nous soumettre pour voir comment nous les abordons, les dépassons, les esquivons. Chacun de nous utilise des outils pour les appréhender. Moi j'avais utilisé ceux que l'on m'avait inculqués, ceux qui faisaient partie de mon héritage et que je n'ai pas réévalués. En me confrontant à un autre que je voulais transformer en frère, le souffle m'avait simplement mis à l'épreuve de mon *ego*, de mes croyances et de mes rêveries, moi qui prenait mon monde pour la réalité.

Avec Abel, je suis arrivé plus tôt que je ne l'avais imaginé à la frontière de ma vie. Comme le dit si joliment un Haïku de Matsuo Baschô :

Rien ne dit
Dans le chant de la cigale
Qu'elle est près de sa fin !

Deux ou trois choses à savoir

Avec Abel, j'ai intégré une drôle de vie. Arrivé sans avoir été désiré, presqu'inexorablement parce qu'il n'y avait pas de contrôle des naissances et que le destin d'une femme consistait à procréer, Abel n'a été porté que comme un mauvais moment à passer. Sa mère avait déjà accroché tous ses désirs et ses espoirs sur son frère aîné, premier-né qu'elle proclamait avoir eu de sa relation à un dieu. Divin enfant, ce frère hors d'atteinte était la propriété exclusive de la mère. Il était son homme, son nouvel Adam, comme si elle s'entêtait à vouloir retrouver les paradis perdus d'une jeunesse déjà flétrie et d'un amour déjà vidé de ses papillons de ventre. Quant au père, père nié, père manquant, père inconsistant, il ne devait avoir de place que loin du foyer où grandissent les enfants, là où s'inscrivent les énumérations généalogiques. Un temps, je me suis demandé s'il n'était qu'un lâche n'ayant pour toute audace que celle de déserter délibérément l'univers intérieur de sa famille ou si au contraire, tellement excédé par une femme aux désirs immatures, il avait purement et simplement pris la fuite pour ne pas envenimer les choses. Dans cette banale histoire de couple et de famille, Abel a grandi sans faire de bruits.

Pour surmonter l'absence du père, le désintérêt de sa mère et la non-relation avec son frère, il a cherché à être obéissant et conforme, peut-être à l'excès, à une histoire et des valeurs fantasmées, comme si c'était la seule voie possible pour se trouver un socle, se faire enfin remarquer, calmer ses blessures de rejet et d'abandon. En grandissant avec cette sensation de devoir toujours mériter sa place, il a développé une profonde mésestime, lui-même, née de la tension entre sa volonté de trop en faire et de n'en faire jamais assez. Imposteur, Abel a bien porté son nom. Aux yeux des autres qui n'avaient jamais pris le temps de bien le comprendre, ce n'était qu'un vaniteux tant il se protégeait des autres en se réclamant d'un souffle libérateur et sublimant. Un souffle père d'un langage absolu et parfait, réconciliant enfin tous les vivants en leur assignant une juste place.

Pour moi qui vivais en lui, moi qui m'efforçais de le reconnecter à lui-même, j'ai eu peur de le voir se muer en vieillard nostalgique d'un âge d'or qui n'avait d'éclat que dans les nuits étoilées de ses rêveries. Alors il m'a fallu adapter ma méthode. J'ai dû tout à la fois le bousculer dans ses constructions et créer de l'espace pour que ce qui ne manquerait pas de le heurter stimule sa curiosité. La curiosité, cette étrange faculté aux sources de la connaissance et de l'envie, me semblait indispensable si je ne voulais pas le voir se murer dans un monde sans intérêt, sans interactions et dans lequel il finirait par se perdre. J'ai dû forcer le trait pour qu'il accueille et se confronte à un frère pour de vrai. J'ai joué avec ses envies et ses paradigmes. Je savais que cette rencontre risquait de ne pas aboutir, mais j'avais la conviction qu'il avait les moyens émotionnels et rationnels pour s'y retrouver et se dépasser. Je pensais qu'en renouvelant les occasions et en l'aiguillonnant à rester sur ses gardes, à prendre de la distance avec ses blessures, ses préceptes, ses envies et ses manques, il arriverait à se reconstruire une place légitime tout en découvrant la richesse d'une fraternité faite de différences, d'accrocs, d'expériences, de connivences et d'ajustements. Mais je pense avoir sous-estimé l'audace et l'endurance qu'il faut pour rompre avec toutes les constructions que l'on considère comme d'indépassables fondements, comme allant de soi, faisant partie d'un héritage au point de s'y confondre ou de s'y leurrer.

Et pourtant, ce frère a troublé son espace, bouleversé ses codes et ses croyances. Il portait en lui la confusion de sa mère comme on porte une cicatrice sur le un visage. Enfant roi n'obéissant qu'à ses caprices, il ne connaissait rien de la frustration qui fait l'adulte.

D'excès en excès, il cherchait les limites que personne ne lui avait assignées. Aurait-il pu se définir autrement que par la conquête ? Aurait-il pu se comporter autrement qu'en prédateur, lui dont l'énergie pulsionnelle qui bouillait dans ses veines recouvrait tant de désorganisations psychiques dont il n'avait pas encore conscience ? Alors entre celui qui ne souffrait aucune rivalité et celui qui avait tendance à en faire trop pour être aimé et légitimé, la rencontre allait forcément transformer l'espace en poudrière. Afin d'éviter, ou tout du moins retarder, la confrontation directe, je leur ai laissé le temps de se découvrir, de s'apprivoiser. J'ai tout misé sur sa conception du souffle et sa volonté à s'y conformer afin que la rencontre ne vire à l'affrontement direct, à un embrasement fratricide. C'est grâce à cette éthique qu'il a réussi à réguler sa conduite et ne retenir que ce qui pouvait les relier plutôt que les séparer.

Or l'éthique doit être passée au creuset pour y enlever les scories qui l'affaiblissent ou la dévoient. Et la tolérance est précisément ce creuset. Elle traverse encore et toujours l'humanité, comme si elle devait ne jamais être résolue une bonne fois pour toutes. Bien sûr, vous me direz que le mot est moderne, mais quelque part les idées qu'elle véhicule se sont toujours posées à l'homme parce que mon organisation a veillé à cette notion reste problématique. Patience, miséricorde, respect, grâce, tous ces mots qui gravitent autour de cette même idée sont présents dans vos systèmes depuis vos commencements. Ils sont là pour évaluer la pertinence de vos discours, de vos croyances, de vos valeurs et de vos actes, en vous éprouvant sur des questions pratiques et qui vous concernent directement, intimement.

Regardez. Quand un migrant, un étranger, un réfugié ou un vagabond surgit dans votre espace avec la ferme intention de s'y installer même temporairement parce qu'il en va de sa survie, parce que de toute façon il n'a pas d'autre lieu où aller, comment réagissez-vous ? Que deviennent vos discours sur tolérance quand l'autre n'en a cure ? Quels comportements adoptez-vous quand l'autre devient menaçant parce que toujours plus envahissant ? Tant qu'il restait à la périphérie de vos villes et de vos jardins, vous étiez le parangon de la tolérance. Et puis, quand il a planté sa tente sur vos trottoirs ou sur votre pelouse, alors, vous avez eu peur. Il était entré sans y être invité dans votre zone de confort, votre espace intime. Alors, il y a ceux qui s'indignent, ceux qui essaient d'agir et ceux qui s'empressent à changer de trottoir ou à chercher un autre endroit pour y vivre.

La rencontre entre les deux frères s'est déroulée sur le même schéma et je ne juge pas les choix faits par Abel tant je sais cette notion compliquée. Elle semble tellement simple et aller de soi quand elle reste une idée générale, quand elle sert une idéologie qui enflamme les cœurs et les discours, quand elle devient un faire-valoir aux yeux des autres. Mais dès qu'elle quitte la sphère du lointain pour entrer dans l'espace de l'immédiat, alors tout se passe comme si la tolérance volait en éclat. La tolérance résiste-t-elle à l'ego ? Dans les soubresauts provoqués par les chocs qu'inflige le réel à l'idéal, la tolérance se renforce-t-elle ? Disparaît-elle ou se replie-t-elle à quelques territoires sans grands intérêts ? Alors si la tolérance a partie liée au programme ou au projet que l'homme se donne pour vivre un présent et un avenir en société, quelles frontières, quelles limites convient-il de lui assigner au risque de la confondre avec la permissivité, la soumission ou l'indifférence ?

Avec Abel, je me suis fait tour à tour intuition, questionnement, doute, voix intérieure et rêverie afin de l'entraîner sur ces sentiers de haute montagne qui jalonnent l'itinéraire complexe de la tolérance. La chute y est facile et l'entorse aussi. J'ai eu la chance qu'il se soit accroché à son idéal d'une terre en partage, cela m'a facilité la tâche. J'étais dans un terreau fertile et j'en ai profité pour le confronter à lui-même jusqu'à son dernier souffle que je n'imaginais pas si proche et si violent.

Aurais-je dû changer le cours des choses et dessiner d'autres carrefours moins explosifs ? Si je l'avais fait, n'aurais-je pas faussé la rencontre ? N'aurais-je pas privé Abel de cette expérience du tragique de la confrontation de l'idéal et du pragmatisme d'un conquérant lui-même perdu dans son identité ?

Je ne l'ai pas mis en péril ni poussé à la faute. Je l'ai toujours mis en garde quand il s'aventurait sans précautions, mais c'est lui seul qui a choisi de résister ou de capituler, d'avancer ou de reculer. En fin de compte, je suis reconnaissant et en même temps ému d'avoir pu vivre avec lui cette grande aventure du passage. Avec lui, j'ai assisté à la fin d'une forme d'humanité au profit d'une nouvelle espèce. À travers lui, j'ai vu s'effondrer une idéologie et émerger un nouvel ensemble plus ou moins cohérent de croyances et de valeurs. En lui, j'ai expérimenté la fin du monde des rêves et le début des terres arides. Et durant ce passage, Abel a fait l'expérience d'aller au bout de ses idées sans conserver la moindre rancune ni le moindre remords.

Quand il s'est retrouvé projeté par-dessus le parapet de son existence et quand ma mission a de fait pris fin, c'est moi qui lui ai montré le chemin de la sublimation. Moi je m'en retournais chez-moi tandis qu'il épousait parfaitement les contours et les courbes du souffle. Chacun va son chemin.

Voilà. J'espère avoir satisfait à l'obligation de moyens que vous, superviseurs, attendiez de moi. Avec Abel, j'ai dû adapter ma méthode et multiplier les langages pour le faire naître et grandir à sa conscience, comme pour lui permettre de trouver les clés d'accès à une fraternité restaurée, parce que fondée sur la tolérance et le respect. J'ai suscité en lui l'étonnement qui mène à l'introspection que je voulais à la fois critique et bienveillante. J'ai aussi largement utilisé la rêverie comme outil du dépassement de soi ou comme entrevision d'un monde possible. Je n'ai pas oublié de lui faire aimer la vie dans toute sa simplicité, toute sa diversité et toute sa complexité. Certes, j'ai aussi provoqué des tempêtes dans les méandres de son cerveau pour qu'il doute, critique et prenne position. Je l'ai même exposé sans ménagement aux dangers de la rencontre pour qu'il se renforce et se surpasse, mais il y avait des limites qu'il n'a pas voulu franchir ni remettre en question.

Quant à moi, je vous l'ai dit, j'ai vécu une drôle d'expérience, mais cette mission aura renforcé mon envie d'accéder à l'ordre des Vertus. À voir tant d'existences marquées dès leur germe par l'absurde, le désordre, le rejet et l'abandon ; à considérer les impasses dans lesquelles les humanités se brûlent par héritage ou par nécessité, j'ai vraiment envie de tout faire pour remettre du sens dans ces gâchis. C'est pourquoi, au-delà de l'accompagnement, servir de principe ou d'outil à la réorientation de l'homme dans sa marche en continuelle effectuation, c'est une mission qu'il me motiverait d'incarner. La Vertu, je la vois comme un pilier ou une boussole, un outil d'aide à la navigation dans l'existence. Elle m'apparaît comme un supplément d'espérance qui permet de persévérer, de résister et de déplacer les montagnes. Et je serais honoré d'incarner cette force inébranlable, mais pas aveugle, au service du bien ; cette puissance incorruptible, mais pas insensible, au service des hommes ; cette énergie créatrice, mais pas dispersée, pour innover, trouver ou retrouver le chemin d'une humanité réconciliée.

Je m'en remets donc à votre jugement.

Tomas[2]

Ce matin, j'ai été réveillé par un cauchemar. J'ai rêvé que mon oncle Juan, jaloux de mon ascension et des honneurs qui m'étaient accordés par mon ordre et le roi d'Espagne, m'avait égorgé en pleine rue, au vu et au su d'une foule de badauds que je croisais régulièrement. Personne ne me portait assistance. Ils se contentaient de baisser la tête ou de regarder ailleurs tandis que mes yeux exorbités cherchaient désespérément à accrocher les regards en quête de secours. Dans cette funeste mise en scène, pas de mots, pas de cris, juste de la sidération, un silence de sourd-muet et la conscience extrême de ma solitude. Assister à sa propre mort et en couleur, cela a de quoi vous inciter à sortir au plus vite de votre lit même si ce dernier, qui se résume à une planche de bois posée sur deux tréteaux, n'invite pas à un réveil tout en douceur et tout en longueur. Cela dit, même éveillé, j'ai eu du mal à regagner la réalité tant j'avais l'impression d'avoir déjà vécu cette scène. De manière spontanée, j'ai même porté mes mains à ma gorge pour vérifier que tout allait bien, tant j'avais encore l'impression de ressentir le tranchant de la lame et la chaleur du sang qui m'éclaboussait tout en me vidant de la vie.

Non, tout va bien, je n'ai que rêvé et il faut maintenant que je m'active. Je suis Tomas de Torquemada et je porte comme patronyme le nom d'une tour brûlée, comme si j'étais consumé depuis toujours. Confesseur de la reine Isabelle de Castille et du roi Ferdinand II d'Aragon, « *ministre éclairé, exact, sincère, capable de donner de*

---

[2] Sur le Magnificat de *Diego Ortiz, pour s'imprégner de l'esprit de la Renaissance espagnole.*

sages conseils et incapable de flatter », je m'occupe de leurs affaires de conscience. Je suis un frère dominicain zélé en ces temps troublés du XVe siècle qui ont vu, entre autres, la fin du grand schisme, la mort de Jeanne d'Arc, la Renaissance italienne, la chute de Constantinople, le début de l'imprimerie et la découverte de l'Amérique.

Reconnu pour mon érudition et ma dévotion, admiré pour mon austérité et la stricte observance de la règle d'obéissance des frères prêcheurs que Fra Angelico a si admirablement traduite en images, j'ai été nommé prieur du couvent de Santa Cruz à Ségovie, avant d'être Inquisiteur Général pour l'Espagne. C'est la fonction que j'exerce actuellement. Nous sommes en l'an de grâce 1498, et j'ai fait promulguer le code de l'inquisiteur en me basant sur les prédications de Dominique Gusman, les travaux de Bernard Gui et d'Eymerich, et j'ai toujours besoin de le peaufiner tant l'hérésie continue à se propager insidieusement malgré un siècle d'enquêtes, de procédures et de condamnations.

Je suis tellement investi dans ma mission que j'ai parfois l'impression de porter mon nom comme on porte un destin. Aurais-je confondu ma vie avec ma mission, tant je suis dévasté par ce qui se passe et contre quoi je continue à me dresser le plus vaillamment possible ? Je résiste. Je ne sais pas faire autrement. Suis-je le dernier des justes dans ce monde corrompu ? Il y a quelque chose qui ne tourne pas rond. Chacun se bricole une vérité conforme à ses propres ambitions, tandis que tout le monde prône publiquement une morale dictée par des intérêts supérieurs. Mais au final, tout n'est qu'une question de façade. Le règne des petits arrangements est bien prospère. Personne ne perd et tout le monde y gagne quelque chose.

Tenez, malgré la fin de la *Reconquista*, il y a toujours une forte présence musulmane comme si elle demeurait une composante identitaire de la nouvelle Espagne chrétienne et catholique. Pourquoi le décret d'Alhambra contre des juifs ne s'applique-t-il toujours pas à eux ? À qui cela profite ? Et puis que dire des marranes ? Ces juifs néo-chrétiens par intérêts et par alliance avec une certaine aristocratie sont devenus incontournables dans la nouvelle Espagne, tant ils cumulent richesse et postes clés. Est-ce ainsi que la *pureté du sang* est respectée ?

Je sais que tout cela n'est pas simple, car le roi et la reine ont autant besoin d'une légitimité politique que de remplir les caisses de l'État. Mais doivent-ils encore avoir un rôle et statut social dans cette nouvelle Espagne qui renoue avec ses origines catholiques de 589 ? C'est vrai que le roi de Castille leur a confié de grandes responsabilités administratives et financières, et qu'à ce titre ils font partie de l'appareil d'État dont ils maîtrisent les rouages. Mais en leur accordant tous ces privilèges, le pouvoir ne risque-t-il pas d'ébranler la légitimité de la théocratie enfin retrouvée ? Où est la place de l'Église si le roi décide de tout comme il l'entend ?

Mais la divine providence veille sur ses intérêts, car en ces temps troublés, marqués par des offensives apocalyptiques de la peste noire, des luttes d'influences et des guerres civiles, tous les éléments sont réunis pour qu'un vent nouveau, un courant rigoriste, permette au christianisme de reprendre du poil de la bête. Il est temps pour l'Église et les *rois catholiques* de combler le retard, et d'éclipser l'islam et le judaïsme qui revendiquent encore un âge d'or, des siècles d'acquis intellectuels, culturels et sociaux.

Pour ramener le peuple et son roi à une juste raison, comme pour permettre à l'Église de retrouver sa juste place, l'inquisition, bras armé de l'Église, a donc saisi l'occasion pour s'intensifier et se radicaliser. Entre les intérêts des puissants et la vérité de l'Église, fallait-il composer ? Moi, j'étais bien décidé à me battre contre ces deux menaces, au nom de mon apostolat et pour sauver le roi, la reine et l'Église. Unité et pureté, *Cujus regio, ujus religio*, voilà les deux étendards que je défends *à cor et à cri* lors des procès et des exécutions publiques. Je suis peut-être, à juste titre, le *marteau des hérétiques*, celui qui martèle la vérité, cloue l'hérésie ou fracasse l'apostasie et le blasphème. Mais pourrait-il en être autrement ? La règle à laquelle j'ai voué mon existence ne repose-t-elle pas sur les deux piliers inébranlables que sont la prédication et la connaissance ? Convaincre par tous les moyens, forcer le trait, adopter un ton agressif pour mieux imprimer l'effroi dans les consciences, persuader de manière logique ou en faisant appel aux sentiments, extirper de gré ou de force des aveux, tous ces moyens ne sont que des outils au service du rétablissement de l'unique vérité que je proclame et que je ne saurais trahir pour des intérêts temporels quelconques. Voilà ma mission et Dieu sait bien à quel point ma tâche est pesante, écrasante pour quelqu'un de mon âge !

J'ai soixante-dix-huit ans et le corps lourd d'une vie soumise à ma volonté de fer. Les privations et les pénitences que je me suis infligées ont contribué à renforcer l'austérité qui m'enveloppe comme un drap blanc recouvre une dépouille. Je suis un homme fatigué. J'ai les épaules tombantes comme si je ne pouvais plus porter la charge de grand inquisiteur sur mes épaules. Il faut dire que les tribunaux de l'Inquisition sont itinérants et que je n'ai plus tellement l'âge des voyages incessants sur ces routes qui vous brisent les reins et vous courbent l'échine toujours un peu plus. À l'épreuve des voyages, je rajouterais volontiers que ma charge de travail quotidien contribue aussi à mon état d'épuisement généralisé et contre lequel, pourtant, je lutte encore. La fatigue, je le sais bien, n'est qu'une ruse de la paresse naturelle de l'esprit qui chérit l'indolence. Comme Saint Antoine l'Ermite, je suis parfois victime de visions fantasmatiques, mais je sais que ce ne sont que des tentations diaboliques pour me faire dévier de mon engagement à obéir à cet intérêt supérieur qu'est la vérité. Alors pour ne point trébucher, je redouble d'efforts et je m'oblige à garder présent à l'esprit, plusieurs fois par jours, quelques-unes des sentences sans appel des Proverbes : *Va vers la fourmi, paresseux ; considère ses voies, et deviens sage*[3]. *Paresseux, jusqu'à quand seras-tu couché ? Quand te lèveras-tu de ton sommeil ?* [4] Réconforté par les saintes paroles, je me sens fortifié jusqu'au plus profond de ma volonté et je reprends mon combat, ma lutte acharnée, en espérant pouvoir clamer comme Saint Paul : *J'ai combattu le bon combat, j'ai achevé*

---

[3] La Bible, Proverbes ch.6, v.6.
[4] La Bible, Proverbes ch.6, v.9.

la course, j'ai gardé la foi. Désormais, la couronne de justice m'est réservée[5].

En attendant ce jour glorieux, je continue à présider, au mieux et avec toute la rigueur qu'il se doit, à environ cent *auto da fés* par mois, sans compter mes propres travaux, ce qui implique de garder un rythme de vie très strict. Mais je suis aidé en cela par une obsession dévorante qui agit en moi comme un ressort qui, libéré d'une contrainte qui le comprimait, se détend dans toute sa force. Je suis obnubilé par ma traque de l'hérésie. Je veux la confondre par tous les moyens afin de ramener les voleurs de la vraie foi dans la vérité de l'Église et de son *Credo*. En faire des *conversos*, des hommes obéissant au commandement de la vraie foi qui n'admet ni discussion ni compromis, voilà ce qui me hante. Et s'il faut brûler un hérétique qui refuse de reconnaître ses erreurs, alors je n'ai aucun remords à le faire. Il faut extirper le mal coûte que coûte, quitte à détruire le corps par la violence. Le mal fait au corps n'est rien comparé au mal fait à l'esprit dans la damnation éternelle. Or le salut des âmes fait partie de ces œuvres qui attesteront de l'adéquation entre mon obéissance, comme acte de foi, et mon engagement sincère. *Simplex obedentia ad via salutem*. Mais je m'emporte. Vous voyez combien cette passion pour la vérité me consume.

Ne suis-je qu'une tour brûlée, une *torrequemada* rongée par le feu de la vérité et combattant les flammes de l'hérésie ? Cette interminable quête m'épuise, je le sais bien et j'en porte même les traces sur mon visage. Les yeux enfoncés dans mes orbites, j'ai le regard des oiseaux de proie qui scrutent leurs victimes et ne les lâchent plus du regard. J'ai fait vœu d'obéissance absolue et j'ai la mémoire des détails, ce qui fait de moi un chasseur impitoyable. Comme l'autour des palombes, j'ai la patience pour rester à l'affût et la puissance pour fondre sur mes proies, même à l'abri des sous-bois.

Mes rides aussi en disent long sur mon caractère. J'ai la ride du lion marquée, je n'arrive plus à masquer la sainte colère qui est en moi. Quant aux sillons marqués verticalement sur le pourtour de mes lèvres,

---

[5] La Bible, 2 Timothée, ch.4, v. 7-8.

ils ne font que souligner l'amertume profonde qui m'anime. La chasse aux *marranes*, ces porcs déicides qui composent avec le pur et l'impur selon les circonstances n'en finiront donc jamais ? Même le *quémadero* ne semble pas les effrayer alors que j'en fais dresser pas moins de onze par mois. À ce rythme, cela devient une hécatombe, un génocide. Or j'ai beau faire disposer des statues des grands prophètes aux quatre coins de ces échafauds de pierres, rien n'y fait. Les hommes seraient-ils aveugles et sourds au message imagé de la vraie foi ? Même les grands prophètes, pourtant ancrés dans l'imaginaire collectif comme des visionnaires de l'urgence et de l'imminence du *dies irae*, ne suffisent plus à rappeler la nécessité d'une sincère repentance du cœur. Face à tant d'endurcissement du cœur que reste-t-il sinon le jugement de la colère de Dieu et la condamnation à une destruction totale ?

Oui, j'ai le menton des hommes volontaires, de ceux qui ont de l'énergie à revendre et pourtant, au fond de moi, il y a cette question qui me taraude en creusant en surface ces traces sur mon visage : Pourquoi l'exposition de la vérité ne parvient-elle pas, à elle seule, à convaincre et engendrer un véritable repentir ? Pourquoi mes œuvres ne sont-elles pas à la hauteur de mon obéissance, alors qu'elles sont placées sous le commandement de la vérité du *Credo* ?

C'est vrai que mon visage révèle ma personnalité affirmée, mon ambition et ma solitude, et je ne peux plus rien y changer. On fuit ma compagnie comme on fuit la peste. Mon titre de général de l'Inquisition est comme une épée de Damoclès sur la tête de tous mes concitoyens. Je suis le représentant du pape et j'ai la mainmise sur l'ensemble des tribunaux inquisitoriaux. Ma fonction d'Inquisiteur Général est la seule fonction publique dont l'autorité s'étend à tous les royaumes composant l'Espagne et à ce titre, tous les genoux sont à terre, tremblants et incertains de ne pouvoir jamais se relever.

Bon, j'arrête de parler de moi et de ce qui me taraude, j'ai du travail qui m'attend et qui ne se fera pas sans moi. Et puis vous en savez bien assez sur moi, inutile d'aller plus loin. Ma journée est chargée. Il faut que je peaufine encore quelques instructions de mon code de l'inquisiteur puis que je me rende, en début d'après-midi, à une audience publique. Je vais rendre une sentence qui me tient particulièrement à cœur, celle contre ce médecin juif, Ambrosio Felix Borgel, hérétique, impénitent et rempli de malice.

Mais d'abord, la compilation des instructions de l'Office de la Sainte Inquisition m'attend. Les ouvrages de Bernard Gui, autre dominicain célèbre, et de Nicolas Eymerich, docteur en théologie et inquisiteur général d'Aragon, me servent de *directorium* à ce « protocole de l'inquisiteur » que j'ai co-rédigé avec des légistes. Cela fait tellement longtemps que je le retravaille que j'en viens à penser que je ne cesserai jamais de l'affiner. Je suis comme ça, perfectionniste jamais satisfait et toujours traquant les interstices qui prêteraient à des interprétations contraires à ma pensée. Je suis comme ça, sans doute à cause de ma formation de casuiste, sans doute à cause de mon obsession à me soumettre corps et âme au commandement divin. Cette *Compilación de las instrucciones del Oficio de la Santa Inquisición* est l'empreinte que je pose au fer rouge sur ce monde vacillant, afin que la vérité triomphe et que le salut vienne d'un cœur désirant renoncer à sa souveraineté. Avec elle, j'apporte ma pierre à l'édifice de l'unique et vraie foi catholique.

Traquer le doute, faire la lumière sur le pur et l'impur, rechercher la conformité de l'action morale juste entre la vérité et sa finalité, voilà l'objet de mon tourment intellectuel. J'ai tellement peur de passer à côté de fautes subtiles que, comme Ulysse s'enchaînant pour ne point céder aux chants des sirènes, je m'attache à ma tâche, je lutte sans relâche à préciser encore et toujours mon catalogue de procédures qui, comme l'a dit le Pape Innocent III, *extirperont les vices et sèmeront les vertus*.

Vingt-huit articles, voilà où j'en suis dans mes instructions à destination des inquisiteurs. Si elles les empêchent d'abuser du pouvoir qu'ils ont et des privilèges qu'on leur accorde, elles ont une portée générale très sage et très judicieuse en ce qu'elles délimitent les lois de l'Inquisition, de l'installation du tribunal à la condamnation à titre posthume d'un homme reconnu d'hérésie.

Je vois bien que le sujet vous intéresse alors, très rapidement, je veux encore bien prendre le temps de vous les présenter de manière schématique. Je n'ai pas vraiment le temps de vous en expliquer les subtilités, vous n'aviez qu'à être là lors de l'assemblée générale des inquisiteurs et des conseillers que j'avais convoquée en 1484.

Les quatre premiers articles encadrent la manière dont l'inquisition installe le tribunal itinérant dans une ville, comment elle doit procéder à la publication de la censure contre les apostats et les hérétiques, et comment elle fixe le *délai de grâce* durant lequel chaque individu peut se dénoncer de lui-même au tribunal, qui consignera sa déposition et l'archivera après le procès.

L'article cinq renvoie à un problème d'équité devant l'*autodafé* public. Comme les nantis avaient la possibilité de payer quelqu'un pour subir cette honte publique à leur place, j'y ai remédié. Il n'y aura plus d'absolutions secrètes ni de triches.

Les articles six à quinze abordent les différentes peines, de la confiscation des biens à la torture et au bûcher, en passant par les amendes pécuniaires, la privation de l'accès à des emplois honorifiques et l'emprisonnement perpétuel. En aparté, je vous dirais que je ne suis pas mécontent de cette série, car je tiens là ma revanche sur les marranes. Maintenant, j'ai le droit pour moi.

Quant aux articles seize à vingt-huit, ils délimitent le rôle des inquisiteurs lors des procédures inquisitoriales, ainsi que les procédés que les inquisiteurs doivent respecter.

C'est vrai que, présenté de la sorte, vous pourriez avoir l'impression qu'il ne s'agit que d'un code juridique de plus, mais ne vous y trompez pas. À travers ce protocole, j'ai cherché à uniformiser les procédures et à verrouiller différents objectifs financiers, juridiques et moraux. Et ce qu'il faut garder à l'esprit c'est que toute personne qui tombe dans les mailles de l'inquisition est présumée coupable. Ce sera donc à elle de prouver son éventuelle innocence, son obéissance à la vérité comme pur acte de foi. Et puis, comme j'ai appris à me méfier de la perfidie des hérétiques en la matière, dès qu'une personne est arrêtée, elle est mise au secret durant des jours et des semaines, sans jamais connaître le chef d'accusation ni le moment du procès. Il faut casser psychologiquement le présumé coupable pour pouvoir traquer la ruse et le mensonge qui se cachent dans l'apparente obéissance artificielle.

À la question de savoir comment on peut tomber dans nos mailles, je répondrais que c'est essentiellement par délation. N'importe qui peut dénoncer quelqu'un au motif d'hérésie, que ce soit un enfant, ses parents, un voisin, des proches et amis. Le délateur, quels que soient les motifs qui l'ont amené à dénoncer, est un témoin protégé. L'inquisiteur doit veiller à cet aspect tant physique que moral. Il faudra qu'il veille expressément à ce que le dépôt de la plainte se fasse au motif de la dénonciation. Cela allège la procédure. Avec la dénonciation, il n'y a plus besoin d'entendre des témoins. De toute façon, l'accusé n'a ni le droit à un avocat ni ne peut exiger d'être confronté aux témoins. Seule la notion de rumeur est retenue et prise en compte. Le procès peut donc être expéditif et le tribunal rentrer dans ses frais.

J'attire donc encore votre attention sur deux points. Le premier est financier. Eh oui, toutes ces personnes arrêtées sont emprisonnées dans des geôles de l'Inquisition durant des semaines ou des mois et il faut bien les nourrir. Cela a un coût ! Pour résoudre ce problème, le code prévoit la saisie des biens du présumé coupable. Selon l'estimation des biens saisis, le tribunal prélèvera toute ou partie desdits biens pour le gîte, le couvert et pour couvrir les frais du procès. En gros, je peux déjà vous dire que l'on confisque généralement plus de quatre-vingts pour cent d'un patrimoine.

Quant au second point, il est relatif à la *question*, ou la torture, comme moyen d'aveu. Rassurez-vous, elle est bien encadrée et elle ne peut être utilisée qu'en dernier recours. Sur ce sujet, je rejoins Eymerich. L'incommodité de la prison doit suffire pour conduire à l'aveu, car les tourments ne sont pas un moyen sûr de connaître la vérité. De plus, il ne s'agit pas de mutiler pour rien. Il faut faire attention à ce que le condamné ne perde pas un membre ou ne meure pas durant la *question*. Enfin, il ne faut l'utiliser que lorsque l'accusé varie dans ses réponses, soit dans le but de chercher à créer la confusion dans l'esprit de l'inquisiteur, soit lorsqu'il nie l'évidence. Or, si un accusé peut jouer la comédie, l'inquisiteur doit aussi faire l'acteur. Il doit faire peur au condamné en ayant clairement une mine affectée, troublée ou effrayée. Si ce subterfuge ne fonctionne pas, si l'accusé cherche encore et toujours à tromper l'inquisiteur, alors le bourreau prendra le relais. Il pourra, de préférence, choisir l'un ou l'autre des procédés suivants : le fouet, l'estrapade, le chevalet, l'eau ou le feu.

Le fouet. J'ai coutume de dire que la flagellation doit souvent être donnée en premier lieu, un peu comme une caresse sert à rassurer ou mettre en confiance un animal craintif. Mais on m'a rapporté que pour certains bourreaux le fouet revêtait un jeu empreint d'érotisme un peu spécial entre sa victime et lui. Or ça je n'y peux rien. J'ai déjà assez de mal à trouver de bons bourreaux. Si en plus je devais veiller à leurs mœurs et fantasmes, alors je n'y arriverais jamais. Du coup, je laisse faire et ne considère que l'aspect éducatif du fouet qui, un peu comme ces caresses qui servent de préliminaires au jeu de l'amour, viennent chercher à mettre en condition le condamné, viennent à le mettre en confiance quant à nos intentions. On ne lui veut pas de mal, on veut juste son aveu et son repentir. Cela dit, il faut faire attention à la largeur des lanières et au nombre de coups donnés. Trop larges, elles ne produiraient pas l'effet recherché et trop fines, elles ne feraient que le mutiler pour rien. Et puis, d'expérience, il ne faut pas faire durer la *question* plus de quinze jours. Soit le corps s'y habitue, soit la mort survient sans aveux véridiques.

Si le fouet ne donne pas le résultat attendu, l'estrapade devrait faire l'affaire. Soumettre quelqu'un à la *question* c'est l'inscrire dans un parcours gradué. Je considère qu'il faut absolument respecter une gradation dans le châtiment, de manière à ne pas trop abîmer le corps, car cela générerait des aveux irrecevables. Mais revenons à l'estrapade. Elle symbolise à mes yeux la chute de l'homme en enfer. Pour la mettre en œuvre, il faut lier les mains du prévenu dans le dos puis les accrocher à une corde de manière à pouvoir l'élever, à l'aide d'une poulie, jusqu'au plafond. Une telle ascension a l'avantage de lui couper sa respiration, ce qui lui procure une sensation de brûlure comme s'il s'agissait d'un avant-goût de ce qui l'attend s'il ne coopère pas. Puis, brutalement, on le laisse retomber jusqu'à un demi-pied de la terre. Les secousses sont telles que toutes les jointures finissent par se disloquer en lui faisant pousser d'horribles cris. En règle générale, la souffrance provoquée par cette méthode génère, *eo ipso*, l'aveu et le repentir. Il faut dire que par cette méthode l'homme expérimente ce qui l'attendrait si le jugement divin le précipitait en enfer. Un peu comme s'il tombait dans « le puits des géants » de *la carte de l'Enfer* de Sandro Botticelli. Et puis, avec l'estrapade, il y a une dimension catéchétique puisque le mal et la perversité cachés dans le corps sont mis à jour et abandonnent le condamné qui retrouve la raison.

Mais certains bourreaux préfèrent le chevalet à l'estrapade parce qu'il est plus aisé à mettre en œuvre. Il ne nécessite pas un espace sous-plafond important. Les effets sur le corps ne sont pas les mêmes, mais qu'importe le moyen pourvu que l'on parvienne à l'aveu. Simple et rapide à mettre en œuvre, le chevalet consiste à attacher l'accusé sur un bâti puis à resserrer progressivement les liens, ce qui a pour effet d'écraser les chairs. Plus il y a de liens et plus il y a de chairs meurtries. On peut même poser des liens sur les articulations de manière à les disjoindre et retrouver l'effet de l'estrapade. Et j'ai déjà remarqué que, pratiqué sur des sujets vraiment coriaces, ce garrottage produisait de surprenants effets sur les membres privés de sang durant une plus ou moins longue période. Mais dans les deux cas, ces formes de *questions* visent une même finalité, celle de déloger le péché du corps.

Quant au supplice de l'eau, il garde, comme celui du feu, une valeur hautement symbolique. J'aime l'idée de l'eau qui purifie et il y a pour moi, dans l'administration de cette *question*, une vraie dimension spirituelle, comme s'il s'agissait de l'administration d'un second baptême, mais inversé. Pour la victime, je ne sais pas si ce symbole agit consciemment en lui. J'aimerais croire que oui. En tout état de cause, ce supplice consiste à allonger le suspect sur un banc et à lui fait absorber une grande quantité d'eau jusqu'à distendre le corps. Il faut juste faire attention à ne pas le noyer, mais pour le reste c'est très efficace.

Avec le feu, symbole parfait de purification et de jugement divin, l'accusé voit ses pieds frottés avec une couenne de lard ou enduits d'huile, avant d'être allongé sur le sol et fermement tenu. Alors le bourreau amène un brasero et lui grille les pieds à feu vif jusqu'à ce qu'il avoue. Autant les préparatifs de ce supplice ont un impact certain, voire salvateur, sur le condamné, autant l'administration, proprement dite, a un impact sur les autres. Un peu comme s'ils assistaient en avant-première au supplice du feu éternel de l'Enfer qui leur est réservé. Mais j'insiste sur l'aspect purificateur qui est donné aux hommes, comme une bénédiction, en prévention des flammes éternelles de la damnation.

Bien évidemment, cette liste n'est pas exhaustive. Je me suis laissé dire que d'autres méthodes portaient aussi leurs fruits, parmi lesquelles on retrouve le supplice de la chèvre. Le fait de faire lécher la plante des pieds du suspect par une chèvre tourne vite à l'insupportable. Le rire laisse rapidement place au cri et puis à l'asphyxie ou l'arrêt cardiaque. Il faut donc bien observer le présumé coupable durant son supplice afin d'éviter sa mort.

Comme vous le constatez, il y a une infinité de procédés pour traquer le mal et le chasser de l'homme, comme s'il s'agissait de pratiquer l'exorcisme d'un mensonge fondamental. Mais je vous dirai que ce code n'est ni un protocole judiciaire de plus ni un catalogue de torture. C'est bien plus que ça, c'est le premier manuel de police moderne parce qu'à travers tous ces rouages, je cherche à établir une base de données complète des ennemis de la vraie foi. Si d'aventure vous le lisez, vous verrez que je ne me suis pas fixé pour objectif de recenser les dogmes des hérésies. Les grands docteurs de l'Église l'ont déjà fait. Mon ambition vous paraîtra peut-être moins noble ou peu théologique, mais je vous assure qu'elle est utile. J'ai décidé de constituer le fichier le plus complet sur les hérétiques du royaume. Je veux savoir qui ils sont, d'où ils viennent, s'ils sont activistes, quelles sont leurs habitudes, leurs fréquentations, bref je constitue la plus grande base de données qui sera utile à la sécurité intérieure. C'est pourquoi les questionnaires qui servent de canevas à l'interrogation de l'accusé doivent être identiques et précis : où est-il né ? Quel est son nom ? Celui de ses parents, de ses enfants, de ses amis ? Quelle est son adresse de résidence ? Quel est son métier ? Ses fréquentations ? J'ai essayé de recenser l'ensemble des questions indispensables qui s'appliquent autant à la phase d'interrogatoire qu'au recueil d'une dénonciation. Des délateurs et des suspects, je veux tout savoir d'eux. On ne sait jamais, cela pourrait me servir, alors toutes ces notices sont classées, archivées et mises sous clé. C'est un trésor qui devrait servir la paix civile que j'espère.

Ça y est, vous commencez à mieux me connaître ? Je suis vraiment le marteau des hérétiques, celui qui plante l'avant-dernière sentence, martèle comme on façonne une manière de traquer le mensonge et le faux-semblant, frappe l'hérésie et le mal tout en restant *dans les clous* des procédures et garde-fous que j'impose à l'Inquisition. Je suis le pilon qui tourmente et anéanti. Je suis un exterminateur impitoyable tellement j'ai peur d'être trompé par les impénitents. Oui, j'ai peur d'être trompé, car cela voudrait dire que d'une part je n'ai pas été suffisamment vigilant et donc paresseux, et d'autre part qu'il y aurait en moi la possibilité du triomphe du mal. J'ai tellement appris à sonder la vérité, tellement appris à me soumettre au jugement infaillible de mes autorités que lorsque pointe en moi le doute, je l'éradique sans remords. Cela est tellement su de tous que l'évocation de mon patronyme fait trembler les plus enhardis.

Tiens, à propos de ces intrépides impies, cela m'amène tout droit à vous parler du procès d'Ambrosio Felix Borgel qui se clôturera cet après-midi.

Juif faussement converti à la très sainte foi catholique, juste pour pouvoir continuer à exercer la médecine, il avait été dénoncé par un patient dont je tairai le nom comme le veut la procédure. Ce dernier m'avait envoyé une lettre dans laquelle il m'informait que la rumeur racontait que le médecin, non content de rester fidèle à sa religion en pratiquant la loi de la restriction mentale, c'est-à-dire en employant des mots à double sens afin de donner l'illusion d'être chrétien, rejetait les principes de l'anatomie de Galien et pratiquait en secret la dissection de cadavres, et ce plusieurs fois par an. À ce titre, le délateur pensait que cette affaire pouvait porter un grand préjudice à la cause de Dieu, de l'Église et du roi. Bien sûr, juridiquement, ce n'était que des allégations sans fondement, mais cela me suffisait puisque je pouvais légitimement intenter un procès au motif du « *bruit public* ».

J'avais demandé à cet indicateur de me fournir deux constats anonymes qui relayeraient ses dires, mais provenant de deux autres témoins, chose qu'il avait faite avec enthousiasme. Il faut dire aussi que, comme le prévoyait le code, les témoins n'étaient pas obligés d'être précis. Il leur suffisait de rapporter que « *c'est ce que l'on disait de lui* ».

L'affaire était donc entendue et Ambrosio Felix Borgel se retrouva prisonnier de l'inquisition. Mis au secret, j'avais pourtant bien insisté pour qu'on lui fasse savoir que ce temps de réclusion devait être propice à un examen de conscience approfondi, je l'ai même laissé croupir, croyant ainsi faire naître en lui le doute qui ronge et déstabilise profondément. Mais rien n'y a fait. Il est demeuré imperturbable et je me suis demandé pourquoi les désavantages concrets que je lui infligeais semblaient lui procurer un avantage réel. Au jeu du *qui perd gagne* il avait une bonne longueur d'avance sur moi et j'attendais l'action en justice pour prendre ma revanche. Il avait gagné une manche, il ne gagnerait pas la partie. J'avais épluché sa vie, je pouvais me targuer de le connaître dans les moindres détails parce que je m'étais constitué un solide dossier le concernant.

Lors du procès à huis clos, il s'est montré plus coriace que je ne le pensais. Il avait reçu une solide éducation et avait fait ses études de médecine à Pavie qui, déjà à l'époque, vantait au travers de prospectus son climat sain et la qualité de ses enseignants. Il faut dire aussi que son père faisait partie des grands banquiers de l'Université après que Severus, recteur de l'Académie, eut écrit en 1447 au Duc de Milan pour lui demander d'obliger les juifs, par décret, à consentir des prêts pour honorer les charges de fonctionnement et de personnel de l'Université. Et bien que son père ne fût pas juif italien, il avait été l'un des grands créanciers. Ses affaires l'amenant régulièrement à Milan, il avait choisi d'y installer une succursale et c'est pour préserver ses intérêts qu'il était devenu un mécène de tout premier ordre.

Étudiant libre parce qu'étranger, Ambrosio Felix Borgel s'était installé dans une petite maison avec son précepteur, ce qui ne l'empêcha pas de se livrer, comme les autres jeunes de son âge, aux turpitudes et autres désordres publics qui émaillaient la vie des étudiants. Protégés par l'indulgence du pouvoir civil et religieux d'une ville qui avait tout misé sur l'université, ils étaient d'une certaine manière au-dessus des lois. Cela dit, il obtint ses trois grades, bachelier, licencié et docteur en médecine en se présentant, comme tout prétendant, à l'*examen préalable et rigoureux* sur ses mœurs. Il avait répondu à un corpus de textes imposés, défendu une thèse et surtout soutenu durant plus de six heures une dispute sans jamais remettre en question la position de ses maîtres. Ambrosio Félix Borgel avait maîtrisé, comme Panurge pour Rabelais, l'art d'une rhétorique académique et creuse, ce qu'il avait à nouveau bien appliqué et avec habileté durant le procès à huis clos, mais je n'étais pas dupe.

Sans relâche, je lui avais posé ou fait poser les mêmes questions sur le Messie, la résurrection du Christ, la confession, les Évangiles, la place de Marie mère Dieu, le pur et l'impur, selon des formules légèrement différentes, espérant bien qu'il trébuche en variant même de manière infime dans ses réponses. J'espérais qu'il finirait par s'embrouiller, car la vérité est invariante tandis que le mensonge finit toujours par se trahir. Intelligent et beau parleur, j'ai pu constater les efforts qu'il déployait pour être constant même quand l'épuisement s'emparait de lui. Sans avocat pour le défendre, privé de quoi pouvoir écrire, il ne pouvait compter que sur sa mémoire pour ne pas se contredire. J'ai même fait intervenir un faux torturé dans la cellule jouxtant la sienne, un comédien suffisamment crédible pour lui faire peur de la *question*. Privé de visite, je l'ai toutefois autorisé à voir un confesseur étant bien entendu qu'il avait reçu des ordres quant à la manière de s'y prendre pour le faire avouer tandis qu'un inquisiteur écouterait discrètement depuis une cellule contiguë. Tout ce qui a été dit et rapporté a été noté, retranscrit et envoyé aux facultés de théologie de Louvain et de Cologne pour expertise et avis. Mais rien de probant, rien de quoi l'envoyer au bûcher. J'ai donc décidé de l'attaquer sur un tout autre plan.

Il avait suivi les cours *ordinaires* de médecine théorique au Palazzo del Popolo situé piazza del lino et les cours de médecine pratique dans divers locaux loués par la commune. Là, dans l'un de ces bâtiments plus ou moins insalubres, il avait même assisté à la dissection d'un cadavre humain et pratiqué diverses dissections sur des porcs et même un singe. La dissection d'un cadavre humain étant encore exceptionnelle, cela avait rassemblé, outre les étudiants, le professeur et le barbier, une foule de curieux parmi lesquels se trouvaient des nobles, des moines et des demoiselles. Tous avides de sensations fortes et fascinés à l'idée que l'on puisse lever un tabou, peu d'entre eux y voyaient un progrès pour la science. Il faut dire, et à juste titre, que la nouveauté comme fruit de l'audace était encore largement combattue puisqu'elle se détachait des savoirs anciens qui faisaient le socle de tout savoir et rejetait l'autorité de l'Église en matière de connaissance.

Entre le *Colliget* d'Averroès, les *Canons* d'Avicenne, *l'Antidotaire* d'Albucasis, plusieurs traités de Galien et la quelques autres centaines d'ouvrages de références de la bibliothèque, il avait appris l'art d'équilibrer les quatre *humeurs*, *tempéraments* ou *complexions* mais il s'était surtout passionné pour la chirurgie. Secrètement et contre l'opinion dominante de Galien, il ne voyait le cœur que dans une perspective mécaniste et circulatoire, et c'est là que je l'attendais. Galien, l'autorité clairvoyante d'alors, n'avait-il pas affirmé que le cœur ne fût pas fait pour la circulation et que le ventricule gauche contienne l'esprit vital ? De plus, toucher au cœur ne revenait-il pas à toucher au problème de l'âme en action ? Lorsque le Christ, lors du sermon sur la montagne, relie la convoitise à un adultère du cœur, ne fait-il pas du cœur le siège du bien moral et par conséquent de l'âme en mouvement ? Et puis, d'une manière générale, le corps étant le temple de l'Esprit, l'ouvrir, même mort, ne revenait-il pas à le profaner ? Qu'avait-on à gagner d'ouvrir un organisme, ne fût-ce que les trois corps creux de la tête, de la poitrine et de l'abdomen, sinon à se prendre pour Dieu ce qui revenait à un blasphème.

Oh ! Il avait bien essayé de manier l'équivoque comme s'il s'agissait d'une dispute, mais je ne m'étais pas fait avoir, je connaissais bien toutes les ficelles dont usent et abusent les hérétiques instruits et initiés à l'art de la rhétorique. Je l'avais pressé, par de multiples interrogatoires, à répondre nettement et précisément à mes questions, mais il s'acharnait à me répondre par d'autres interrogations ou en détournant le sens des mots. Quand j'utilisais la douceur et la pitié, lui faisant croire que je savais déjà tout de lui, il me répondait en faisant son apologie ou en utilisant l'admiration, essayant même d'introduire le doute quant à la possibilité qu'il ne soit pas un vrai chrétien. Les menaces et autres étonnements n'ayant pas eu de prises sur lui, j'avais dû me résoudre à le soumettre à la *question*.

J'avais respecté la procédure et tout entrepris pour le ramener à la vérité, mais il s'y dérobait comme une anguille entre les mains du pêcheur. Alors, entre jouissance et regret, j'avais prononcé cette formule invariable : *Nous, Tomas de Torquemada grand inquisiteur par la grâce de Dieu, considérant avec attention le procès instruit contre vous, Ambrosio Felix Borgel, et voyant que vous tergiversez dans vos réponses, et qu'il y a contre vous des indices suffisant pour tirer la vérité de votre propre bouche, et afin que vous ne fatiguiez plus les oreilles de vos juges, déclarons et décidons que vous serez appliqué à la question.*

La mise en scène que j'avais aussi scrupuleusement suivie n'y avait rien fait. L'exposition des outils de torture l'avait laissé de marbre, tout comme l'estrapade, le feu et la fourchette de l'hérétique qui étaient censés l'empêcher de s'endormir sous peine de lui percer le sternum et la gorge. Il n'avait rien avoué, n'avait pas blasphémé sous la douleur, ni tenté d'y mettre fin en invoquant telle ou telle faiblesse, ou tout simplement en cherchant à gagner du temps et des forces. Or, selon le code d'Eymerich, j'aurais dû lui rendre sa liberté, mais je ne le voulais pas. J'éprouvais cette sainte colère qui ne trouve d'apaisement que par le glaive de notre blason. De quel bois était-il donc fait ? Pourquoi ne voulait-il pas avouer ? Se rendait-il compte que par son attitude il offensait la vérité qu'incarnait l'Inquisition et par conséquent que c'était un sacrilège portant atteinte aux fondements de l'Église ? Irrité, contrarié et peut-être un peu vexé par une telle opposition sur laquelle je n'avais pas de prise, je m'étais décidé, non sans éprouver une certaine vengeance et une certaine satisfaction, à l'abandonner à la justice ce qui équivalait à le condamner à mort.

Le *quémadero* a déjà été dressé sur la place publique. L'exécution aura lieu tout à l'heure, en début d'après-midi. Maintenant, il me faut finir de préparer mon discours public, mon acte d'accusation qui, sous forme d'un sermon sur la foi, le livrera en tant qu'hérétique négatif, c'est-à-dire comme une personne qui, bien que convaincue par des preuves suffisantes, s'abstient à nier ses crimes, au bûcher. Brûler publiquement le corps pour qu'il ne puisse ressusciter aux derniers jours, détruire tout capital de reproduction, anéantir la matière impure et fourbe, voilà qui devrait satisfaire la justice divine, comme l'offrande d'Abel agréa le Seigneur, et ma quête de la vérité consistant à débusquer, convertir ou anéantir l'impie pour la seule gloire de Dieu et de l'Église.

J'ai déjà rédigé la sentence, en respectant bien le protocole d'Eymerich plein de bons conseils pour éviter toute irrégularité de procédure, et il me faut encore trouver le bon ton de mon sermon sur la vraie foi. À destination du peuple qui assistera à l'autodafé et à l'exécution qui suivra, il faut que mon élocution soit aisée et claire, de manière à dresser un tableau émotionnel expressif du *dies irae*. J'ai pris la devise du Saint-Office : *Exurge Domine, Judica causam tuam…*, cette lamentation du roi David devant le temple détruit. Comme David demandant à Dieu de se lever pour défendre lui-même sa cause, j'appellerai la justice divine à se manifester dans toute sa colère afin que les hommes voient sa puissance et qu'ils se repentent humblement. Je compte aussi sur une bonne lecture de la sentence pour ébranler les cœurs de la foule. Je me suis préparé à trouver les bons mots, ceux qui font mouche et secouent les cœurs. Personne ne doit en manquer une miette de ce terrible verdict :

Nous, Frère Tomas de Torquemada, de l'Ordre des Prêcheurs, Inquisiteur contre les hérétiques, délégué par le Saint-Siège, nous sommes bien et dûment informés que vous, Ambrosio Felix Borgel, accusé d'hérésie négative que pourtant vous continuez à nier, êtes rejeté du corps de l'Église et livré à la justice séculière en la priant de modérer sa sentence, de sorte qu'il n'y ait pas d'effusion de sang bien que vous soyez condamné à la mort.

Nous, Frère Tomas de Torquemada, de l'ordre des Prêcheurs, Inquisiteur contre les hérétiques, délégué par le Saint-Siège, nous vous accordons le sacrement de l'extrême onction, si vous en faites la demande avec humilité, bien que l'Église ne puisse plus rien faire de vous qui avez abusé de sa bonté.

Nous vous accompagnerons de nos prières jusqu'à ce que vous ayez rendu votre âme au seul et vrai Créateur de toutes choses. Et quand les flammes brûleront vos poumons, enfermé que vous serez dans une gangue de plâtre, nos prières redoubleront afin que votre agonie serve d'exemple et que l'Église accueille davantage de conversos, et que l'hérésie, l'apostasie et tous les crimes qui conduisent à la division ne soient plus.

Vous êtes d'accord pour dire avec moi que, normalement, une telle décision donne à réfléchir et conduit spontanément au repentir non ? En tout cas, je l'espère vraiment, car, si je suis convaincu du bien-fondé de mon action, je suis fatigué de cette traque aux faux-semblants et, après la dispersion des cendres d'Ambrosio Felix Borgel, je vais prendre ma retraite. Il est temps que je passe la main, j'ai fait mon temps. D'autres prendront la relève et le Saint-Office continuera son œuvre en confiant ces missions d'inquisition à de plus jeunes ou de plus aguerris que moi.

Quant à moi, je veux, en toute quiétude, faire le bilan de ma vie avant de mourir de vieillesse ou sous les coups de mes ennemis toujours plus nombreux. On veut ma peau. Je suis devenu le bouc émissaire de la souffrance de tous ceux qui sont passés par l'inquisition ou qui ont perdu l'un des leurs par dénonciation. Mes rêves d'assassinat continuent à me mettre en garde comme s'il ne suffisait pas que je le sache, comme si mon examen de conscience ne suffisait pas et qu'il me fallait me dépêcher de demander le sacrement de pénitence.

Comme tout serviteur de la vérité, qui redoute infiniment l'inspection générale de sa demeure par son maître, j'ai peur de rencontrer le Grand Casuiste. J'ai passé ma vie à traquer l'imperfection, mais je ne me sens pas à l'abri d'un manquement quelconque. Pour ma défense, j'ai marché sur les traces de Saint Paul. L'Inquisition aura été mon chemin de Damas et mon testament, mais je crains que cela ne suffise pas totalement. Peut-être que comme lui j'ai été aveuglé. L'étude et l'ascèse de ma retraite me rendront-elles la vue, ou me confirmeront dans les choix que j'ai faits ? Mes œuvres accréditeront-elles ma stricte obéissance à la vérité ? En tout cas, je l'espère, je l'appelle de mes vœux et dans mes prières.

Cela étant, j'ai toujours examiné, en conscience et avec humilité, les pensées et les choix que j'ai été amené à prendre par amour de la vérité, par fidélité et obéissance. L'exercice spirituel que je mène avec méthode depuis de nombreuses années m'a fait découvrir qu'en devenant Grand Inquisiteur, je suis devenu la terreur de l'Espagne, le grand méchant loup des contes et des fables qui circulent çà et là. Malgré moi, je suis devenu cet animal qui dévore et déchire, soi-disant par pur plaisir. Mais cela, je le réfute. Ma fonction exigeait une posture incorruptible, c'est tout. Mais les hommes ne veulent ni de la vérité ni de l'obéissance et encore moins de la justice. Du coup, on m'a réduit à n'être qu'un loup pour l'homme. Et ce qui me chagrine, parce que je sais que l'expérience des bûchers, des hurlements et des corps se consumant, se transmettent de génération en génération, c'est que cette image de loup des enfers sera la seule chose dont on se rappellera de moi.

Parce que le traumatisme engendré par les bûchers et les condamnations perçues comme arbitraires est tellement tenace, la mémoire collective est déjà en train de détourner le sens de mon action en mal que l'homme fait à l'homme. Et comme il est impensable, sous peine de rupture du pacte social, qu'un individu puisse manifester une telle cruauté envers l'un des siens, alors la mémoire s'en déleste en attribuant à l'animal sauvage cette part de l'homme que l'on attribue au diable.

Pour ma part, je veux bien confesser que la multitude de procès et la généralisation presque banale de la *question* ont accentué ce climat d'effroi où n'importe qui peut être livré au tribunal de l'Inquisition sans pour autant que l'accusation ou la dénonciation ne soit fondée. Mais le Saint-Office n'en porte pas seul la responsabilité. Je sais la cupidité des hommes qui, par jalousie, vengeance ou pour des terres, des titres ou des biens sont prêts à vendre leurs frères, leurs pères et leurs voisins. En mon âme et conscience, je crois que je n'ai pas cherché à propager de telles dérives bien que je les aie utilisées à mes fins quand j'étais convaincu de duperie et de malice. Je n'ai fait qu'obéir à la vérité pour qu'elle triomphe. J'ai toujours agi pour le bien de l'Église et du royaume, et mes jugements ont pu être durs pour ceux qui voulaient marchander avec la seule et unique foi, avec l'unité du royaume.

J'ai passé ma vie à obéir, moi Général de l'Inquisition que le peuple et les puissants pensent au-dessus des lois. L'obtempérance à mon ordre, je l'ai scrupuleusement observée en me confrontant au corps et à l'esprit par des privations et une volonté de fer. La soumission absolue à la vérité, je l'ai acceptée en me confrontant méthodiquement et sans relâche à l'ingéniosité du mal. Par obéissance et au nom d'une liberté bien plus avantageuse que celle dont rêvent les hommes, j'ai cherché à dompter les corps et les esprits, à les soumettre à la seule vérité ou les détruire quand ils en refusaient l'évidence. Voilà ce que j'ai fait de ma vie : obéir à ce qui me semblait le plus utile, le plus fondamental, et je m'y suis conformé en toute simplicité. Et puisque la vérité est le but de la sagesse et de la raison, alors je pense ne pas m'être fourvoyé quant à sa légitimité absolue à vaincre l'erreur et le mal par tous les moyens.

N'ayez pas peur, vous ne me verrez plus. Je vais me retirer du monde des hommes et faire vœu de silence. Je suis Tomas de Torquemada, l'homme au corps dompté et parvenu, acerbe, au seuil de sa vie. J'ai combattu fidèlement, mais j'en éprouve de l'amertume. Pourquoi devais-je passer par cette épreuve de toute une vie ? Je ne sais pas, je ne sais plus. Moi qui voulais faire triompher, j'éprouve un indéfinissable goût de défaite, vous savez cette sensation de quelque chose qui ne passe pas, qui ne passe plus. Cette évidence qui vous transperce d'un coup d'un seul quand vous vous rendez compte que tout se défait, se déconstruit et se délite sans que vous ne puissiez rien y changer.

Demain se déroulera sans moi.

Un contexte et des circonstances

Avec Tomas, j'en ai bavé. Je suis arrivé dans une famille de grands serviteurs de l'Église pétrie d'instruction, de fortune et d'intelligence. Dès sa naissance, Tomas a été destiné aux ordres. Ses parents avaient décidé de sa vie et il n'y avait rien à redire. À peine sorti de la petite enfance et de la légèreté qu'elle permet dans les familles aisées, je l'ai vu changer du tout au tout. D'espiègle, il est devenu mesuré et presque lisse. De joyeux et volubile, il est devenu désenchanté, taciturne. Vu son tempérament, il ne pouvait être que malmené par la règle d'obéissance des Dominicains. Il en a souffert et je l'ai vu pleurer de désespoir tout au long de son noviciat chez les frères prêcheurs. La réalité qu'on lui imposait avait quelque chose de trop violent, de trop décourageant. Brisé, je dis qu'il l'a été tant son esprit déjà critique voulait comprendre avant d'adhérer. Fides quaerens intellectum, l'engouement et l'enthousiasme de la découverte d'un monde accessible au raisonnement et donnant pleinement corps à l'espérance. Mais ça, son ordre ne l'entendait pas de la sorte. Dressé plus qu'éduqué, il a fini par se plier aux attentes et comportements que l'on attendait de lui. Par la suite, il s'est habillé de rigueur comme on érige des remparts pour mieux se protéger. Alors je l'ai vu se renfermer. Lui, l'esprit fort et audacieux s'est entièrement recentré sur sa ténacité mentale pour surmonter ses aspirations à l'indépendance et il a mis toute son énergie et sa volonté au service de la règle. Il a fini par se cloîtrer dans une étroitesse d'esprit rétive au changement comme aux idées nouvelles ou différentes. La prière, le jeûne, le silence et l'étude, il s'y est adonné avec ténacité et ferveur, un peu comme on s'accroche à une bouée de sauvetage, mais cela n'a eu pour conséquence que de casser définitivement sa joie de vivre et son ouverture d'esprit.

Or pour le comprendre, il faut savoir ce qu'il n'a jamais dit à personne, pas même à son confesseur. Tapis au fond de lui et constitutif de l'homme qu'il se construisait, il y avait un profond sentiment de trahison. En premier lieu, la trahison était reliée à sa mère. Elle n'avait rien fait pour le retenir lorsque son oncle Juan était venu le chercher pour l'amener au couvent. Abandonné par sa propre mère le livrant corps et âme aux Dominicains, il avait éprouvé une profonde désespérance, celle de ne compter pour personne. À cette première blessure, je rajouterai que la froideur de son père le regardant, sans mot dire, quitter définitivement la maison familiale n'a fait que renforcer ce sentiment d'avoir été et d'être trahi.

Pour avoir vécu avec lui, ces meurtrissures expliquent en partie sa volonté à tout contrôler. Ne comptant pas pour les siens, il s'est trouvé une famille d'accueil et, pour correspondre aux attentes de sa nouvelle famille et de ses nouveaux frères, il a tout mis en œuvre pour ne plus jamais être abandonné. Il s'est ainsi retranché dans une zone de confort moral et spirituel dans laquelle il s'est progressivement coupé de son accès à l'imaginaire pour ne tenir compte que d'une rationalité de la foi qu'on lui inculquait. Cette longue soumission qu'il s'est imposée lui a permis d'apparaître en modèle de rigueur et d'intelligence aux yeux de son ordre. Et dans ce processus de restriction cognitive, il s'est rétracté dans ce qu'il pouvait ou devait maîtriser. La peur bleue de tout ce qui pouvait générer une trahison, une incertitude ou une injustice a peu à peu laissé place, à force d'obstination et de volonté de contrôle, à une puissance de frappe sans égale.

Il m'a fallu redoubler d'efforts et d'ingéniosité pour essayer de le faire évoluer vers une posture plus modérée, plus relativiste. J'étais ses rêves d'assassinat qui ne l'ont pas lâché. À travers eux, j'essayais de lui faire comprendre que quelque chose devait mourir en lui pour qu'il renaisse à son esprit critique. Je cherchais aussi à fissurer en lui sa dévotion pour une certaine conception de la vérité. Quand je me suis arrangé pour qu'il croise la route de Borges, j'ai cru qu'il avait compris qu'il était temps de se débarrasser de certaines idées et croyances absolutistes qui faisaient obstruction à la vérité qu'il cherchait. J'espérais qu'il comprendrait que la vérité n'est pas ni un absolu ni une relation de maître à esclave. Mais cela a été un échec. Je proposais, mais il décidait. Et plus je proposais et plus il se retranchait derrière son code, derrière sa règle, derrière sa vérité qui masquait ses peurs.

Pendant de nombreuses années, pour ne pas dire la quasi-totalité de sa vie, il n'a vu dans ses rêves que des appels à la vigilance. Il voyait partout et constamment des ennemis. Dans sa tête, vengeance et jalousie ont longtemps pris le dessus. Alors j'ai profité de sa longévité pour devenir cette fatigue ou cette lassitude qui l'ont amené à prendre sa retraite. J'ai semé le doute, fais germer à l'infini les nuances qui parasitent les idées de fiabilité et d'exactitude. Et puis, voyant qu'il n'avait de cesse que de vouloir atteindre une perfection, je l'ai confronté au modèle dont il se servait pour juger les autres. Ah ! L'obéissance à la vérité, quel joli nœud pour l'esprit. Qu'il soit cravate ou papillon, toujours placé sur le cou comme pour préfigurer le risque d'étranglement, je dois concéder qu'il vous joue bien des tours.

Aux dernières nouvelles, je peux encore vous dire que Tomas est mort la peur au ventre, recroquevillé comme une momie desséchée par des siècles de sécheresse. Il s'était définitivement enfermé dans une paranoïa. Son hypervigilance l'avait emprisonné dans une recherche continuelle de preuves venant appuyer les soupçons qu'il avait ou qu'il se figurait. Et des soupçons, il en avait continuellement. Il avait peur des autres qui ne pouvaient que lui en vouloir, lui nuire ou le tromper. Il avait même peur d'être trahi par le modèle auquel il avait tout donné. Emmuré dans un doute envahissant et destructeur, il a fini par perdre l'accès à cette faculté qui permet à l'homme de reconnaître, distinguer et agir conformément à des principes rationnels. La folie du doute qui l'avait gangréné avait rendu son existence invivable. S'étant renié en se conformant à l'obéissance aveugle, il s'était banni du monde des hommes et dans sa retraite qui ressemblait à une débâcle, il a fini de se flétrir sous les coups figurés d'un monde de trahison et d'incessants complots.

Quel dommage, il avait atteint l'âge idéal pour démêler les rapports entre l'obéissance et la connaissance ; la connaissance et la vérité ; la vérité et l'obéissance. Mais il est des exils intérieurs dont on ne sort pas vivants.

Quant à moi, je ne sais si j'ai pleinement satisfait à mon obligation de moyens, mais j'ai été fortement remis en question. L'ordre des Vertus auquel j'aspire n'exige-t-il pas une mise en conformité de ce que je suis à un idéal qui risquerait de m'être autre ? Un doute a surgi. Autant avec Abel, j'étais persuadé qu'il fallait que la Vertu agisse pour éviter les errements de l'homme, pour le purifier et le conduire vers la perfection, autant avec Tomas, je me rends compte que la Vertu peut nuire à l'homme jusqu'à l'enfermer dans une ellipse descendante qui mène à l'obéissance aveugle et parfois au trouble omniprésent du comportement caractéristique d'une personnalité paranoïde. Faut-il donc se conformer à une idée, à un idéal, une perfection au risque de nuire et de se nuire ? Existe-t-il vraiment une Vertu absolue, parfaite et libératrice, accessible à l'homme et qui lui permettrait de se naître dans une conscience élargie qui l'unirait enfin ?

À voir ces vies commencer dans les lignes brisées des liens générationnels ou transgénérationnels, j'en viens à me demander si mon rôle d'accompagnateur n'est pas vain. Comme vous le savez, je ne peux que suggérer et déployer des trésors d'imagination pour persuader les hommes de m'écouter. Et puisque je n'ai pas le pouvoir de prendre le contrôle de leur volonté, j'en suis réduit à souffrir avec eux. Et dans ces moments d'abattement, je me demande s'il est vraiment possible de naître à soi-même tant l'être humain n'est construit que sur des lésions psychiques profondes. Mon rôle et ma mission d'accompagnement ne se résument-ils qu'à une lutte de toute une vie dont l'issue reste incertaine ?

Je sais, je prends un risque à vous exposer le doute qui a jailli en moi avec Tomas, mais si je ne vous en parlais pas, non seulement je serais malhonnête, mais en plus vous ne pourriez rien entreprendre pour le lever. Comment exercer la mission de conservation des lois qui régissent l'ordre du monde que nous admirons, si des organisations humaines font de l'obéissance aveugle une vertu ? Comment incarner cette force qu'est la Vertu quand l'homme met toute sa volonté et sa persévérance à devenir meilleur par stricte obéissance ?

À la fin de cette vie, j'admets avoir été perplexe et bien content de regagner notre organisation. J'avais besoin du soutien des miens. J'avais besoin d'être réconforté. J'avais besoin de tirer un trait sur cette histoire afin de pouvoir repartir de plus belle. J'en ai parlé, on m'a écouté puis on m'a rassuré. Il est des expériences de vie dont on ne peut s'assimiler ni conduire, par un déploiement de moyens, vers leur élargissement ou leur récapitulation. Et s'il y a bien une chose que l'on m'a répétée et qui m'a redonné du courage, c'est que de nos échecs et de nos souffrances naissent parfois de belles histoires.

Ernesto[6]

Demain, cela fait vingt ans que je cherche ma voie et que je peine à la trouver. Cela fait une éternité que je me demande que faire de ma vie pour avoir le sentiment d'être utile. J'ai l'impression que tout est réalisable, mais je ne sais vers quel possible me diriger. Je suis attiré par tout et rien à la fois. Et puis, dans mon monde intérieur immobile, j'ai la sensation de vivre en condamné, enfermé dans une coquille vide d'intérêts et de motivations. Une gangue invisible m'enserre, m'étouffe et me brûle de questions existentielles sans réponses.

J'ai besoin de trouver un sens à ma vie, de me sentir utile, mais je ne sais pas comment faire pour y parvenir. J'ai furieusement besoin d'écrire ma vie, d'avoir une vocation, de me sentir *appelé*. Mais je me retrouve dans un tunnel obscur. Où est la sortie ? J'ai envie de m'engager, mais je ne sais pas où ni comment m'investir. Je suis curieux de tout, mais de rien en particulier. Je ferais bien des études de sciences de l'ingénierie comme mon ami Tomas, mais je ferais bien aussi de la médecine ou des études littéraires. Et puis, comme je suis aussi influencé par les idées progressistes de ma grand-mère, je ferais bien aussi de la politique. Jouer à faire la guerre, mais en chevalier défendant les déshérités de la terre au nom de valeurs aussi nobles qu'utopiques ? Oui, c'est encore une voie qui me plairait, mais serait-elle compatible avec ma fascination pour la bohème ? Pourrais-je concilier l'utile à une vie affranchie des codes et des usages que l'on attendrait de moi ? Voilà où j'en suis. Je titube à trouver ma voie, et

---

[6] Sur un tango de Carlos Puebla, qui dans *Hasta Siempre* chante la complainte de Che Guevara, ou sur le tango de Carlos Gardel, *Por una cabeza*.

comme il me faut bien survivre en attendant de trouver quelque chose qui me passionnerait et qui animerait tout mon être, j'utilise le *système D* pour gagner quelque argent. Je fais des petits boulots sans intérêts. Ma vie est fade. Il faut que je réagisse. Il faut que quelque chose se passe.

Partir sur un coup de tête pour m'obliger au mouvement ? J'y pense de temps à autre. Une chose est sûre, j'attends un déclic, l'impulsion qui donnera le *tempo* à l'envie, au goût du risque non calculé qui nous fait parier qu'importe l'endroit puisque quelque chose se passera. Je n'ai jamais eu envie de faire comme les autres et pourtant je leur ressemble à force d'attendre et cela m'insupporte. Je vaux mieux que ça. Pourquoi rien ne se passe en moi alors que je sais pertinemment qu'il faut me mettre en mouvement pour être l'homme pleinement libre que je veux être ? Rationnellement, je sais que si je ne veux pas rester le spectateur de ma propre vie il faut m'envoler. Émotionnellement, j'ai conscience que m'éloigner de ma province de *Misiones*, cela reviendra à sortir du pays de ma petite enfance qui a tant nourri mon imaginaire, peuplé qu'il était de cascades, de Candides et de Cacambos, et puis de jésuites venus sauver les Indiens Guaranis. Instinctivement, je ne bouge pas. J'aimerais tellement connaître ma destination avant de m'embarquer. C'est peut-être cela qui me bloque. Et plus je me bloque et plus je me trouve des excuses auxquelles je ne crois même plus.

Et puis un jour, c'est le déclic. Comment s'est-il fait ? Je ne le sais pas vraiment. Je crois que tout a commencé par une proposition de voyage. Partir en dilettante, faire du tourisme, sur un coup de tête et avec un ami, pour voir, entendre, ressentir, goûter, méditer et toucher d'autres ailleurs que ceux qui bornent ici mon horizon. Alors, comme si partir était la chose la plus naturelle qui soit, quelque chose en moi s'est mis en mouvement et m'a poussé, presque deux mille ans après cet autre grand rêveur, dans un *désert* d'inconnus afin de tester ma résistance à la vie, à mes idéaux et à mes élucubrations. À partir de ce moment-là, j'ai su que j'allais en découdre avec moi-même sans vraiment savoir ce que je trouverais au détour de la route. L'aventure, la paume ou la mort, ces trois possibilités ne m'ont nullement entravé. Comme Zarathoustra, le temps était venu pour moi de descendre de ma montagne de questions, de chausser mes bottes d'asthmatique et de partir à la rencontre de *mains qui se tendent*. Irrésistiblement, quelque chose en moi me disait qu'il fallait maintenant que je donne et distribue à l'excès, *jusqu'à ce que les sages parmi les hommes soient redevenus joyeux de leur folie, et les pauvres, heureux de leur richesse.*

C'est à ce moment-là que je pense avoir pris la décision de rejeter cet air vicié, tapi dans mes bronches depuis mon enfance, qui me retenait prisonnier de moi-même. Je me souviens de cet instant où le voile s'est déchiré et ma conscience, enfin claire, a délibérément fait le choix de trancher les liens de prudence qui m'étouffaient pour me protéger de tout effort inutile. Enfin, j'allais pleinement respirer. Oh ! je savais pertinemment qu'en affrontant ma lâcheté de petit bourgeois et mes peurs de vivre, j'allais retrouver mes crises d'asthme et leurs cohortes de sifflements plus ou moins encombrés. Mais quitte à jouer avec la mort, il fallait que j'essaie de libérer mes poumons pour renouer avec ce premier lien vital au monde. Alors j'ai mis un baluchon sur le porte-bagages de ma moto et je suis parti sans me retourner. *Le vent s'était levé ! ... Il me fallait tenter de vivre.*

J'ai vingt-trois ans, déjà trop vieux pour être poète et trop fier pour rester à demeure. J'ai vingt-trois ans, juste le bon âge pour conquérir un royaume, devenir passionnément vagabond comme Kerouac ou, qui sait, renaître en un Toussaint Louverture *politiquement incorrect et rebelle*. J'ai dans mes gènes l'exode et la soldatesque, la transhumance et le voyage, l'appel du grand large et une certaine idée de la liberté. J'ai pour tout bagage un bloc-notes et pour tout compagnon mon ami Alberto Granado. Nos premiers horizons seront l'Argentine, le Chili, le Pérou, le Brésil, la Colombie et le Venezuela.

C'est durant ce premier périple que débute mon *déclin*, je deviens un homme et je découvre le spectre du lendemain qui, comme le couperet d'un échafaud populaire, étête la vie sans le moindre état d'âme, comme si elle n'avait d'autre valeur que celle d'être moissonnée selon le bon vouloir de la faux. À voir, au hasard de toutes mes routes, tant de vies se faner, sécher et tomber avant l'heure, comme si leur lot de misère ne portait aucune consolation, je m'indigne devant tant de résignation. Il faudrait tellement que tous les hommes puissent vivre avec ardeur et *voir l'avenir avec une joie impatiente* ! Pris en étau entre ma curiosité pour mon *Amérique majuscule*, un peu mythique, mais tellement belle, mon envie d'aller errer dans le reste du monde pour en renifler son éclat et ce sentiment de révolte qui sourd en moi face à tant d'injustice et de malheurs, je commence à perdre confiance en la représentation naïve du monde qui me servait de boussole. Je deviens un homme, je commence à cesser de vivre en immédiateté. Petit à petit, je me découvre même curieusement *en fraternité avec les hommes*, qu'ils soient lépreux, communistes ou simples représentants d'une race de vaincus. Lentement, ces images de la misère se sont agglutinées en moi. Elles ont allumé le moteur de ma réflexion sociale, non sans quelques incohérences, avant cette révélation qui me tombe dessus comme une évidence : *l'avenir appartient au peuple (...) qui va conquérir le pouvoir partout sur la terre.*

Mais comment y arriver ? Comment faire de toutes ces communautés de misère un peuple conquérant ? La conquête peut-elle se réaliser sans un déploiement d'endurance au service d'une envie commune, d'une cause en partage ? Parce que se découvrir en fraternité avec les hommes ne représente rien, si cette idée ne reste qu'au stade d'une révélation singulière ou d'une rencontre sans lendemain, alors il faut un engagement et un objectif communs. La conquête d'un but devra donc passer par l'expérience de l'endurance. Le sentiment de solidarité, ce lien que l'on veut forger de toutes pièces et qui doit résister à la temporalité, doit pouvoir passer de l'idée à la mise en œuvre pratique par le biais d'un projet global, politique, moral et social qui demande un engagement de tous les instants pour pouvoir aboutir. Ce n'est qu'entier que l'engagement est fécond. Il n'y a pas de résultat significatif sans une attention toujours soutenue. Un peuple solidaire, c'est un programme que l'on s'obstine à écrire et réécrire, et non le résultat d'une idée toute faite ou d'une envie d'agir du moment. De fait, il n'y a pas de fraternité sans engagement et pas d'engagement sans endurance, cette aptitude que l'on se donne et que l'on entraîne à la résistance en mettant en gage sa volonté, son corps et ses idées. Et puisqu'il faut de la constance, cette dernière doit être soutenue autant physiquement que psychologiquement, par les exercices auxquels on se plie et par les moyens que l'on se donne, afin que ce programme à réaliser devienne le seul horizon directeur.

Faire pour faire ? Autant ne rien faire. Il faut donc maintenir une continuité entre la capacité à endurer, tenir bon physiquement et moralement, et l'objectif que l'on fixe des yeux comme une boussole. Sans cette continuité, cette conscience aiguë de l'effort dans la durée, il n'y a ni révolution ni fraternité partagée. Certes, il faut bien que quelqu'un initie courageusement quelque chose, mais, pour que cette chose perdure, il faut qu'elle soit portée par tous. Seule, l'audace est éphémère et risque sinon l'effondrement du moins l'épuisement. Ensemble, cette puissance est inaugurale parce qu'elle inverse les rapports de force. De proche en proche, elle durcit et endurcit les déterminations individuelles qui se rejoignent et se confortent physiquement et moralement sous un désir et une envie ~~communs~~. Il faut donc agglomérer ces envies sous un projet collectif pour que l'engagement total devienne irréversible. Alors à travers une série d'actions coordonnées et éventuellement violentes, la transformation profonde de l'ordre moral, social et économique devient possible. C'est à ce prix que le peuple conquiert le pouvoir et se projette dans l'avenir avec une joie impatiente.

Tout à coup, tout s'articulait et devenait fluide. Je comprenais que je n'avais pas d'autre choix que celui de l'engagement total et audacieux. J'étais, en quelque sorte, condamné à susciter et rassembler toutes les envies possibles contre une histoire qui n'était pas la mienne, qui n'était pas la nôtre et qui n'était pas non plus celle des vaincus de toutes sortes. Comme une seconde révélation, j'ai eu l'intuition de ma destination : réécrire une histoire où seraient solidaires mes envies et celles des autres oubliés de la terre.

Mais j'ai remisé mes révélations en faisant une escale de huit mois à Caracas, le temps de finir des études de médecine. Huit mois, c'est presque le temps d'une gestation complète et pour toute apparition, je décide de repartir à l'aventure avec un autre compagnon d'infortune, Carlos Ferrer. Quelque chose a changé. Je ne sais ce que l'Histoire me réservera, mais je ne peux ni me soumettre à un régime politique qui ne me convient pas ni à une vie de médecin petit bourgeois. Avant de prendre part à un engagement total, j'ai encore besoin d'aller rouler ma bosse, battre le pavé afin de m'imprégner des conditions sociales et des régimes politiques de mon Amérique. Il faut que je m'abreuve au vent des révoltes et des révolutions. Je veux éprouver dans mon corps et dans mon âme le battement insensé de cette vie humaine à laquelle les États n'accordent pourtant que peu de valeur. Et dans ce nouveau voyage, je vais, à la frontière de l'observation attentive et de l'action endurante, me fondre dans ces masses majoritaires et pourtant marginalisées de la Bolivie, du Pérou, de l'Équateur, puis du Panama, du Costa Rica, du Honduras et du Guatemala.

Au Guatemala, je rencontre Hilda. Je suis séduit par cette jeune économiste politiquement engagée. Indépendante et volontaire, elle a tout pour me plaire et c'est avec un certain emballement que je me laisse chaperonner par elle. Grâce à elle, je me confronte aux idées communistes en fréquentant différents cercles de gauche de l'Amérique latine. Tous ces partisans en exil, pour avoir publiquement exprimé des opinions politiques divergentes, forment une fraternité révolutionnaire. Avec eux, je reprends et j'affine mes idées sociales acquises durant mes voyages. Ensemble, on débat de la meilleure manière de rendre la parole au peuple. Moi, frustré que rien ne bouge malgré les combats électoraux, révolté de voir que les bulletins de vote ne conduisent qu'à des demi-mesures, je crois que c'est à ce moment-là que, définitivement, je prends parti pour la révolution totale, la seule voie possible contre toutes les trahisons. J'ai vu trop de mains qui se tendent ou se rétractent, trop de mains coupées pour avoir osé quémander. Elles ont fini par forger ma conscience politique de rebelle. Il nous faut prendre ce que l'on nous a refusé alors qu'on ne le demandait qu'en s'excusant. *L'histoire est à nous et ce sont les peuples qui la font*[7]. Au lieu de participer à une histoire collective qui nous a englués dans une passivité ou une résignation, c'est à nous de transformer le passé en avenir et, les yeux fixés sur lui, prendre soin d'ouvrir les champs du possible qui réorienteront l'histoire collective. Par les armes et les larmes, la sueur et le sang, l'enthousiasme et la liberté, je mettrai mon âme entière dans ce combat même s'il est des batailles qui ne conduisent pas immédiatement à la victoire.

Toujours avec Hilda, que je suis parti retrouver au Mexique où elle est venue se réfugier après le coup d'État de 1954, je rencontre un petit groupe de Cubains rescapés de l'attaque ratée de la caserne Guillermo Moncada. Avaient-ils choisi cette caserne comme d'autres révolutionnaires la Bastille ? Ils voulaient tous redevenir des *Guillermón*, reprendre le flambeau de l'indépendance en combattant la *junte* de Batista qui, pilotée par la *CIA* et la United *Fruit Company*, avait confisqué les richesses du pays, le pouvoir et la liberté. Quitte à manier la kalachnikov et la machette, ils voulaient éradiquer la corruption, l'injustice et la misère qui gangrénaient l'île. L'idée était belle et elle allait enfin dans le sens de la révolution totale à laquelle je voulais adhérer. Sur les pas des héros des deux guerres et du soulèvement de 1885, nous inscrirons nos rêves et nos sangs. Le jour tant attendu, qui devait donner raison aux nouveaux indépendantistes qui partout se propageaient dans l'*Indo-Amérique*, était arrivé.

Tout a basculé lors d'une entrevue. J'éprouve encore cette sensation d'être happé par une force irrésistible et tellement fascinante, que je ne peux faire autrement que me laisser emporter par elle. Nous sommes le 8 juillet 1955 et entre Fidel et moi le courant est passé encore plus intensément qu'avec Raul. Nous partageons la même soif de justice et de révolte populaire. Ensemble, nous allons en découdre et tout changer. Et parce que notre cause est juste, alors nous renverserons les tables des marchands du temple de l'impérialisme et

---

[7] Salvador Allende, *La historia es nuestra y la hacen los pueblos*, Dernier Discours, Radio Magallanes.
Le 11 septembre 1973 à 9 h 10.

de la corruption. L'homme nouveau, celui d'*Ariel* de José Enrico Rodó, va pouvoir entrer en scène. Il prendra en main son destin et réalisera son idéal. Alors l'âme des peuples sera enfin mise à l'abri !

J'ai maintenant vingt-sept ans, je semble fragile sous *mon fardeau asthmatique que je porte comme une croix*, mais je suis accoutumé à résister. *Yo soy Che Guevara* comme un autre a dit de lui qu'il était *le Chemin*. J'ai fait mes quarante jours dans le désert et je suis revenu pour prêcher le salut par la révolution. Je ne peux plus faire marche arrière, j'ai des disciples à former à l'endurance et un projet à faire aboutir. Je m'enrôle dans le M-26, en référence à la date de l'attaque ratée contre la caserne de la Moncada. Ce bras armé et inconditionnel de la révolution va devoir inculquer la discipline et l'art de la guerre pour pouvoir, endurci et capable d'affronter la mort, débarquer à Cuba et libérer le peuple de la dictature de Batista. Nourri d'exercices et de *San Carlos*, j'allie théorie et pratique. Mon carnet de notes gribouillé d'idées politiques et de poésie ne me quitte pas. J'écris tant que je peux, cela m'aide à prendre du recul, à voir plus clair et plus intensément. Je dresse mon corps et mon esprit comme s'il me fallait les rendre encore plus mobiles, plus aptes au changement, plus à même de supporter les fatigues, les privations et les maux de toute nature. Je redouble d'efforts, je multiplie les occasions de mise à l'épreuve, car je veux être opérationnel le jour où il s'agira d'engager des possibles là où tout semble improbable ou irréalisable.

Peu à peu, je force l'admiration de mes condisciples et je prends conscience de ma capacité à réveiller les volcans endormis par résignation. Et puis comme la lave bouillonne sous le plancher océanique, je bouscule et fissure lentement mais sûrement le fatalisme et des décennies de soumission qui muselaient les hommes. Je ne suis ni un surhomme dont la stature n'en imposerait ni un prophète qui étonnerait. Je ne me considère pas non plus comme un nouveau Christ. Je n'ai pas pour vocation de me laisser crucifier. J'ai été conquis par une autre grâce, celle de la révolution totale. Maintenant, je sais que mon avenir est étroitement lié à Cuba. Je serai un héros ou un martyr, mais pas un de ces anonymes dont l'histoire est aussi insignifiante que vaine. Et puisqu'il convient de réaliser quelques exploits pour entrer dans la légende, j'embarque à bord du *Granma* pour la plage de *Las Coloradas*. Dans la nuit du 25 novembre 1956, je sais que j'ai rendez-vous avec moi-même comme avec l'Histoire. La mise à l'épreuve de ma bravoure commence. Nous sommes quatre-vingt-deux à avoir décidé de jouer à pile ou face avec la vie. Dix-neuf d'entre nous y survivront.

La guérilla dans laquelle nous nous sommes lancés à corps perdu est, et j'en suis convaincu, la seule voie qui reste pour restaurer l'homme. L'organisation politique des nations est confisquée depuis trop longtemps par une toute petite minorité qui n'a de remarquable que l'effort qu'elle déploie pour se survivre. Le vote ne suffit plus pour faire changer les choses. À peine sert-il à redessiner quelques frontières mineures. Face à l'incurie des systèmes à la manœuvre, le rapport de force frontal est perdu d'avance tant il est inégal en hommes et matériels. Est-ce à dire que toute rébellion est vaine et qu'elle ne mène au mieux qu'à une déroute, un exil ? Puisque l'affrontement symétrique est impossible, il ne reste que la voie d'une guerre dissymétrique, cette stratégie du harcèlement ultra mobile, pour que le faible sème le doute et la déroute dans l'esprit du puissant. Saper les points forts de l'adversaire tout en exploitant ses faiblesses, affecter psychologiquement sa volonté, sa capacité d'initiative et sa liberté d'action, voilà ce que la guérilla entreprend sur le terrain, qu'il soit rural ou citadin. Mais prendre le pouvoir pour et par le peuple c'est une chose. Encore faut-il que ce pouvoir ne retombe pas captif dans les mains de quelques-uns. Alors je dis qu'il faut du courage, de la volonté et de l'abnégation pour ne pas succomber au goût du pouvoir rien que pour soi. Il faut de la bravoure pour porter un projet d'avenir qui inverse réellement la longue marche d'un passé fait de la servilité du plus grand nombre. Et s'il faut de la constance, de la persévérance et parfois de l'opiniâtreté pour tenir les promesses d'avenir, il faut aussi de la prudence et du détachement pour ne pas ré enclore l'avenir dans un intérêt particulier.

L'engagement suppose ainsi d'*être volontaire,* mais pas uniquement. C'est une qualité qui bannit l'impulsion et l'entêtement, c'est une manière de se déterminer sur une liberté mûrement éclairée, c'est aussi une posture d'acceptation provisoire ou transitoire des tâches et missions qui lui sont confiées. Et moi, je me suis volontairement mis en gage pour porter et m'approprier le passé douloureux des communautés de vaincus, et pour que naisse l'homme nouveau délivré de ses chaînes de résignation, de malédiction et de capitulation. Voilà pourquoi je suis rentré en révolution comme d'autres en religion. Mais je ne suis pas un exalté, je sais que l'engagement peut se confondre avec la tyrannie lorsqu'il s'entête sans raison. Je sais qu'il peut se prendre pour une vérité absolue, oubliant que, au fil du temps, il doit se recomposer avec l'incertitude des circonstances. La révolution n'est pas un aboutissement, c'est un état d'esprit, un engagement sans cesse renouvelé de tous pour tous. C'est un programme commun difficile à tenir tant il doit rester mobile. Mouvant comme un mascaret, il doit perpétuellement épouser les évolutions et les changements sans jamais retourner sa veste.

Oh ! j'ai conscience que la révolution ne fait pas forcément l'unanimité sur un simple claquement de doigts. Tout comme elle ne peut se réduire à n'être qu'un slogan populaire, que l'on déclinerait à l'infini juste pour signifier un sentiment d'appartenance, elle ne peut se limiter à n'être qu'un mouvement social minoritaire s'exprimant sur le devant d'une scène médiatique saturée d'opinions aussi contradictoires qu'éphémères. La révolution doit être l'affaire de tous et pas uniquement celle des partisans, c'est pourquoi il faudra d'abord soigner l'homme puis l'éduquer pour qu'il puisse complètement s'y reconnaître. L'homme ne naît pas exemplaire et des siècles de soumission ont laissé des plaies dans son esprit, dans son cœur et dans son corps. Mais qu'importe, l'homme tel qu'il est, avec ses infirmités et ses blessures, reste l'unique acteur de la révolution. En lui dépend la réussite ou l'échec de la lutte. Le soigner, s'occuper de son bien-être tant moralement que matériellement et physiquement, c'est un travail de longue haleine et qui va de pair avec l'éducation. Car il est nécessaire de transformer des habitudes acquises, et qui se sont imprimées durablement dans son esprit, afin d'ancrer en lui une éthique nouvelle, celle qui l'amènera à ne rien entreprendre si ce n'est pour la *satisfaction du devoir accompli*. Puisque *Dieu est mort*, emportant dans sa tombe ses élus et leurs propres distinctions qui justifiaient toutes formes de différenciation, de domination et d'individualisme, l'homme n'a désormais d'horizon que d'hommes et si tous ne font qu'un, alors l'égalité porte une autre éthique de l'action dans laquelle le *pour soi* est remplacé par l'*en soi*. Mais je m'emporte. Pour l'instant, il me faut inculquer la révolution et l'engagement, il me faut soigner ces corps et ces esprits trop longtemps malmenés. Ce n'est qu'au terme de cet accompagnement au soin et à l'éducation que les hommes se rendront compte qu'ils ne peuvent se dispenser de la pluralité qui les compose et qui prend corps dans le programme d'un peuple qui veut écrire son histoire plutôt que de la subir.

La vie d'un homme n'a de prolongement que dans le peuple et ne s'achève qu'avec le peuple. Le peuple est le salut de l'homme, car il y a une unité dialectique inséparable entre chaque individu et la communauté formée des masses qui la composent. Ne vous y trompez pas, il n'y a pas de connotation péjorative à ce substantif. Un peuple éduqué, qu'il se compose des masses formées d'ouvriers et de saisonniers, de populations rurales ou citadines, n'est pas un troupeau docile que l'on peut manipuler ou mener à l'abattoir. Le peuple nouveau ne descend pas du mouton et s'il suit sans vaciller son *leader*, c'est parce qu'il correspond précisément à ses désirs et ses aspirations, bref à son programme. Le pouvoir se métamorphose. Loin de signifier une conquête personnelle ou partisane, il n'est plus que la voix impersonnelle d'un peuple s'engageant à accomplir ses rêves et ses désirs.

Mais pour que l'élan révolutionnaire perdure sans s'affaisser ni se travestir, il faut l'alimenter. À ce stade, deux combustibles me semblent indispensables. Il s'agit de l'auto-éducation à la loi morale et du ciel étoilé comme horizon commun. S'éduquer soi-même, être en quelque sorte sa propre loi, son propre maître, voilà bien qui relève d'un défi tant l'individu est un être génétiquement modifié par les tares de l'ancien joug culturel et social qui se perpétuent insidieusement en lui de génération en génération. Comment choisir quand on n'a fait, de père en fils, qu'obéir ? Et s'il n'est pas étonnant qu'il ne voie le ciel étoilé et la loi morale qu'enveloppés de soupçons, c'est bien parce qu'ils ont toujours été posés comme des contraintes extérieures à son horizon. Dressés en inaccessibilité par des minorités qui en contrôlent l'accès, la loi morale et le ciel étoilé se résument à une soumission du plus faible au plus fort. Un *fatum*, une fatalité pour celui qui est né du mauvais côté de la frontière. Il sera donc nécessaire d'entreprendre un gros travail d'auto-éducation à la liberté si la révolution veut accoucher de l'homme nouveau, capable de poser des actes nécessairement liés entre eux par une conscience et un horizon communs. L'homme nouveau ne pourra plus être une *marchandise* parmi d'autres. Il ne pourra plus jamais être l'objet d'une transaction qui n'a de valeur que pour celui qui l'exploite, qui n'a de valeurs que tant qu'il produit et rapporte.

Se libérant par autodétermination du regard néantisant qui le réduisait à n'être qu'une cellule économique d'un capitalisme amoral et insatiable, il pourra refonder l'homme en solidarité avec lui-même. Le nouvel homme dont il s'accouchera renversera l'ancienne loi qui affirmait que le succès des uns ne pouvait se réaliser que sur l'échec du plus grand nombre. Mais le chemin est encore long avant qu'il n'atteigne son paradis. Il faudra de l'audace, de la constance et de la persévérance. Et puis un jour, lui aussi aura son déclic. Il se rendra compte qu'il n'est plus seul et sans voix, et d'un commun accord avec les autres il inaugurera la loi nouvelle du succès de tous par tous. Alors l'horizon aura été ramené à portée de mains. Ce dernier sera collectif ou il ne sera pas. Il sera débarrassé des scories des intérêts particuliers et librement rattachés à la conscience d'un peuple nouveau qui fonde son action sur le principe d'une universalité. Alors, s'échappant collectivement des déterminismes et autres principes de soumission, l'homme nouveau accédera à sa récompense, celle d'une nouvelle société où le peuple ne subit plus le poids des choix politiques et économiques, mais choisit pour destin de rester son propre maître et sujet de son histoire.

1959 sera l'année de la libération. Le 2 janvier, Fidel Castro m'a donné l'ordre de marcher sur la capitale désertée un jour plus tôt par Batista. J'y ai mené une guerre de guérilla avant d'en être un apôtre ou un prophète. J'ai joué avec la vie et la mort, Matador. Un rôle où l'attention est vitale. Une passion, un composé d'orgueil, de défi et de soif de vaincre qui permettent de dépasser la peur, de repousser les limites. Oh ! j'ai fait preuve de bravoure aussi, mais, derrière elle, c'est la valeur du respect que j'ai cherché à vivre pleinement. Tout rebelle doit être respectueux de celui qui joue sa vie dans ce *mano a mano* mortel. Tantôt, c'est lui qui exécute une passe de cape, tantôt c'est lui qui subit le coup de la banderille. Parfois, c'est lui qui excite son adversaire pour évaluer sa vigueur au combat, parfois c'est lui qui, épuisé et tête nue, tarde à s'écrouler, mais voit sa vie défiler une dernière fois devant ses yeux. Mais dans les deux cas il y a du respect face au *descabello*, ce coup de grâce qui vient clore la corrida et porter *a hombros* le vainqueur du jour.

Risquer sa vie et exiger des autres le même sacrifice, voilà bien toute la noblesse du prophète rebelle qui entend l'urgence qu'il y a à changer les choses, à détruire l'ancien fondement politique et économique qui faisait de l'injustice le modèle de la réussite. Remettre à l'ordre du jour le principe espérance, celui d'une société composée d'hommes nouveaux parce que ce qu'il y a de bon et de noble en eux est valorisé, voilà la dimension religieuse de la guérilla que j'ai menée. Oui, j'ai fait partie des élus, de cette avant-garde qui a eu le privilège d'apporter dans ses bagages la liberté portée par l'idéalisme de l'homme nouveau, exemplaire jusque dans la mort. Matador, je l'ai été jusque dans cette légèreté dont on s'habille pour esquiver la charge et contre-attaquer sans éprouver le moindre doute ou le moindre remords. Au jeu de la liberté, il n'y a pas de place pour les irrésolus. La révolution totale n'est pas une noble idée vaporeuse, elle est résolument acharnée, incarnée dans la résistance, l'endurance et la souffrance. Elle agrippe les entrailles du corps, elle perle de sueur, un front plissé par l'effort ou la peur, elle fait bouillir le sang qui bondit dans les veines ou qui jaillit en saccades sous les coups des balles ou des machettes. La révolution est chevillée à une mobilisation totale de soi, c'est un serment à la vie à la mort. Le révolutionnaire se fait damné *de la terre* pour affranchir les sans-voix accablés de mille servitudes et qui pourtant travaillent avec attachement une terre ingrate qui ne leur appartient même pas.

Après un long mois d'escarmouches et d'accrochages, de peur et de pertes, de faim et de soif, de crasse et d'épuisement, c'est poisseux, mais vainqueur que j'entre à La Havane avec mon armée de campagnards. On ne ressemble à rien dans nos guenilles si ce n'est à une armée d'épouvantails, mais l'euphorie est telle que Pablo Neruda nous consacrera un chant tant l'espoir venu de la terre libérée semble ouvrir un futur palpitant. Le 9 février, je deviens même cubain par naissance révolutionnaire grâce à une loi spéciale votée deux jours auparavant. Comme un illustre personnage avant moi, je peux dire : *je suis venu, j'ai vu, j'ai vaincu*. Maintenant, je vais enfin pouvoir me reposer un peu et réfléchir à la suite.

Ai-je été un disciple ébloui par la stature géante de Fidel ? D'aucuns l'ont pensé. Tout ce que je sais c'est que je n'ai jamais été attiré par ce qui brille, que ce soient les honneurs, la richesse ou le pouvoir. Je suis trop attaché à ma liberté pour accepter de me contenter de suivre qui que ce soit. Et si les trompettes de la Renommée commençaient à porter ma légende de sauveur au-delà de l'île, je sais que je n'ai jamais pris le parti de dire aux hommes ce qu'ils voulaient entendre. À ceux qui ont vu en moi l'éminence rouge du principe de la révolution moderne, radicale, inconditionnelle, sérieuse, endurante et volontaire, je dirais simplement que j'ai été conséquent dans mon engagement. J'ai eu, comme tous les prophètes, des partisans et des adversaires. Ceux qui m'ont rencontré ont été conquis par cette grâce inexplicable qui brûlait en moi et transformait le réel en possible. Quant à mes adversaires, ils ont haï ma rigueur et ma dévotion à mon idéal, en me qualifiant de *Pesado*, de rabat-joie moralisateur et culpabilisant. Nous avions gagné une bataille, mais pas la guerre.

Certes, le peuple était libéré, mais maintenant, sans perdre de temps, il nous fallait le soigner et l'éduquer pour que la révolution soit totale et que l'homme nouveau ne se résume pas à un soupir du bandonéon.

Homme de conviction et de parole, j'ai poursuivi le combat en m'engageant politiquement au côté de Fidel. Mais dans les jeux de pouvoir et d'influence des lendemains de la révolution, j'ai bien compris que les droits du sang résistaient à la nouvelle société que nous espérions. Alors, pour ne pas faire de vague au sein du nouveau gouvernement, pour ne pas attiser les querelles de pouvoirs, pendant un temps Fidel m'a demandé d'être l'ambassadeur de la révolution cubaine auprès de ces pays que l'on commençait à situer dans un tiers-monde, parce qu'ils ne savaient pas à quel bloc se rattacher, parce que sans visibilité ils étaient méprisés quand ils n'étaient pas tout simplement ignorés.

Au cours de cette période, j'ai rencontré Nasser et vu Gaza. J'y ai même été acclamé comme le libérateur des peuples opprimés. J'étais perçu comme celui qui savait faire reculer l'oppression et élargir l'horizon du champ des possibles. Ah s'ils avaient su à quel point l'élan révolutionnaire se tasse et se rétrécit au contact de la durée. Ah s'ils avaient su à quel point l'engagement pour un idéal se fane ou se corrode dès les lendemains. L'engagement révolutionnaire n'est pas un élan de l'instant. Il faut un serment d'éternité pour qu'il accouche du nouvel homme. Les nouveaux leaders de la contestation de ces pays émergents parviendront-ils à réaliser ce rêve que Cuba semble avoir tant de mal à transposer ?

Auprès de Sukarno, Nehru, Mao Tsé-toung et Tito, j'ai vu et noté tout ce que l'on pourrait adapter à Cuba en l'améliorant ou en évitant les mêmes dérives. De missionné, je suis devenu missionnaire. J'ai eu de l'admiration pour De Gaulle et Ben Bella, même si leurs options politiques s'opposaient. Tous deux incarnaient la lutte endurante contre l'oppresseur. Quant à Sartre et Simone de Beauvoir, je crois qu'ils ont été conquis par l'idéal que notre révolution véhiculait. Dans leur monde parfait, notre soulèvement devenait l'exemple concret qui illustrait leur existentialisme. Ils avaient une preuve que l'existence précède l'essence, que l'homme était réellement jeté au monde et condamné à la liberté. Notre propagande leur a même fourni du café à moudre pour faire infuser cette notion d'engagement nécessaire, inspiré par le futur et construisant un sens à son histoire.

Et puis est arrivé l'épisode de la baie des Cochons, qui va entrer dans l'histoire mondiale ce samedi 15 avril 1961. *Cuba si ! Yanquis no !* La victoire cubaine teinte la révolution socialiste d'une couleur métisse, tropicale, joyeuse et extravertie. Tout un peuple chante et danse. On joue de la musique le long des nuits sans sommeil. *On s'aime en musique, on fait l'amour en musique. Pachanga*, c'est la fête à Cuba. Mais la fête ne peut indéfiniment masquer la réalité. Cuba n'est pas une petite *Alice* découvrant un pays de merveilles où l'homme pense, agit et produit sans la recherche d'un intérêt personnel. La recherche d'avantages individuels et immédiats, le manque d'éducation au sens où je l'entendais, l'absence de savoir-faire technique et industriel, puis les effets du blocus vont se faire sentir en paralysant peu à peu le pays, tout en égratignant le tableau édifiant du David cubain triomphant du Goliath de l'impérialisme. La fuite des cerveaux est une réalité qui se rajoute à cette toile déjà sombre et l'homme nouveau, éduqué, alphabétisé, formé et sachant assumer ses responsabilités, tarde à s'installer. L'être nouveau que j'appelle de tous mes vœux ne semble pas pressé de rejoindre la révolution. Au contraire, il préfère la fuir dès qu'il en trouve l'occasion. Pourquoi est-ce si difficile de faire comprendre à tout un peuple que c'est l'occasion de changer radicalement de modèle sociétal ? Est-ce que l'espérance des possibles que fait apparaître une révolution ne résiste pas à une réalité bien antérieure et dans laquelle on s'était finalement bien accoutumé ou résigné ; dans laquelle on avait ses repères et ses habitudes, son confort ? Des forces en tension s'opposent et génèrent un flou dans lequel le peuple de Cuba semble s'étourdir. Le changement sans effort ni renoncement, voilà ce qui s'installe dans les mentalités et me tourmente. Est-ce que la nouvelle éthique d'un dépassement de soi au profit de l'intérêt collectif est non seulement liée à une auto-éducation, mais suffisante pour convertir durablement l'homme ? Moi j'en suis certain, mais le chemin me semble soudainement interminable.

Faire la révolution est une chose, asseoir durablement ses acquis en est une autre. Autant la première s'est jouée à l'échelle de l'instant, autant l'autre se déroule dans l'arène de la durée. Est-ce à dire que l'homme de l'instant, le prophète ou le révolutionnaire, doit disparaître pour que l'homme de la durée puisse pérenniser autrement et au cœur de la masse d'un peuple l'idéal qu'il portait et qui n'est plus audible hors du *kairos* ? Me revient alors en mémoire cette sentence sans appel de celui qui voulait changer le monde en inoculant une éthique de l'amour : *il est avantageux pour vous que je m'en aille.* Toutes ces questions me hantent. Je tâtonne, pris dans l'étau à double mâchoire du réel et du possible, de l'idéal précis que j'entrevois et de la matérialité brute qui lui résiste. Moi qui pensais que nous avions réécrit l'histoire, je commence à me dire que l'écriture appelle des adaptations et des révisions. À être contraint de remodeler l'histoire récente, celle des années 1959 à 1962, pour en faire une *période probatoire* avant que ne se déploie la vraie réussite, est-ce un constat d'échec, une étape normale ou une tentative désespérée de donner un rebond à l'après-libération ? Malgré tous les efforts et les sacrifices des *guérilleros*, je ne vois rien venir. Comme *sœur Anne* dans le conte de Perrault, *je ne vois rien que le soleil qui poudroie, et l'herbe qui verdoie.* Le peuple s'envase désespérément dans un programme révolutionnaire qui toussote plus qu'il ne vrombit. L'homme nouveau tant annoncé ou tant espéré semble être alangui après des nuits de fête. La mise en œuvre de la révolution se mue en récit d'une *Belle au bois dormant*. Il faut dire aussi que le climat tropical invite facilement à la nonchalance.

L'austérité et la détermination sans failles à un idéal ne sont pas données à tout le monde et je vois bien que plus le temps passe, et plus la nouvelle *nomenklatura* montre de la réticence aux idées que je porte avec vigueur. On ne m'attaque pas frontalement. L'expérience de la guerre asymétrique a porté ses fruits. Mais comme on est facilement lâche, on prétexte que je ne suis pas un vrai Cubain, que la nationalité révolutionnaire ne peut tout combler, qu'il y a trop de subtilités qui m'échappent et que je ne peux deviner. Et ce n'est pas faux, le goût du *farniente*, du *mas o menos*, de l'*à peu près*, et du plaisir de vivre, qui font l'essence de ce peuple et ses qualités, ne s'accommodent ni à ma personnalité ni à ma mission. L'idéal ne s'accoutume pas des petites trahisons qui font le lot de chaque homme confronté à la durée. La lâcheté, l'habitude et le quotidien sont les pires ennemis de la révolution.

Alors l'année 1964 marque mon second *déclin*. Je vais prendre une autre route que celle que j'avais empruntée avec Fidel. Lui fait de *la* politique tandis que je veux rendre possible l'impossible par *le* politique. Et plus le temps stagne et plus j'ai cette certitude qui me remonte vertigineusement à la conscience : Je ne suis pas né pour être un fonctionnaire d'État, pour être l'homme des demi-mesures et des accommodements, comme je n'ai pas pour destin celui d'être un grand-père assis sur un banc à contempler un passé qui n'est plus et qui peut-être n'a jamais été. Attendre, redémarrer, freiner, recomposer et puis se contenter ne sont pas des qualités que je possède. Moi j'aime la vitesse et le souffle du vent qui s'engouffre dans mes bronches en créant cette sensation d'étouffement jubilatoire. Moi je me sens vivant quand l'action que j'entreprends requiert l'accélération sous peine de se laisser distancer par l'horizon que l'on s'était fixé.

Est-ce parce que j'ai osé dire tout haut que je trouvais ma tâche vide de sens et mon engagement, pour une révolution devenue apathique et éparpillée, dépourvu d'intérêt que j'ai été en quelque sorte écarté de Cuba par Castro ? Est-ce par disgrâce ou par stratégie politique ? Toujours est-il que Fidel m'a renvoyé faire ce que je porte vraiment dans mes tripes. Courir le monde pour proclamer l'évangile de la révolution, c'est quelque chose qui fait suite à ce que j'ai théorisé tout au long de mes voyages et de ma *guérilla*. La révolution, je l'ai pensée avec mon corps ! Contre l'ordre du monde et son injustice sociale, j'ai un modèle rebelle à opposer et qui fonctionne. Et c'est dans ce contexte que j'ai retrouvé le chemin de ma liberté.

Le 25 décembre 1964, j'entame une grande tournée africaine. Je vais afficher le soutien de Cuba à des pays qui, indépendants depuis peu, manifestent une idéologie de rupture par rapport à l'Occident. Ma première escale c'est le Mali de Modibo Keita, le père de l'indépendance nationale et de ce *peuple admirable, capable d'accepter tous les sacrifices pourvu que ceux-ci soient équitablement répartis*. Je partage avec lui cette soif de justice sociale. Comme Fidel, il a la stature des grands hommes. Depuis 1960, il reste attaché à un socialisme populaire, épris de démocratie et du respect du droit malgré des contestations qui se font plus ouvertes au sein du corps des officiers de son armée. Je ne le sais pas encore, mais il ne lui reste que quatre ans à la tête du Mali. Puis ce sera le tour du Congo de Massemba-Débat, l'instituteur devenu le deuxième président du Congo après Fulbert Youlou suspecté de n'être qu'une marionnette entre les mains de l'Occident. L'homme a du caractère et une vision claire pour son pays. Il s'est engagé dans un socialisme à l'africaine, scientifique et planifié. J'y laisserai des instructeurs cubains spécialistes de la guérilla. En Guinée, je rencontre Sékou Touré à Conakry. Secrétaire général de la CGT, élu à l'Assemblée Nationale française en 1957 et président de la Guinée depuis 1958, c'est l'homme du discours adressé à de Gaulle et dans lequel il préfère *la pauvreté dans la liberté à l'opulence dans l'esclavage*. À cette époque, il est encore un magnifique tribun plébiscité par son peuple et courtisé par le bloc communiste. Après un bref séjour au Dahomey, je pars pour Alger puis Paris et la Chine. De retour à Cuba, je passe quarante heures avec Fidel en huis clos. Ce que l'on s'est dit, je ne vous le raconterai pas. Il est des confidences qui doivent rester secrètes.

Dimanche 14 mars 1965, je décide de quitter mes fonctions. Je vais rejoindre le Congo qui, à mes yeux, est le théâtre des opérations le plus chaud de la lutte contre l'impérialisme. Depuis le mois de novembre, le colonel Mobutu a pris le pouvoir. L'homme fort du Congo a déclaré qu'il allait instaurer de la discipline dans tous les domaines, qu'il s'agisse de la politique, de l'économique et du financier, mais son régime est déjà contesté par Laurent-Désiré Kabila qui le qualifie de dictatorial, de corrompu et de vendu à la cause de l'impérialisme occidental. Je vais aller soutenir Kabila dans la lutte qu'il mène depuis le Sud-Kivu. Là, je vais pouvoir renouer, du moins c'est ce que je crois, avec ma vocation première qui est d'aider un mouvement de libération.

Et c'est vrai qu'il me tarde de retrouver le terrain de l'action. L'Afrique a comme un parfum d'aventure un peu enivrant que je n'avais plus ressenti depuis *Granma* en 1956. Porter la révolution aux sources de l'humanité, quel beau projet ! Aider et porter assistance aux partisans du défunt Lumumba, voilà qui me revigore après ces années consacrées à essayer de faire émerger l'homme nouveau. J'ai retrouvé l'énergie de l'engagement et je ne compte pas passer à côté. Je ne le sais pas encore, mais le Congo sonne le glas de mon combat pour que la révolution internationale triomphe des impérialismes et de toutes ses formes d'avilissement ou d'esclavage. Mon engagement à corps perdu pour la justice sociale ne va faire que l'effet d'un pétard mouillé. Qu'ai-je raté en Afrique ? Je n'ai pas vu le piège du tribalisme se refermer sur moi. Parti pour cinq ans, c'est à peine si j'y resterai la moitié d'une année. L'échec est complet. En changement de monde, je n'ai pas compris que d'autres repères, d'autres rationalités, d'autres enjeux culturels gouvernaient les hommes. Me suis-je fourvoyé ? Est-ce à dire que l'on ne peut exporter une idée qui a fait ses preuves à un endroit sans courir le risque qu'elle soit inopérante ailleurs ? Ne peut-on être révolutionnaire ou prophète que pour un pays ? Si ce qui fonctionne à un endroit n'est pas transposable, est-ce à dire qu'un l'idéal, pour lequel j'ai tout donné, n'est jamais universel ?

L'abattement qui découla de cet échec aurait dû me servir de leçon. Il y a un temps pour tout. *Il y a un temps pour acquérir, et un temps pour perdre ; un temps pour conserver, et un temps pour rejeter.* J'aurais dû me souvenir de cette parole du roi sage, mais *on ne se souvient pas des choses anciennes, et ce qui arrivera dans la suite ne laissera pas non plus de souvenirs chez ceux qui vivront plus tard.*

Je n'ai pu me résigner. Après le Congo, je suis reparti sur le terrain de mon *Amérique majuscule* où je crois que les idéaux que je porte trouveront enfin le terreau qui les fera croître. La Bolivie aurait dû être ma nouvelle chance. Mais là encore, rien ne s'est passé comme prévu. La stratégie du *foco* ne prend pas et l'armée de libération contre le régime de René Barrientos essuie revers sur revers. Mon rêve d'une révolution panaméricaine et internationaliste faisant tache d'huile se répandant de pays en pays est un échec. La faute à qui ? À quoi ? Les Boliviens sont-ils d'abord des Amérindiens avant d'être des panaméricains ? N'ayant pas, ou trop peu, accès aux médias, ce moyen de propagande qui avait fait la force de notre révolution cubaine, ils n'ont pas eu le temps de se regrouper ni de se fédérer autour de la *guérilla* que je menais. Ils n'ont pas su tirer parti à temps de ce climat d'indépendance international qui fourmillait.

Il est environ quinze heures, ce dimanche 8 octobre 1967, quand ma révolution s'achève. Je viens d'être fait prisonnier dans la région de Santa Cruz qui me servait de camp base. J'ai perdu de ma prestance, mais pas la fièvre qui brûle mes yeux. Il me reste à peine 24 heures à vivre. Je vais être exécuté sans autre forme de procès. Je suis une menace pour les intérêts américains qui ont dépêché des agents de la CIA en soutien à l'armée bolivienne de Barrientos. Je fais face à mes bourreaux. Je n'ai pas peur. Comme je l'ai souvent répété à Fidel, *dans une révolution, on triomphe ou on meurt.*

Que reste-t-il de l'homme nouveau d'Ariel, celui qui devait faire de son enthousiasme généreux le mobile désintéressé de son action ? Ne sera-t-il jamais libéré par la magie de Prospero ? Sera-t-il un jour capable de conquérir sa liberté et sa vie ? *L'homme passe comme l'aube du jour, entre vestige d'un rêve et début d'une pensée,*[8] mais je continuerai à invoquer Ariel comme mon inspiration sacrée. Je n'ai jamais fait de la révolution de comptoir.

J'ai combattu pour une idéologie qui croyait en l'homme du peuple. J'ai donné ma vie pour que d'autres vivent redressés, tendant à nouveau leurs mains pour accueillir la justice. J'ai trouvé ma voie au hasard des rencontres, à la croisée des chemins. C'est drôle de se dire que tout se joue sur des carrefours. La coïncidence entre le moment,

---

[8] Victor Hugo, Les travailleurs de la mer.

le *kairos*, la durée et l'éternité est propice à faire éclore ou désagréger les hommes et le monde. Je vais quitter ma vie sans frémir. Je n'ai pas d'autre regret que celui du constat qu'il est plus facile de faire passer un chameau par le trou d'une aiguille que d'éduquer un homme à s'engager puis demeurer dans la liberté. La révolution, en un instant, s'émiette sur la planche du temps.

Tout est accompli, j'ai dans la tête cette chanson de Moustaki interprétée par Reggiani tandis qu'il pointe son révolver sur moi :

Ma liberté
C'est toi qui m'as aidé
À larguer les amarres
Pour aller n'importe où
Pour aller jusqu'au bout
Des chemins de fortune
Pour cueillir en rêvant
Une rose des vents
Sur un rayon de lune...

Quelques retouches et quelques ajouts

Des formes d'engagement, j'en ai vu défiler qui étaient codifiées et marchaient au pas. Elles s'habillaient de vocation et d'uniformes rutilants. Elles avaient un langage exclusif et des pratiques qui faisaient foi et loi. Mais les temps changent et la crise des appelés touche aussi le secteur. De communautaire, l'engagement glisse vers quelque chose de plus individuel et surtout de plus sceptique. Le désenchantement est aussi passé par là et de politique l'engagement se mue en réaction sociale souvent motivée par l'émotion et l'instant. Il y a même une météorologie de l'engagement selon qu'il fait froid ou selon qu'une catastrophe s'abat sur une ville, une région, un pays. Il y a un modèle prédictif de l'engagement selon qu'une menace plane sur des peurs collectives. Mais tous ces modèles n'intègrent plus la résistance. À quoi bon, l'instant d'après viendra balayer l'engouement d'avant au nom d'un autre tellement plus médiatique, tellement plus contagieux.

À l'époque de ma mission d'accompagnement d'Ernesto, les choses étaient différentes. Les hommes croyaient encore qu'ils pouvaient changer le monde par l'épée et le goupillon, l'éducation et la santé, la science et la technique, la production et la consommation. Différents évangiles s'affrontaient, mais tous avaient des cohortes de fidèles prêts à en découdre, chacun rejetant la faute des dix plaies d'Égypte sur l'autre. Au nom d'un salut par le progrès social, économique et technique, l'homme nouveau allait enfin retrouver l'ancien Adam et tout recommencer. En ce temps-là nombreux sont ceux qui, tels les premiers missionnaires, passaient de lieu en lieu pour convertir en masse de nouveaux adeptes, comme si une course contre la montre était engagée pour déterminer quel idéal avait le plus d'abonnés, donc le plus de crédibilité et de bénéfices. Il y avait des évangiles plus rentables que d'autres et les premiers qui trouvaient le filon, trouvaient de l'or qu'ils convoitaient tant.

Mais Ernesto reste pour moi un Petit Poucet rêveur et intransigeant, un incorruptible. Je l'ai encouragé, tout au long de sa vie, à aller flirter avec limites de son idéal et de son engagement. J'atteste ici qu'il a vraiment joué le jeu. Très vite, je l'ai mis devant un carré sémiotique, l'homme et l'idéal, l'engagement et la liberté, afin qu'il se saisisse des interactions entre ces concepts, de manière à enrichir son imaginaire et sa carte mentale des possibilités. Je pensais qu'avec cet outil heuristique, il pourrait éviter certains écueils et mener à bien sa révolution pour une justice sociale universelle.

Je crois qu'il a bien compris que le problème ne résidait pas tant dans son projet que dans l'homme lui-même. Cela l'a en quelque sorte un peu désabusé, lui qui pensait convertir le cœur de l'homme par une morale de l'action désintéressée. Il était totalement acquis à sa cause, tout entier, tellement conquis par la grâce de sa révolution totale qu'il ne pouvait imaginer faire marche arrière sans se trahir. Il est donc allé au bout de son idée, quitte à multiplier les terrains d'expérimentation. Si sa méthode ne marchait pas complètement à tel endroit, il allait l'essayer ailleurs. Prophète ou mercenaire, apôtre ou guérillero, qu'importe le costume pourvu que l'idéal reste enchâssé dans l'engagement. Moi j'étais là pour le suivre alors j'ai favorisé les rencontres, j'ai alimenté ce feu qui brûlait en lui et qui lui a permis de séduire, convaincre et trouver des appuis décisifs dans son tour du monde en solitaire.

Constamment en mouvement, que ce soit physiquement ou intellectuellement, cet homme qui notait ses réflexions dans un carnet rempli de doutes et de théories révolutionnaires avait peur de l'immobilisme. L'immobile c'était l'enfermement et la mort. Son asthme était là pour le lui rappeler, tout comme ces centaines de notes prises au vif des situations rencontrées durant ses voyages. Il avait pris conscience que les discours n'engageaient rien d'autre qu'un sommeil de plomb, sans mémoire et sans rêve, et que seule l'action totale pouvait renverser le cours du long fleuve charriant le sang des oubliés de l'histoire. Cela étant, il ne faudrait pas penser qu'Ernesto était de la race des chevaliers sans peur. Je dirais au contraire que pour masquer le manque de confiance en lui, il se mettait en danger pour se prouver qu'il était bien vivant. Tenez, que ce soit pour gravir un sommet montagneux de la cordillère des Andes, peu recommandé pour un asthmatique, où que ce soit dans la moiteur étouffante des intempéries de la Sierra Maestra, il a toujours voulu se prouver à lui-même qu'il pouvait y arriver. L'idéal qui le consumait ne pouvait s'accommoder ni de ses incertitudes ni de ses fragilités. Il aurait pu dire, comme Hammerstein, que la peur n'est pas une vision du monde.

Ernesto ne lâchait rien et moi je multipliais les stratégies pour le confronter à ses choix comme s'il s'agissait de la vie le mettant à l'épreuve de ses idées et de ses actes. Il y avait quelque chose de fantastique à le pousser ainsi de l'avant. Je comparerais volontiers cette sensation à celle d'un automobiliste qui serait grisé par la puissance du moteur dont il ignorerait encore les limites. Mais ce n'était pas qu'un jeu, je ne voulais pas le réduire à n'être qu'une tête brûlée. J'ai donc aussi stimulé son goût pour la lecture et l'écriture afin qu'il change de monde avant de changer celui de Cuba. J'ai semé le doute pour qu'il freine et réajuste ses ambitions, notamment lorsqu'il a été ministre et que la nomenklatura contestait sa position et ses décisions. J'ai encore réuni toutes les conditions du fiasco congolais pour qu'il intègre les principes du réel qui résiste à la volonté, mais rien n'y a fait. En même temps, je crois que j'étais admiratif de la constance dont il faisait preuve. Or, malgré mon engouement à le suivre, je n'ai pas oublié de prendre la forme de cette petite voix intérieure qui lui rappelait prudemment des épisodes ou des phrases tirées de ses nombreuses lectures. Mais je n'ai pas obtenu le résultat escompté. Je n'ai fait que renforcer sa résolution. Les compromis et les demi-mesures lui semblaient tellement insensés qu'il les rejetait avec force. Une volonté de fer tenait son idéal et rien ne pourrait venir entraver cette détermination.

À force d'être concentré sur l'objet de son désir, happé par son enthousiasme, je crois que j'ai bien failli passer à côté de ma mission tant je cherchais à voir ce qu'il voulait atteindre, tant j'espérais secrètement qu'il l'atteindrait. Je dois dire que son idéal révolutionnaire faisait écho à l'idée que je me faisais de la Vertu. La Vertu n'est-elle pas pure de toute réduction, toute accommodation et toute trahison aussi infime soit-elle ? Du coup, moi qui voulais rejoindre l'ordre des Vertus, j'ai voulu, je le confesse, m'y essayer en m'appuyant sur Ernesto. Est-ce par ma faute qu'il s'est entêté à vouloir faire advenir l'homme nouveau d'Ariel ? Peut-être et je veux bien en porter la responsabilité. Je pense tout de même que chaque homme est confronté à des choix qui le dépassent. Des choix entre se privilégier ou privilégier autrui. Selon l'option qu'il prend, n'opte-t-il pas pour une Vertu conservatrice ou créatrice ? En optant pour autrui, Ernesto n'a-t-il pas fait le choix du cœur et par suite le choix d'une Vertu créatrice capable de faire basculer l'engagement dans une logique de l'intention qui déterminerait la moralité et de l'acte et de l'homme ? En le poussant à rejeter toute mécanique de l'engagement pour l'engagement, ne l'ai-je pas amené sur le chemin de la Vertu qui rejette l'égoïsme naturel au profit du désintéressement qui seul sauve l'intention de l'habitude et de l'enlisement ? L'engagement d'Ernesto ne témoigne donc-t-il pas de la grandeur de la Vertu à vouloir toujours recommencer plutôt que de se laisser aller par habitude ou confort ? N'a-t-il pas fait de la Vertu un devoir perpétuel de recommencement ? N'a-t-il pas incarné cette Vertu qui n'est jamais apaisée parce que toujours sur le qui-vive du reste à faire ?

Mais quoi qu'il en soit, après ma déconvenue avec Tomas, Ernesto a été mon Amérique à moi. À travers lui, j'ai expérimenté le courage comme première Vertu. Sans courage, rien ne commence. Avec Ernesto, j'ai expérimenté l'envie et la passion, l'endurance et la détermination à changer le monde. Avec lui, tout semblait si simple, tout paraissait possible. Il a exalté mon opiniâtreté à vous rejoindre. Donner la force et le courage aux hommes de misère afin qu'ils se redressent et revendiquent leur droit à écrire leur histoire, voilà qui me donne des ailes. Être l'instrument des miracles et des signes qui permettent aux hommes de marcher confiants vers l'avenir, voilà aussi une noble mission à laquelle je voudrais prendre pleinement part. Avec Ernesto, j'ai essayé de faire advenir des choses admirables. De ces choses tellement insolites, pour qui n'en connaît le mécanisme, qu'elles semblent tout droit sorties de l'impossible, du miracle.

Mais assez d'exaltation, même si cela me fait du bien. Je sais ma détermination à rejoindre l'ordre des Vertus, cet ordre qui est le plus apte à diriger le monde en suscitant un mouvement courageusement décentré de l'égoïsme, donc vertueux. Je vous laisse juge de savoir si j'ai bien déployé tous les moyens possibles pour qu'Ernesto parvienne à se rencontrer, à s'engager dans l'aventure de la vie sans jamais se complaire dans la satisfaction de soi. Je vous laisse estimer mes qualités et évaluer mes compétences. Seront-elles suffisantes pour que j'accède de manière irréprochable à cet ordre ?

Mélissa[9]

Asseyez-vous confortablement, puis fermez les yeux et tendez l'oreille, je suis cette voix ténue et monocorde qui énonce mécaniquement la douloureuse complainte d'une moitié de l'humanité mise sous cloche pour assouvir les envies, les délires et les dérives des hommes et des dieux. Mon histoire, bien que millénaire, fredonne gentiment que j'ai donné naissance à ces derniers, mais que mon rôle a très vite été minoré pour ne faire de mon ventre qu'un jardin pour leurs semences, un enclos pour leurs patrimoines, un terrain pour leurs fantasmes. Et si au commencement j'étais le *tu* au *je* de l'homme, cela n'a duré que le temps d'un soupir sur la partition de l'histoire, juste de quoi reprendre son souffle avant d'être mise en suspension. Il faut croire que mon enfermement programmé était utile sinon, qui aurait servi d'illustration aux sculpteurs, aux peintres et aux philosophes, lorsqu'ils avaient besoin d'ériger des modèles de la vertu domestique ? Hélas ! quand j'observe le résultat, je soupire et ma voix change de tessiture. Je deviens plus agacée face à toutes ces figures de réduction dont je suis l'objet ou un sujet qui ne me ressemble pas.

Alors je me révolte et puisant dans cette force qui m'est propre, je vous apostrophe effrontément. Je vous questionne, sur ce ton bourdonnant qui vous agace parce qu'il vous met à défaut. À quel funeste dessein m'avez-vous sacrifiée en me déclassant à ce point ? Quels intérêts bien vils guidaient vos décisions en me rabaissant au rang de figurant, de fiction ou de mythe, parce qu'on ne me connaîtrait

[9] D'après le mythe de Porphyre, *Mélissa et les abeilles*.

jamais qu'à travers des fragments d'écrits d'hommes célèbres ? Avouez au moins qu'ils n'ont été, pour le moins, ni clairvoyants ni honnêtes envers moi. Et face à vos réponses embarrassées, convenues d'avance, machistes, paternalistes ou simplement périmées, ma voix devient cassante pour mieux vous retourner le mépris dont vous faites usage à mon égard. Contrariés, vous rendez les coups, mais sans passer par le langage et, brisée, ma voix redevient plus effacée, plus lointaine, portant en elle l'écho de cette violence normalisée, les traces de cette brutalité banalisée faite aux femmes.

Pour tous les autres, les hommes communs, les asservis ou les bannis du pouvoir et de ses privilèges, mon timbre est ému, car j'ai de la compassion pour leur assujettissement à des règles et des coutumes qu'ils ne cherchent pas à comprendre ni à remettre en cause. À force de se contenter de la place qu'on voulait bien leur accorder, ils ont fini par se confondre avec l'ombre de leur être. Être, ou ne pas être, est-ce que cette question n'a de réponse que dans la représentation de soi que l'on s'accorde ou dans le rôle dans lequel on nous fige ?

De mon vivant, je n'ai jamais été considérée comme une mère et c'est bien là que le bât blesse. Au mieux, on m'a assigné un statut de déesse, un genre de nymphe s'offrant avec indolence aux désirs de rapt et de déshonneur de tous les mâles concupiscents. Au pire, on ne m'a considérée que comme une prêtresse, une femme-truie aux désirs dévorants dont il fallait se prémunir tout en la consommant de temps à autre. Mais, quelle que soit la catégorie dans laquelle on me détermine pour mieux m'enfermer, je reste une victime tragique des choix de l'homme et de ses dieux. De là à dire que vous m'avez réduite à n'être qu'un idéal sans original, il n'y a qu'un pas que le son moqueur que j'adopte alors porte à merveille. Malgré toutes vos tentatives de classifications et de représentations, je suis et je reste l'intrigue d'un homme mâle encore et toujours à l'imparfait. Je suis l'interrogation toujours relancée sur la place et le rôle des coutumes et des catégories sans cesse réinventées par cette moitié de l'humanité qui ne rêve et ne vit que pour dominer l'autre en le casant, de gré ou de force, dans des schémas d'infériorité ou de faire-valoir, systématiquement à mi-chemin du sujet et de l'objet.

De fait, je suis née de l'autre côté du miroir, du mauvais côté de la vie, tant je suis réduite à n'être qu'un principe d'inversion qui ne profite qu'à mettre en lumière la raison, la civilité, la sagesse et la toute-puissance de mes oppresseurs. Soumise de force à n'être que la part sombre de la construction sociale, politique et religieuse d'un monde mâle qui doit triompher de l'*hybris* que je ne saurais qu'être sans son intervention, je reste l'intrigue, entre désir et chaos, de sa volonté de puissance trop étroite. Je suis l'élément trouble que ma voix androgyne induit instantanément. Je suis le paraître opposé à l'être. Je suis l'élément pluriel opposé au singulier, mais dans toutes ces figures d'opposition je reste, encore et toujours, associée au désir brûlant, au respect dû à la mère ou à l'âge, à la crainte de ne pouvoir me contrôler ou à la pureté d'un monde de valeurs auquel seuls les hommes mâles font semblant d'adhérer. Au final, je n'ai de valeurs que d'échanges, de consolidations et d'alliances. Je n'ai de prix que de jeunesse et de maternité. Que ma beauté soit religieuse, mystérieuse, furieuse ou lascive, on m'a enfermée, pour mon bien, dans le couple sacré/profane et son cortège de tortures infiniment raffinées et variées. Sainte ou dépravée, corsetée ou débraillée, ronde ou anorexique, n'ai-je d'autre choix que celui d'endosser un rôle et d'assumer une fonction que l'on a décidée et écrite pour moi ?

Comme les voyants et les croyants avant moi, j'attends mon salut. Je pense qu'il viendra des transgenres qui n'ont de cesse de défaire le genre pour affirmer la prééminence de l'entité sur les catégories figées du semblable et du similaire qui appartiennent à un monde qui s'écroule sous son propre poids de craintes et de traditions devenues aveugles et muettes. Le temps viendra où l'identité se moquera de ses piliers que sont la continuité et la permanence. Ce temps arrivera où la dyade mâle/femelle ne fera plus sens, ne sera plus le lieu d'une prison du corps socialement imposée. Ce temps surgira qui rendra obsolète l'attribution sociale des rôles prédéfinis. Les rôles n'obéiront plus aux règles que l'on se donnait pour base d'unité et de continuité de la représentation d'un individu ou d'un groupe. En attendant ce jour, ma voix se tait.

L'à-venir doit rester muet si l'on veut vraiment le libérer de tous les discours sur le vivre ensemble auxquels on s'accroche encore et toujours tambour battant, mais trop souvent à rebours ou à revers pour faire éclore d'autres principes de possibilité et de complémentarité basés sur le disparate, sur un fondement qui n'aurait plus aucun rapport de genre à espèce ni d'espèce à espèce du même genre. Oh ! je sais bien que cela demandera une révolution copernicienne, tant le renversement de la représentation d'un monde non genré met à mal les anciens fondements épistémologiques. Et puis, comme nous n'y sommes pas encore, l'atmosphère reste saturée de controverses sur la dimension genrée des savoirs, des savoir-être et des savoir-faire. Est-il nécessaire d'en rajouter une couche ? Quand j'écoute mes concitoyens parler du changement de genre, comme on disserte sur des troubles psychiques, des conflits identitaires ou des déviances, j'en viens à me dire qu'il est bon de rester coi dès à présent. Tous ces discours ne véhiculent-ils pas des stéréotypes figés, prêts à l'emploi et généralisables à l'envi, transmis de génération en génération et basés sur les fondements du pacte social de nos civilisations ? À rester muette, cela permet au moins de me débarrasser de toutes ces vanités surexcitées que l'on s'impose ou que l'on subisse sans broncher, juste pour se rassurer de son importance actuelle, de son bon droit nécessairement adéquat et de sa place dans le groupe, qui va de soi.

Le silence que j'adopte alors n'est pas un refuge, c'est une île où l'escale permet de reprendre goût à la réflexion qui précède l'observation. L'observation n'est pas une perception immédiate, elle s'est débarrassée des écrans de toutes sortes dont on enveloppe la réalité que l'on nous vend ou que l'on se donne spontanément, mais qui ne font en évidence que la masquer, de peur que nous déchantions devant les répétitions dont on l'informe depuis les commencements. Mais l'humain est bon public et s'ébahit devant les effets d'annonce et les gesticulations à travers lesquelles on veut nous faire croire qu'à l'avenir l'inclusion de la différence dans une société enfin réunie permettra l'égalité, comme par magie.

Du seuil de ma tombe aux dimensions de la terre, j'observe, un peu étourdie, cette tour de Babel du pacte social tacitement reconductible en genres et que les hommes n'ont jamais cessé de construire. Ils continuent à lui vouer un culte tout en l'utilisant comme un rempart dès lors qu'ils se sentent menacés dans leurs prérogatives. De fait, ils adorent toujours la Sainte Trinité du genre, de la catégorie et du rôle qu'ils habillent maintenant de communication, de *storytelling* et de consommation. Plat net, il ne faut pas en perdre une miette. Le genre humain se négocie, se vend, s'achète et passe de mains en mains comme un vulgaire objet, et sa valeur n'a de prix que par l'histoire ou le récit dont on l'emballe. Mais ce qui me rassure et me fait encore espérer c'est que plus personne ne se comprend tout en parlant le même langage. Un jour viendra bien qui imposera le silence, quand les hommes qui ne se comprennent plus n'auront pas d'autre choix que de se taire. Alors les *spins doctors* qui font les rois, les lois, les évidences et les coutumes, passeront comme sont passés les rois mages, les sauveurs et les héros. Alors dans un monde devenu muet, nous pourrons réenchanter l'avenir sans nous raconter d'histoires d'hommes et de femmes, de soumissions et de stéréotypes.

Combien de temps devrais-je encore attendre ? Aujourd'hui, je ne le vois pas. J'assiste impassible au brouhaha qui monte des agoras. Tout le monde revendique le droit de pérorer en place publique, mais rien ne bouge fondamentalement. Comme toujours, il n'y a de projet que de continuité, de vérités que d'opinions, d'identités que d'intérêts particuliers jalousement préservés. Il n'y a de représentation que de comparaison et d'égalité que de circonstances. Et dans cette cacophonie désolante, qui a définitivement quitté les terrasses des arrière-cours et des comptoirs des bars-tabacs, la voix du plus médiatique est toujours la meilleure. On se gave de spécialistes en tous genres, on se rassasie d'études plus ou moins scientifiques et on se rassure sous l'envergure de figures académiques ou médiatiques, de tous ces petits mentors qui nous veulent du bien et que l'on peut écouter ou consommer sans modération. Tout le monde à raison et personne n'a tort, pourvu que tout le monde reste à sa place. Tout le monde a droit à son moment de célébrité pourvu qu'il pousse à la consommation, qu'il génère un chiffre d'affaires. Mais derrière les projecteurs, quand les caméras cessent d'enregistrer les émotions, les sensations, les procès et les théories mises en scène, que reste-t-il sinon cette sensation de vide et cette incapacité d'être soi ?

Être soi se résume-t-il à endosser un rôle, un statut ou une fonction ? Être soi est-ce simplement jouer à être un *garçon de café* ou une *Coquette* ? À s'inventer un soi dans la mauvaise foi, il n'apparaît que des identités éclatées ou morcelées, perdues dans un océan de bricolage métaphysique. Que portent comme conséquences les choix que l'on ne fait pas, que l'on se donne comme obligation ou que l'on subit plus ou moins passivement ? À jouer avec sa condition pour la réaliser, n'assiste-t-on pas à cette dissolution du soi dont on recherche pourtant désespérément le sens ? Fatiguée du jeu des hommes, à quoi cela servirait-il d'ajouter ma voix au tintamarre du monde ? Tout va très bien. Le bourdonnement des hommes en perpétuelle représentation enveloppe et endort de bonne conscience une humanité-tourniquet, désorientée et girouette par défaut. Est-il trop tôt ou déjà trop tard pour arrêter le bruit du monde qui brouille la quête du sens ?

Comme on sonne le glas pour un trépassé, comme on fait appel aux pleureuses pour accompagner un défunt, faites retentir une dernière fois le tocsin, juste pour essayer de ne pas se masquer la liberté de pouvoir être soi. Regardez passer ma dépouille. Puisse-t-elle susciter votre réflexion sur l'une de mes histoires d'appartenance et de non-appartenance, d'identité supposée, d'identité cherchée et d'identité rejetée. Oh ! vous verrez, mon histoire est semblable à tant d'autres et tellement banale qu'elle vous ressemble, ou vous attend. Puisse-t-elle simplement vous arrêter un instant et vous permettre de comprendre qu'il est temps de vous pencher sur cette question dont vous vous privez comme vous m'en avez dépossédé.

Voilà, j'ai vécu à une époque à laquelle il est difficile de donner un âge, mais qui se situe géographiquement près de l'isthme de Corinthe, entre le Péloponnèse et l'Hellade, là où le *diolkos* relie la mer Ionienne à la mer Égée. J'ai aimé ce paysage entre mer et montage, tout à la fois paisible et venteux, calme et vertigineux. Est-ce que ce paysage m'a façonnée ? Avec le recul, je pense que nous nous sommes bien trouvés. À la croisée des mers et des mondes, l'isthme paraît minuscule, mais il résiste. N'ai-je jamais fait autre chose que cela ? Minuscule et résistante seraient appropriées pour me définir. Il y a, dans le minuscule, quelque chose qui relève à la fois de la moindre importance et de la singularité, de la particularité. Il y a, dans la résistance, à la fois, une capacité d'opposition et une aptitude à survivre. À me définir de la sorte, vous êtes en droit de vous demander quel genre de femme j'ai été. Femme forte ? Femme soumise, mais rebelle ? Femme indépendante ou femme insignifiante ? Quels que soient les qualificatifs dont vous pourriez m'affubler, n'allez pas trop vite en besogne.

Pour certains, j'avais été une jolie nymphe vendue aux appétits des marins de passage, lubriques et sales, et que le temps avait maintenant dénuée d'attraits. Pour d'autres, j'étais l'une de ces divinités subalternes égarées à la croisée du monde des hommes et des dieux. D'autres encore affirmaient que je n'étais qu'une de ces prêtresses aux cheveux gris et vêtues tout de blanc qui accompagnaient le peuple des Cimbres dans leurs excursions maritimes, et qui avait été oubliée là tandis que leurs navires passaient l'isthme par le *diolkos*. Ai-je été la femme du tyran Périandre qui, contrairement à ce qu'en avait dit Hérodote, craignant les crises de jalousie excessive de mon mari, avait fui avant qu'un de ses accès de fureur ne porte atteinte à ma vie ? Je n'ai peut-être été que l'une de ces femmes sans voix que Sémonide affublait d'un sobriquet animal, pour dire sa peur contagieuse d'être *dévoré* par un appétit de vivre et une indécence à ne pas se contenter d'exister à travers un rôle ou un cadre déterminé.

Quoi qu'en disent les uns et les autres, entre mystère, désir, crainte, dédain ou vénération, j'ai fait fi de ces qu'en-dira-t-on et je me suis intentionnellement installée sur cet entre-deux symbolique, entre terre et mer, barbarie et civilisation, homme et femme, ordre et désordre, nature et culture. Je crois que j'ai toujours eu l'âme d'un passeur et quoi de plus naturel pour une vocation à faire passer d'une rive à l'autre que de vivre à proximité de ces lieux d'échanges, près des frontières, des carrefours et des ronds-points ?

Lorsque j'étais encore enfant, Cérès, ou Déméter selon que l'on est grec ou latin, déesse de l'agriculture, des moissons et de la fertilité, m'a enseigné les mystères de son culte, l'art du pain, la longue marche du soleil et des astres dans la succession des saisons. Sans en avoir pleinement conscience, ma déesse me donnait ainsi accès à une clé de la construction de mon identité. À travers les cycles des saisons, la permanence des astres et la continuité des rites, quelque chose s'encrait en moi, me tatouait profondément, métamorphosait mon corps. J'étais la discontinuité dans la permanence, le possible dans la causalité déterministe.

Oh ! je n'ai pas choisi ma vie. Vivre dans l'ombre du huis clos du temple cela n'a rien de joyeux quand on est enfant, mais ce destin m'a au moins offert un statut un peu plus enviable, moi qui, j'allais m'en rendre compte, n'était qu'une femme. Pas à pas, marche après marche, j'ai gravi les échelons qui m'ont permis de m'extraire de la masse passive des sans-voix que formaient les esclaves, les courtisanes et les autres femmes de la cité de Corinthe. Il faut bien avoir en tête que la coutume et les lois nous avaient emmurés dans la sphère de l'intérieur, celle de l'*oikos*. L'*oikos*, cette prison dans laquelle tout ce qui pouvait s'y passer demeurait privé, secret. Instruments des hommes dans leurs luttes de pouvoir et de gloire, toutes les femmes subissaient au quotidien toutes les formes de dévalorisation et d'enfermement. Victimes muettes des complots, des vengeances et des outrages, elles formaient cependant une caldeira d'autant plus dangereuse que silencieuse. Mais cela, leurs seigneurs et maîtres l'ignoraient volontairement ou par excès de confiance. Le droit de vie et de mort leur appartenait. La coutume avait été gravée dans le marbre à cet effet.

D'abord *petite abeille*, c'est le nom dont on affublait couramment les jeunes filles vouées à Cérès, j'ai appris la solitude, la répétition, l'attente et le renoncement comme on apprend à tenir son rang par des tâches ménagères quotidiennes et des postures conformes aux attendus de sa condition. *Petite abeille*, simple ouvrière toujours à la tâche, je me suis consacrée aux travaux nécessaires à la vie de notre communauté. J'ai appris à m'occuper des plus jeunes qui nous étaient confiés comme à répondre immédiatement aux ordres et désirs de mes supérieurs. Mais derrière les façades de la bienséance, de l'obéissance, de la simplicité et de la chasteté, une force brute m'animait en secret. Je voulais être l'égale des hommes tant par la connaissance que par la sagesse et l'autorité. Je voulais être pleinement reconnue pour qui j'étais et pas pour ce que j'étais amenée à faire pour les autres. La persévérance et le temps étaient mes seuls alliés, cela je ne le savais que trop.

Adulte, je suis devenue prêtresse de Cérès comme on accède enfin à son ambition après s'être battue pour survivre et sortir de sa condition. En silence et sans faire de vague, j'ai réussi à accéder à la plus haute charge publique qu'une femme puisse espérer. Je suis partiellement sortie de l'*oiko*s, ce domaine traditionnellement réservé aux femmes. De fait, je suis passée de l'impossible au possible, de l'ombre à la lumière. Et si l'autorité, les honneurs et la richesse m'ont apporté un certain confort, pour ne pas dire une opulence, secrètement j'ai parfaitement mesuré le prix qu'il m'avait fallu et qu'il me faudrait encore payer. Être une femme puissante c'est une affaire de résilience. Supporter sans se laisser abattre, surmonter les découragements et se redresser obstinément, voilà le parcours que j'ai affronté pour en arriver là.

L'existence n'est-elle qu'un marché de dupes ? Un jeu où tout gagnant n'est en réalité qu'un perdant ? Pour atteindre le statut de prêtresse de Cérès, n'avais-je pas subi les outrages et les violences en tous genres, et propres à mon *espèce* ? N'avais-je pas courbé l'échine sous ces grossièretés anodines et stupides qui font rire ou sourire tellement elles sont banalisées par ceux qui, au nom de la *raison* et de *l'humanité*, ne voyaient en moi *qu'instinct* et lâcheté, quand je n'étais pas un fantasme ou un simple objet de leur plaisir parmi tant d'autres ? Faible, parce que réduite au silence par les hommes et les dieux, j'ai, comme mes consœurs, été victime d'unions forcées ou sacrées et, par ce mécanisme implacable des lois et de la coutume immuable qui légalisent l'intolérable, j'ai vécu au plus profond de mon être la dépossession de soi. Être dépouillée de toute sa fierté et de toute sa dignité, ne pas être maître de son corps et le voir violé par frustration ou juste pour le plaisir de dominer, voilà ce qu'il m'en a coûté pour parvenir à une vie réussie en apparence, pour appartenir à un groupe, pour avoir quand même l'impression d'exister à défaut de n'être qu'un objet utile parmi d'autres.

Niée dans mon individualité et dans ma condition de femme non mariée, j'ai encore enduré une autre forme de cruauté, celle de la loi de l'*omerta* que ma divinité m'imposait à vie. Détentrice des secrets les plus vils ou les plus somptueux des hommes et des dieux, j'ai été condamnée à n'en rien dévoiler. Est-ce à dire qu'il vaut mieux taire leurs exploits, car ils n'ont rien de glorieux ? Est-ce à dire que sans une loi du secret aucun pouvoir ne peut se maintenir en place ? Toujours est-il que n'appartenant pas complètement à la communauté des hommes, soudée par une forme de partage, de représentations communes et de valeurs, je n'appartenais pas complètement non plus à la communauté des dieux. La communauté des dieux est exclusive et n'a besoin de l'homme que pour exister. Alors, sous couvert de pouvoir leur porter atteinte, de les faire chuter de leur piédestal ou tout simplement de révéler leur bassesse, ils m'avaient imposé à vie la loi du silence. Rompre cette loi revenait à prendre un aller simple pour l'au-delà. Et sur ce fil tendu entre deux mondes et deux identités, il m'a fallu constamment garder l'équilibre sans jamais pouvoir rallier l'un des deux camps. Même les quelque trente fêtes annuelles, qui constituaient pourtant des parenthèses lumineuses dans mon quotidien quelque peu blafard, n'effaçaient ni la peur d'un faux pas ou d'une dénonciation calomnieuse ni les barreaux de la prison dans laquelle j'étais condamnée à garder l'équilibre sous peine de chuter.

Or paradoxalement, ces années d'aliénation, durant lesquelles je suis devenue étrangère à moi-même, ont aussi été socialement des années de pouvoir. Être et avoir sont-ils irréconciliables ? C'est drôle de se dire que ces deux frères siamois sont chevillés à un seul et même corps tout en ayant des revendications opposées. Quoi qu'il en soit, j'ai eu un temps de gloire toute relative, un temps d'emprise sur la cité des hommes. J'avais un titre, une fonction d'autorité et j'étais belle. Ces trois qualités réunies ont été indispensables pour obtenir ce que je voulais depuis l'enfance. Mais le pouvoir et la gloire finissent par passer ou lasser.

Aujourd'hui, je n'attends plus rien de toute cette reconnaissance sociale, je crois que j'en suis dégoûtée. Pour un temps d'exposition à la lumière, on m'aura tout pris, même cet enfant que j'ai porté et dont on m'a débarrassé à la faveur d'une aube sans lumière. Mon statut m'interdisait de donner la vie sous peine de voir la mienne réduite à néant. Donner du plaisir, oui, mais rien de plus.

Et puisque maintenant j'ai atteint l'âge de la fenaison, ce temps qui notifie la fin d'un quelconque éclat ou d'un règne, j'ai décidé de me retirer, de quitter mes fonctions. Sortir de l'espace public, trouver un lieu retiré pour y finir ma vie, bien à l'écart de la ville et du temple, du bruit et des intrigues. J'avais anticipé le temps des moissons et fait depuis longtemps l'acquisition d'une petite maison en pierre sèche où je pourrais, le temps venu, enfin vivre à l'abri de mon ancienne vie, vivre à l'abri des préjugés et du poids lourd de mon existence faite d'ombres et de lumières, d'obéissance et de renoncements. Là, sur l'isthme de Corinthe, entre le Péloponnèse et l'Hellade, là où le *diolkos* relie la mer Ionienne à la mer Égée j'allais enfin pouvoir panser mes blessures. Le soleil et le vent, les embruns et le chant des cigales cicatriseraient mes plaies mes plus profondes et mon désarroi à n'avoir pu être moi durant toutes ces années.

Je considérais mon choix comme une décision raisonnable, car, experte de la survie, je voyais venir des concurrentes m'affronter, ouvertement ou sournoisement, avec des procédés et des manières dont je refusais maintenant les règles du jeu. À son tour, la génération montante voulait sa part de pouvoir et n'hésitait pas à bousculer les hiérarchies et les codes tout en se soumettant aux coutumes qui m'avaient façonnée. Mais à la différence de ma génération, elles considéraient le sexe comme un jeu sans amour et leur plaisir comme un continent ouvert à des infinités de pratiques. Elles avaient le vent en poupe et rien ni personne ne pourrait les arrêter. Et puis, l'âge aidant, je me rendais bien compte qu'il fallait passer à autre chose, qu'il était temps de tourner la page. Je n'avais plus rien à gagner à continuer à me camoufler derrière des protocoles et des rites aussi immuables que creux. Le sacré est un marché qui à ses producteurs, ses grossistes, ses revendeurs et ses consommateurs. Le sacré est une marchandise comme une autre. Elle est emballée de mystères et d'interdits plus effrayants les uns que les autres, mais c'est juste pour mieux rendre captifs ses consommateurs. Oh bien entendu, j'aurais aussi pu continuer à faire semblant et profiter d'une retraite au temple, mais j'étais fatiguée de vivre en cage.

C'est donc à la croisée des mers et des mondes, au carrefour de l'inclusion et de l'exclusion, de la transition et de la permanence que, moi qui appartenais à la *race maudite des femmes*, j'ai décidé de me retirer, consciente de ne jamais pouvoir appartenir à la communauté des hommes et définitivement plus à celle des dieux. Paradoxalement, cette nouvelle vie de solitude que j'apprivoisais ne me pesait pas. J'aimais ces longs silences dans lesquels mon imagination pouvait librement vagabonder à la rencontre de mon identité morcelée et enfouie par la vie. Et c'est dans ces moments-là, à la faveur d'une aube calme ou d'un ciel étoilé, que je me sentais libre, pleinement vivante et réellement présente à moi-même. Dans ces parenthèses, je n'étais ni une femme ni une prêtresse, juste une singularité en équilibre avec elle-même, un moi libre d'être soi.

Mais parfois quand m'arrivaient les bruits des vivants portés par la brise marine, je perdais l'enchantement de la liberté avec lequel jouent secrètement les contemplatifs solitaires. En un instant et malgré moi, je rendossais comme avant le costume d'une condamnée à garder sous silence les secrets que ma divinité ne voulait pas endosser, ou qu'elle n'avait jamais voulu porter. Alors une forme de mélancolie m'enveloppait, me happait. Je vivais parmi les vivants sans pouvoir partager une communauté de destin et ce sentiment, même discontinu, d'une identité sociale reconnue. Telle une lépreuse exclue de sa communauté et survivant en marge des siens, je sentais ma détermination à la liberté vaciller. Comme le reflet du miroir révélant quelque chose de disgracieux que l'on ne voulait pas voir, les jurons des hommes à la tâche, les cris de joie des enfants et les rires partagés des femmes qui me parvenaient du *diolkos* ravivaient les brûlures que la solitude imposée inflige. Je n'étais ni ne serais jamais une femme ordinaire, une simple femme qui, épouse et mère, bénéficiait d'une tacite solidarité des siens. Que ce soit au lavoir, au pressoir ou au moulin, tous ces lieux extérieurs à *l'oikos* n'étaient-ils pas des espaces de partage, de réconfort, d'égalité et d'entraide dans les heurs et malheurs de la vie d'une femme ?

Mais quand bien même j'aspirais, en partie et secrètement, à être comme les autres, je revendiquais aussi et avec force un droit à la différence. L'individu est paradoxal et ses légions de contradictions font partie intégrante de sa personnalité. Parfois, l'une ou l'autre prend le dessus, mais un mouvement de fond, qui vient chez moi de l'enfance et de ses blessures narcissiques, reprend le dessus. J'ai toujours voulu être moi. Un moi singulier, un être unifié avec lui-même et se déterminant sans ces comparaisons qui malmènent toujours davantage la représentation de soi. C'est sur cette trame de fond, qu'à peine avoir tourné le dos à ma vie d'avant, j'avais décidé de ne plus jamais me considérer comme un *mal de plus destiné aux hommes*. Le poète Hésiode l'avait si bien martelé, qu'il serait gravé dans l'inconscient collectif pour des siècles et des siècles. Il faut dire qu'en ces temps-là, les hommes et les dieux s'étaient en quelque sorte ligués pour que les vertus d'obéissance, de labeur et de pudeur, servant de clés de voûte à leur morale qui, devenant le principe d'explication immuable des comportements humains, devait à nouveau régner sur leur monde menacé par leur propre décadence. Avec la coutume, cette reine du monde bâillonnant les femmes, ils pourraient à nouveau passer pour des héros. Mieux, la coutume allait être érigée en panthéon et clamer aux grands hommes et aux grands dieux la patrie reconnaissante. Et dans ce monde parfait, moi, ex-prêtresse de Cérès, je n'avais d'autres choix que celui de me soumettre ou m'exiler. J'ai opté pour le second.

Dans la cour de ma maison de pierres sèches, posée à un jet de pierre du chemin pavé sur lequel des billes de bois roulaient les bateaux que les hommes et les chevaux tiraient à l'aide de cordages puissants comme des chênes et noueux comme des oliviers, j'avais aménagé un monde à mon image. Un petit autel dédié à Cérès, de quoi glaner quelque argent lorsque les passagers du *diolkos* s'arrêtaient pour faire leurs dévotions, marquait l'entrée de ma demeure. Oh ! je ne comptais pas y accueillir des foules, juste quelques dévots et autres fervents qui, par superstition ou par habitude, avaient besoin d'être rassurés. Pour améliorer mon ordinaire, j'avais aussi monté tout à côté une petite échoppe sans prétention et dans laquelle les passagers de l'isthme pouvaient se ravitailler en pain, en raisin, en huile d'olive et en vin. Un disque d'airain suspendu et un manche en bois pour le frapper servaient à me prévenir de toute visite, de toute demande, car je n'attendais ni les chalands ni les exaltés. Je m'étais aménagé une fin de vie simple et tranquille et mon histoire aurait pu s'arrêter là.

Mais pourquoi faut-il que trop souvent la curiosité se mue en jalousie quand elle ne peut être satisfaite et prise dans une sorte de tourbillon tourmenté, qu'elle finisse par l'emporter sur la morale et l'humanité ? Est-ce à dire que cette peur de perdre quelque chose que l'on ne possède pourtant pas est un moteur de l'action bien plus puissant que toutes les envies et les vertus dont on s'habille comme on se déguise ? Faut-il penser que la jalousie est cette brèche qui fissure tous les murs de la coutume, de la morale et du vivre ensemble, et que rien ne peut ni masquer ni faire disparaître ? La jalousie formerait-elle le lien entre voir, avoir et savoir lorsque la curiosité l'emporte sur le désir et la volonté ? Constituerait-elle cet intervalle dans la conscience que rien de raisonnable ne peut arrêter ? Serait-elle ce *terminus a quo* et *ad quem* qui éclaire la marche des hommes soumis à la tyrannie d'un désir tout-puissant et s'autoalimentant en boucle, comme un cyclone dévastateur, sur la triade voir, avoir et savoir ?

Si je me pose toutes ces questions, c'est bien parce que mon histoire ne s'est pas arrêtée à ma liberté retrouvée dans une vie à l'abri des regards et des *qu'en-dira-t-on*. C'eût été trop simple. Il n'y a pas de retraite simple et tranquille quand on est, sans le savoir ni le vouloir, la proie de jalousies profondes que l'on n'aurait jamais soupçonnée. Place au tragique, comme si une vie de soumission, d'exclusion et de renonciation ne suffisait pas et qu'il fallait encore y ajouter une bonne dose de dislocation physique. Il y a des vies qui prennent plus cher que les autres. Allez savoir pourquoi.

Cela faisait longtemps qu'elles y pensaient. Cela faisait une éternité que l'envie avait laissé place à la curiosité irrépressible avant de se muer elle-même en jalousie insidieuse. Quelques femmes ordinaires, toutes vêtues d'une parfaite vertu et toutes d'un quartier bien tranquille de Corinthe, avaient entendu parler de ma seconde vie et étaient bien décidées à percer le secret de ma reconversion afin de se l'approprier de gré ou de force. Pourquoi à moi tout réussissait, tandis qu'elles qui avaient été de bonnes épouses, de bonnes mères et de fidèles maîtresses de maison, restaient engluées dans une vie somme toute bien terne ? Pourquoi à moi la lumière tandis qu'elles devaient se contenter de vivre à l'ombre de leurs maris et maîtres ? Il devait bien avoir quelque magie là-dessous, car, moi qui n'avais été rien d'autre qu'une prêtresse, sans famille de noble lignage ni héritière de biens et de terres, je me retrouvais indépendante et continuais à faire parler de moi. Pourquoi à moi la liberté, tandis qu'elles devaient supporter leurs chaînes de l'*oikos* ? Quels secrets ou quelles recettes Cérès m'avait-elle enseignés pour que je parvienne à une telle notoriété malgré ma retraite ? Oh, elles n'auraient jamais eu l'audace d'aller me voir individuellement, mais comme elles partageaient toutes ensemble un même ressentiment à mon égard, elles s'étaient liguées. Quand on n'a ni le courage ni l'audace de s'affranchir par soi-même, on s'associe à d'autres, on recherche l'effet de groupe. Et plus on se ressasse les mêmes griefs que l'on impute à l'autre et plus les solutions auxquelles on pense deviennent radicales, car il reste toujours au fond de soi cette idée d'un quelque chose auquel on prétend avoir droit au même titre que les autres.

Et puis un jour, à force de ronger leur frein, il céda et elles décidèrent unanimement que le temps était venu de passer à l'action. Elles allaient profiter de la fête des pléiades, ce moment où cet amas d'étoiles disparaît du ciel durant quarante jours, pour mettre à exécution leur plan, car elles seraient plus libres de leurs mouvements. En effet, durant les fêtes qui jalonnaient les cycles des saisons, elles n'étaient plus confinées dans leurs maisons et cantonnées à leurs tâches domestiques. Elles ne risquaient plus le déshonneur à être vues hors de leurs arrière-cours. Les fêtes étaient, avec les lavoirs, les pressoirs et les moulins, les seuls espaces où elles pouvaient être visibles sans que cela nuise à leurs époux et maîtres. C'était donc un bon moment pour agir sans éveiller le moindre soupçon.

Le septième jour du milieu du mois de la fête des pléiades, aux alentours de la mi-août et bien avant qu'il soit nommé ainsi en mémoire d'Auguste, en ce jour particulier où l'on jette du blé à Cérès pour se protéger du malheur et de la famine, elles allaient s'en faire un alibi pour sortir de la ville et se rendre chez moi. En prétextant se rendre dans le bosquet sacré du *Kraneion*, elles se dotaient d'une justification imparable, car là, un petit monument avait été érigé en l'honneur de la laïs de Corinthe et c'était un lieu idéal pour y vénérer ma déesse. Leur plan était parfait. Il n'éveillerait ni soupçon ni méfiance. Le *Kraneion* était connu de tous, rien d'anormal à s'y rendre en pareille occasion. Et puis personne n'y trouverait à redire, tout le monde étant bien trop affairé à se préparer avant d'aller s'amasser autour du temple. Chaque Corinthien mâle étant trop occupé à manigancer afin d'essayer d'être aux premières places pour y être vu. Les fêtes ont toujours été une occasion de se faire voir, d'étaler sa beauté ou sa puissance, ses relations bien placées et ses maîtresses ou ses amants. Et puis, au cas où elles seraient vues sur le chemin du *diolkos*, elles avaient préparé une autre justification. N'étais-je pas l'ancienne grande prêtresse de Cérès et, à ce titre, toujours qualifiée pour accomplir un tel rituel ?

Les presque quatre kilomètres qui séparaient l'Acrocorinthe du *diolkos*, soit une bonne heure de marche, devaient être mis à profit pour peaufiner leur stratégie, car si elles avaient un bon prétexte, elles ne savaient pas encore comment elles allaient m'aborder. Mais ce temps qui devait être une aubaine se révéla désastreux tant il fut occupé par des babillages et des histoires de quartier plus croustillantes les unes que les autres. Une sorte d'excitation jubilatoire à connaître les ragots et les cancans stimulait *crescendo* ce petit groupe. Une sorte de frénésie s'emparait des femmes, amplifiait leurs gestes et leurs voix jusqu'à les rendre obscènes. Elles singeaient des manières et des actes, comme s'il fallait ajouter des images explicites à leurs mots déjà fleuris. Un observateur en retrait eût trouvé pour le moins amusant, ou affligeant de voir cette bande de commères que rien ni personne ne voulait croiser sur son chemin, déambuler de la sorte. Nos gentilles dames qui descendaient de la ville à gorge déployée s'étaient muées en un fléau de Pandore se déversant sur la civilisation.

Cependant, il ne faudrait pas croire que, toutes absorbées par leurs médisances, elles avaient complètement oublié leur projet. Chemin faisant, il y eut bien l'une ou l'autre pour poser des questions plus terre à terre et en lien avec leur objectif. Qui allait prendre la parole en premier ? Quels arguments utiliser pour me convaincre, me séduire ou me déstabiliser ? Mais à vrai dire, personne ne voulait trop y penser concrètement et toutes comptaient principalement sur leur *bonne fortune* en échafaudant des répliques convenues. En fait, elles se disaient qu'elles verraient bien une fois sur place et qu'elles se saisiraient de la moindre occasion qui s'offrirait à elles. Pour le moment, pas la peine d'aller plus avant, elles avaient encore tellement d'anecdotes à savourer pleinement.

Arrivées à l'entrée de ma propriété, elles se turent, comme si ce lieu en imposait par son harmonie et le silence qui y régnait. La maison, l'autel et la petite échoppe étaient protégés par un muret délimitant un jardin. Dans mon jardin, quelques *simulacra*, représentant Rhéa, Isis et Coré, balisaient l'espace au même titre que les plantes aromatiques, les amandiers, les figuiers et les citronniers. Et toute cette composition contribuait à donner une atmosphère bien particulière au jardin, un peu comme s'il figurait une constellation miniature, un labyrinthe initiatique et enchanteur. On entrait chez moi dans un espace rythmé par des compositions coordonnées comme si, là, l'univers et la spiritualité relevaient d'une même identité, d'une même évidence naturelle, la terre. Terre labourée, terre fertile, terre accueillant la vie et la mort, terre des saisons et terre d'émerveillement, tant de manières de parler des manifestations de l'âme et de la vie.

Un baiser de Judas, voilà l'entrée en matière bien opportune et bien ordinaire qu'elles exécutèrent comme si de rien n'était. Porter sa main à la bouche et puis la tendre vers son interlocuteur en signe de civilité et de bienséance, quoi de plus anodin pour entamer une conversation et la placer sous *bon augure* ? Je les ai accueillies instinctivement de la même manière. Tout mon corps et mon esprit étaient mobilisés par les visiteurs. Qui étaient-ils ? Que voulaient-ils ? Comment entrer en interactions avec eux ? Comment répondre aux mieux à leurs attentes ? On ne venait pas vraiment chez moi par amabilité ou courtoisie, mais plutôt par intérêt. Et moi qui avais été formatée pour répondre aux besoins et aux attentes des autres, je déroulais dans mon esprit une multitude de questions de ce genre, sans que je ne laisse rien transparaître. J'étais en alerte. Je ne voulais pas perdre de potentiels clients et je savais trop bien comment, sur un malentendu, un mot, un signe même involontaire, je pouvais être jugée, et voir ma réputation ternie. Je devais jouer à la prêtresse, car c'est ce que l'on attendait de moi.

L'exercice était périlleux tant je savais la critique facile que ma vie avait suscitée. J'avais aussi conscience de la jalousie que j'avais pu susciter auprès des femmes que leurs maris ou maîtres ne convoitaient plus et qui les délaissaient au profit de femmes comme moi, plus jeunes, plus faciles ou plus désirables. J'avais encore en mémoire les condamnations par contumace dont j'avais été l'objet et qui portaient sur le type d'existence, supposée ou fantasmée, que j'aurais mené. Mais bien entendu, personne n'avait jamais pris en compte que cette vie m'avait été imposée sans mon consentement, que je n'avais fait que la subir.

Bien que sur le qui-vive, moi qui avais goûté à la liberté, j'étais prise dans une contradiction qui me perturbait. D'un côté, je voulais être conforme à ce que ces étranges clientes étaient en droit d'attendre de moi. De l'autre, je voulais croire que pour une fois, ces femmes qui venaient à moi pourraient commencer à me réincorporer à une communauté. Être admise au sein d'un groupe de semblable, avoir sa place au sein d'une identité partagée, être une sœur parmi ses sœurs, voilà bien toute une espérance et une première étape à franchir pour arriver à combler ce sentiment profond de rejet que j'avais toujours subi et ressenti. Avec un peu de chance et beaucoup de diplomatie, je pourrais même devenir une amie ordinaire, une personne sur qui compter et qui pourrait compter sur les autres, perdues que nous étions au milieu de l'archipel des *sans-voix*. Faire corps et, en corps défendant, cesser de courber l'échine, retrouver une dignité, la parole et la possibilité d'être le *tu* au *je* qui nous rendait inaudibles hors de l'*oikos*.

Mais j'ai vite déchanté. Une tension malsaine que je ne pouvais ni nommer ni évacuer m'envahissait. L'impression qu'elles n'étaient là que pour prendre possession de quelque chose ou de moi s'imposait. Alors, perdu pour perdu, seule contre toutes et ne faisant pas le poids, je me suis recentrée sur la mission pour laquelle j'étais ouvertement sollicitée, celle du rituel d'appel aux bonnes grâces de Cérès. Comme si de rien n'était et peut-être parce que j'avais peur, je les ai invitées à former un cercle, à se tenir les mains et à entamer une lente ronde scandée par le bruit mat et sourd des talons heurtant le sol. Tourner. Tourner encore et encore sous un soleil devenu écrasant. Tourner jusqu'à fleureter avec la transe et peut-être avec l'oubli. Tourner jusqu'au signal puis projeter violemment le blé que l'on tenait dans les mains sur l'aire plane prévue à cet effet et qu'elles encerclaient comme on s'y prend pour se rendre maître d'une place forte. Il y avait dans ce rituel féminin une symbolique brute, une violence vitale comme lorsque la parturiente expulse de ses entrailles l'enfant qu'elle portait et qui doit maintenant vivre sa vie. Au moment de la délivrance, au rythme du souffle court et haletant des femmes en sueur, j'ai marmonné les paroles sacrées, celles qui relient la terre à la vie et la vie à Cérès, que j'ai ensuite expulsées aux quatre points cardinaux, comme si elles devenaient les messagères porteuses des semences de vie, des espoirs de maternité et de fécondité.

Le rituel était terminé et nous étions vidées de toute énergie. Un peu éberluées par la lumière crue dans laquelle virevoltait encore la poussière que nous avions soulevée, nous semblions étrangères à nous-mêmes, un peu hagardes face au monde que nous commencions à réintégrer. Pour que chacun retrouve son souffle et ses esprits, j'ai proposé de l'eau, du vin épicé et de la bière. Cela faisait partie de la prestation. La sueur qui collait à la peau s'estompa avec les rires et l'alcool, la vie ordinaire avait repris le dessus et tout rentrait dans l'ordre. Mais loin de rentrer chez elles, le groupe de femmes désormais désinhibé dévoila enfin son projet initial. Elles voulaient savoir. Tout savoir de moi, de mon initiation et de ma vie dans le secret du temple. Elles voulaient tout savoir afin de tout s'approprier et tirer les mêmes bénéfices que moi. Comme des mouches autour d'une charogne, elles s'agglutinaient autour de moi. Bombardée de questions et par le tintamarre de leurs voix fortes, j'avais la tête qui bourdonnait. Agacée, je devais trouver un espace de repli afin de me ressaisir et répondre tant bien que mal au flot incessant de leurs questions. Pourquoi Cérès, fille du Temps et de la Terre, avait-elle délaissé le temps des récoltes pour partir à la recherche de sa fille ? Comment une divinité pouvait-elle lâcher ce qui fait la survie de l'homme pour partir à la recherche d'une fille qui, victime d'un rapt, était de toute façon déshonorée ? Et quand on sait qu'une fille qui fait honte à la coutume ne peut plus faire partie de la communauté, pourquoi en serait-il autrement dans le monde immuable et parfait des dieux ? Pourquoi devrait-on honorer une divinité qui faisait passer ses intérêts avant ceux des hommes sans lesquels elle n'était rien ? Et puis elles voulaient aussi savoir la petite histoire derrière l’histoire officielle. Au cours de son périple qui la mena aux Enfers, Cérès eut-elle des liaisons inavouables ? On racontait partout qu’elle s’était accouplée à Lasion, comme une bête en plein champ. Et comme si les mots ne suffisaient pas, elles mimaient l’union comme pour mieux s’en moquer. N’était-elle qu’une louve affamée de sexe ? On racontait aussi qu’elle fricota avec Poséidon duquel elle accoucha d’un être difforme, hybride, moitié cheval, moitié humain. Avait-elle été punie par les dieux pour donner ainsi la vie à un handicapé physique ? N’avait-elle rien compris de ses erreurs puisqu’on évoquait encore, mais à voix basse, qu’elle avait séduit les fils de son hôte qui se détournèrent de leur père pour la suivre. Cérès ou Déméter n’était-elle pas assoiffée de chair fraîche ?

Voyant que je ne corroborais ni n’infirmais les allégations portées sur la divinité que je servais, les femmes décidèrent, presque instinctivement, de se retourner contre moi. La stratégie était simple et pouvait être efficace, car que savais-je de la fertilité, moi qui étais sans enfants ? Fallait-il, pour devenir prêtresse de la fertilité, suivre les mêmes passions ou perversions que la divinité dont je me réclamais ? Avais-je avorté ou m’étais-je simplement débarrassée de l’enfant que je portai jadis et que mon ventre ne put dissimuler ? Avais-je cédé aux avances de leurs maris lorsque ceux-ci venaient au temple pour satisfaire aux rites et se satisfaire de leurs turpitudes ? L’espace d’un instant, j’ai voulu ramener la pluie de questions à un niveau plus symbolique. Je ne voulais pas rentrer dans leur jeu et réduire la discussion au plan interpersonnel. On m’avait *désenfanté* et cela m’avait profondément désenchanté. Je n’allais pas parler de mes blessures, des failles et lacérations de mon âme. Je n’allais ni me trahir ni trahir celle qui m’avait tout pris, c’était une question d’honneur et de dignité. Peut-être que j’ai eu tort de leur parler de Cérès comme de la vie foisonnante, de la vie dans toute sa diversité et dans tous ses hasards. Je n’aurais sans doute pas dû tenter de leur expliquer l’union de la graine et du sol, et sa germination incertaine. J’aurais mieux fait de me taire plutôt que de parler de l’endurance nécessaire pour ne pas perdre ce à quoi l’on tient le plus. Plus j’essayais de les rendre meubles à ces réalités symboliques et plus je me heurtais à leurs remarques salaces, pleines de sous-entendus à peine voilés.

Quand je me suis vraiment rendu compte que cela ne servait à rien de continuer, c'était déjà trop tard. Ce qu'elles étaient venues chercher, c'étaient des secrets d'alcôves, des indiscrétions croustillantes, de quoi alimenter et pimenter des conversations de quartier. J'avais été grande prêtresse, et à ce titre que pouvais-je raconter de graveleux, de sordide et d'immoral, toutes ces histoires secrètes qui alimenteraient leurs fantasmes et les ragots qui, à ne pas manquer, les mettraient encore plus en lumière ? Elles étaient venues chercher une gloire par procuration. Que pouvais-je raconter des magistrats, héros et marchands que l'on voyait fréquenter le temple, et qui se faisaient les parangons de la vertu ? Elles étaient venues trouver de quoi discréditer et nuire aux hommes qui les avaient enfermées dans les quatre murs de leurs maisons.

Alors je me suis interrompue pour de bon. Il n'y avait aucune revanche à prendre. En mon for intérieur, j'avais pris conscience que quoi que je dise, rien ne servirait ma cause ni ma quête d'une identité partagée. Ce n'était encore qu'une occasion manquée. Est-ce si difficile de vouloir concilier singularité, égalité, communauté et sororité ? Alors un frisson de tristesse s'est emparé de tout mon être. Seule, je l'avais toujours été et le resterais. Un monde cruel m'avait dépouillé de mon identité, m'avait coupé de toute possibilité de rejoindre et d'appartenir à un groupe ordinaire. Cette vie avait décidé de rendre impossible mon aspiration profonde à être tout simplement aimée, soutenue et reconnue pour qui j'étais. Ni les flatteries qui ont suivi, ni les supplications, ni les promesses en tous genres, et comme autant d'ultimes tentatives de reprendre le dessus, ne parvinrent à me faire changer d'avis. Je m'étais murée dans mon silence, j'avais abandonné la partie et cela irrita furieusement le groupe des mégères.

Qu'est-ce qui a réellement alimenté leur emportement ? Est-ce parce que je ne jouais pas le jeu et que je les empêchais de prendre le dessus ? Est-ce parce qu'elles avaient peur de perdre leur notoriété dans leur quartier ? Est-ce parce qu'elles se sentaient humiliées par la hauteur et la distance que j'avais prise en me taisant ? Est-ce parce qu'elles refusaient de s'avouer vaincues par quelqu'un qu'elles considéraient comme moins que rien ? Est-ce parce que je n'étais que le miroir de leurs propres soumissions silencieuses ? Je ne sais pas. Toujours est-il que j'ai senti la colère gronder en elles, comme on entend gronder l'orage et claquer les éclairs de foudre. Alimentée par la jalousie, cette vague de dépit ressenti à la vue de l'inatteignabilité des objectifs que l'on s'était fixés et qui conditionnent notre être au monde, notre valeur, notre crédibilité et notre notoriété, la colère nourrissait en elles un ressort intime qui était en train de se tendre à l'excès et qui finirait, une fois trop compressé, par se rompre avec la violence d'un tsunami.

Quand la jalousie occulte toute distanciation possible avec la situation à laquelle on se heurte ou dans laquelle on se retrouve comme dans une impasse, alors la réaction devient disproportionnée, foncièrement viciée par une imagination délirante qui règne désormais sans partage. Alors tout s'accélère et la jalousie alimente, en le renforçant, un sentiment de contrariété qui finit par aveugler complètement toute raison. Ce processus de réaction en chaîne se déverse et transforme la victime en bourreau. Victime de la non-réponse attendue, de la non-collaboration voulue, du non-succès, de ses envies, de l'impossible toute-puissance recherchée, la haine a gagné la partie. Elle a pris possession de l'être. L'autre, celui qui me renvoie à la figure l'image d'une faiblesse ou d'une défectuosité, devient le rival qu'il faut abattre si l'on veut survivre à son propre échec. L'autre revêt tout à coup les traits d'un étranger tellement dangereux pour l'image que l'on se fait de soi qu'il faut l'éliminer, coûte que coûte. La haine qui était enfouie sous des couches de morales commence à se frayer un chemin. Elle remonte à la surface en suivant les fissures narcissiques et, sous la pression, expulse de façon turbulente un panache de violence qui emplit toute l'atmosphère.

Alors des forces se déchaînent diablement, en forme de revanches sur les injustices passées qui nous ont tellement abîmées et qui nous meurtrissent encore. Pour réparer un honneur bafoué depuis trop longtemps, une identité niée depuis toujours, l'explosion irréversible et brutale de toute l'énergie que l'on contenait prend, de manière désespérée, la voie de la seule issue de secours possible pour y mettre fin. Quelque chose éclate, c'est incontrôlable, dangereux et contagieux comme une boule de gaz en fusion qui éjecterait des quantités de cendres volcaniques plus mortelles les unes que les autres. Et le groupe de femmes, lié par un pacte du *toujours pire* dont elles n'ont pas conscience, n'a maintenant plus qu'un seul objectif en tête : me tuer, me faire disparaître. Oh, il faut que cela fasse mal autant que l'on a mal. Il faut de la souffrance et du sang. Il faut quelque chose à la hauteur des sentiments d'amertume, d'impuissance, de frustration et de tourment qu'elles vivent depuis trop longtemps dans leurs chairs et leurs identités.

Seule contre toutes, je n'ai pas fait le poids. Je suis frappée au visage, je viens de prendre un mur en pleine face, ce qui m'étourdit suffisamment pour qu'elles se ruent sur moi et me bâillonnent pour que je ne puisse pas appeler à l'aide. Fermement maintenue au sol, je peine à refaire surface, j'ai l'impression de ne plus avoir le contrôle de mon corps et de mon esprit. D'instinct, je ne résiste pas, pensant ainsi calmer la fureur de mes agresseurs. Mais je me suis trompée de haine. Plus je me soumets et plus la violence explose. Alors un long calvaire commence. Il faut du temps pour mourir quand les bourreaux privilégient la souffrance aux coups mortels. Mon corps résiste comme il peut et je vois dans leurs yeux une sorte de jouissance, née du pouvoir que leur procure la possibilité de contrôler le souffle et la vie de mon être qui est à leur merci. Il y a une sorte de frénésie morbide à penser que la victime *doit* ou *mérite* de souffrir abondamment. Alors une esthétique de l'abominable se met en place.

Il faut me violer, moi, la prêtresse de la fertilité. C'est la moindre des choses et puis je dois aimer ça non ? Un bâton, un manche à balai, fait l'affaire et la douleur ne fait qu'exciter la vengeance. Et puis, comme ça ne suffit pas, on m'étouffe à moitié, juste de quoi semer de l'effroi dans mon regard. Et quand cela ne suffit plus non plus, que la violence commise n'apaise plus la soif de la vengeance, on passe aux choses sérieuses. Un couteau de cuisine fait office de scalpel. On m'éventre délicatement. De toute façon, je le mérite bien puisque la rumeur prétend que j'ai souvent rendu visite aux faiseuses d'anges. Toujours consciente, on me saigne comme on le fait d'un porc. N'étais-je pas l'une de ces femmes-truies qui se vautraient dans le stupre ?

Quand mon souffle s'arrête, épuisé, quand ma vie a renoncé à elle-même et que mon corps brutalement se relâche pour que la mort triomphe enfin, leur victoire n'est pas encore totale. Il faut me démembrer, me mettre en pièces. Le corps, ce lieu de l'identité et de l'apparence jalousées et tellement haïes, doit être définitivement morcelé et souillé afin de ne plus pouvoir représenter la moindre unité, la moindre identité, le moindre idéal. Plus rien ne doit pouvoir, *post mortem* y compris, les menacer et susciter le moindre doute en elles. Sans le savoir, elles rejouaient le mythe d'Osiris qui touchait aussi le culte de Cérès. Tout pouvait à nouveau rentrer dans l'ordre et, comme si de rien n'était, elles m'ont abandonnée là, éparpillée dans ma maison. Moi qui rêvais d'identité unifiée, je ne représente à présent que cette identité écartelée et morcelée avec laquelle j'ai toujours eu à composer.

C'est à ce moment seulement que leur sentiment de justice a été rassasié. Le groupe de femmes s'est lavé rapidement les mains et s'est débarrassé des traces laissées par mon sang sur leurs vêtements. Leur tâche ménagère accomplie, elles ont repris le chemin de Corinthe. La colère et la haine étaient retombées, sans laisser la moindre place aux remords. Ce qui est, est.

Ce n'est que plusieurs jours après mon meurtre que des marins, qui empruntaient le *diolkos* et que l'odeur nauséabonde d'un cadavre en putréfaction dérangeait, m'ont découvert. Les membres inférieurs et supérieurs, ainsi que la tête, avaient été séparés du tronc et jetés aux quatre coins de la pièce. L'estomac et les intestins retenus par le mésentère avaient été arrachés avec les mains, elles s'étaient aidées d'un couteau pour les détacher par lambeaux. Mon visage boursouflé ne ressemblait à rien. J'avais la langue qui ourlait mes lèvres et déformait les traits fins et réguliers qui avaient fait ma beauté. La décomposition faisait son œuvre et mes membres gonflés suintaient un liquide putride. Sur l'échelle de la sauvagerie, l'horreur avait sans doute atteint l'une des plus hautes marches en témoignant du degré d'acharnement de mes agresseurs. Je n'avais pas été victime d'un meurtre de sang-froid, mais bien d'une violence émotionnelle qui avait laissé cours à toute sa rage. Du tronc éventré qui trônait au milieu de la pièce à vivre, entraient et sortaient des centaines d'abeilles bourdonnantes. Indépendamment de l'odeur insoutenable des gaz fétides qui traduisaient l'œuvre des bactéries décomposant les matières organiques pour les recycler, l'atmosphère qui y régnait avait quelque chose d'étrange. La fanfare des abeilles au travail, comme une batterie parfaitement synchronisée, *faisait l'annonce* que rien ne s'arrêtait avec la mort, que tout continuait avec d'autres équilibres, d'autres données. De mon corps déchiré, elles avaient fait une ruche bien vivante. Des rayons de miel luisaient là où auparavant la vie transformait et digérait toute nourriture. La vie au cœur de la mort, la douceur au cœur de la violence, mais toujours une histoire de transformation assignée aux événements comme à la matière. Drôle de chute pour un mythe. Mais peut-être qu'il ne s'agit là que d'une allégorie pour dire que rien ne s'arrête vraiment, que tout participe à un vaste cycle et que personne n'imagine à quel point les empreintes que nous laissons peuvent être fertiles aux autres. Peut-être s'agit-il aussi d'une allégorie pour dire l'identitaire destination de la réalité au cœur de l'éclatement de ses représentations corsetées par nos lois et nos *a priori*.

Quoi qu'il en soit, comme il faut toujours trouver une morale à ce qui arrive et qui pourrait mettre à mal le pacte social, d'aucuns dirent que Cérès ne laissa pas ce crime impuni et qu'elle se vengea en envoyant la peste aussi bien sur les femmes de cette histoire que sur la population de la région. Le message était clair, on ne s'attaque pas à l'un des ministres d'une divinité sans s'attirer les foudres des dieux. Mieux, on ne rompt pas l'équilibre du pacte social sans prendre le risque d'être mis au ban de la société, sans prendre le risque d'être pestiféré, d'être un individu que l'on évite à tout prix. Mais on n'aime pas se confronter aux fins tragiques, elles sont trop brutales. Alors on s'invente des esquives et c'est comme ça que pour les plus superstitieux ou les plus dévots, Cérès avait pris l'offense faite à mon identité tout en offrant aux hommes une possibilité de rédemption. Car en faisant naître de mon corps du miel, cette nourriture des dieux, elle manifestait une grâce divine. Là où le mal avait abondé, sa grâce surabondait. Et c'est en mon honneur que les survivants de l'épidémie ont appelé les abeilles *melissa*. Pour les plus sceptiques, la présence d'une ruche dans mes entrailles donnait à réfléchir, car les abeilles, au-delà du symbole envié d'une vie sociale rythmée par l'harmonie et la solidarité, au-delà du symbole de la soumission d'une partie de sa communauté aux intérêts d'un pouvoir, incarnent peut-être foncièrement le courage dont il faut faire preuve pour se nier au profit de l'intérêt général. Pour ces derniers, il y avait une jolie leçon de méditation à penser que l'identité se jouait d'un corps !

Des notes marginales

Bien sûr, il y a toujours la mort à la fin du voyage. Bien sûr, il a toujours des détresses quand les cœurs perdent leurs ailes et, si par le passé j'ai fait régulièrement face à la mort, je dois vous dire que je n'ai pas aimé cette existence bien que j'ai profondément aimé la personne. D'abord, j'étais totalement étranger à cette déconsidération de la femme par l'homme et puis je n'imaginais pas qu'une minorité déjà discriminée puisse à ce point se désolidariser les unes des autres. Je n'ai pas souvenir de telles ségrégations au cours de mes accompagnements précédents. Mais dois-je faire confiance à ma mémoire ? J'aurais sans doute dû consulter notre data center avant de me fondre dans cette existence, mais en aurais-je pris toute la mesure ? À ma décharge, d'où je viens, la question des genres ne se pose pas. Le genre n'existe pas et nous n'avons pas de mots pour le dire. Chacun de nous jouit d'une même estime, d'une même autorité et d'une égale réciprocité dans les relations même si nous avons des rôles et des fonctions différentes.

Je me souviens bien des premières années de vie de Mélissa. La sympathie que j'ai instantanément ressentie pour elle a été la source de ma connaissance directe de son cœur. Elle est née prématurément comme si elle n'avait pas de temps à perdre. Cinquième d'une fratrie, ses parents ont estimé qu'ils avaient déjà trop de bouches à nourrir et comme elle était fluette, une brindille, ils ne lui ont vu aucune utilité dans les travaux des champs. Elle a donc été vendue au temple vers ses cinq ans, dès qu'elle a été en mesure de se débrouiller toute seule. J'étais-là quand son père et sa mère sont allés marchander son prix au temple de Cérès. La pauvre petite n'y comprenait rien. Pourquoi devait-elle se tenir droite devant des prêtresses, ouvrir la bouche, montrer ses dents, essayer de toucher son oreille gauche avec sa main droite en passant par-dessus sa tête et se dénuder pour montrer son corps ? Et puis, quand le prix a fait l'objet d'un accord entre les deux parties et que ses parents lui ont tourné le dos, j'ai essayé d'enrayer l'immense désarroi dans lequel elle s'est retrouvée. J'ai alors pris cette petite voix pour lui dire inlassablement et sur le ton d'une comptine : « courage, patience, sois forte, fais-toi confiance et ne renonce jamais ». Le rythme de ma voix a remplacé le doux balancement d'une mère consolant son enfant et je l'ai laissé se blottir tout contre moi. Mon esprit, pour la première fois, tressaillait d'émotion.

Au fil du temps, j'ai vu son caractère s'affirmer. Sa conviction d'avoir à survivre a été comme une flamme que rien ni personne ne pouvait éteindre. Elle avait en elle deux alliés nécessaires à sa survie : une intelligence de situation et une volonté de fer. Avec ces deux outils, elle a réussi à s'adapter à son existence, sans se plaindre, sans lâcher des yeux son objectif qui était d'être reconnue pour qui elle était. Ah, l'identité, cette question l'aura taraudée toute sa vie. Je me souviens bien de ces moments où son esprit la rongeait de questions du type : qui suis-je, si je ne peux être qu'une marchandise qui s'achète ou qui se vend ? Suis-je condamnée à n'être qu'un objet sans décision propre ? Est-ce qu'être femme ce n'est avoir qu'une sous-identité ? Et puis, qu'est-ce que devenir femme si l'enfantement m'est refusé ? Suis-je condamnée à m'éteindre sans laisser de traces si mon empreinte m'est désenfantée ? Qu'est-ce qu'être sans appartenance, sans lien, sans refuge ?

Lentement, mais sûrement, je l'ai confrontée à toutes sortes de situations et même des plus désagréables parce que je voulais l'aider à passer par-dessus cette question de l'identité comme appartenance à un groupe quelconque, comme détermination par rapport à des catégories de genre, d'espèce et d'aléas de l'histoire. Je voulais qu'elle s'appartienne, pas qu'elle ressemble à d'autres ni qu'elle se renie pour combler ce sentiment de solitude existentielle. C'est vrai, je n'ai pas été tendre avec elle, mais je ne savais pas vraiment comment m'y prendre autrement. Elle avait la capacité à comprendre que l'identité n'est pas un compromis, que l'identité se joue des contingences de toutes sortes parce qu'elle n'est ni une affaire de genre ni d'appartenance. Se faire accepter dans un groupe, c'est toujours renoncer à une partie de son identité au profit d'une autre plus banale parce que plus générale pour pouvoir englober des personnalités qui, au fond, n'ont rien en commun si ce n'est la peur de la solitude. Or la solitude, elle l'expérimentait depuis son entrée au temple et cela devait suffire pour lui permettre d'aller plus loin dans cette question d'une unité de soi qui ne se fonde pas sur l'image que les autres nous renvoient de nous-mêmes comme en miroir.

Mais faut-il souffrir comme elle a souffert pour se rendre compte que la liberté d'être soi n'est ni une tentation, ni une aliénation, et encore moins une divagation ? Il n'y a pas d'épreuve à laquelle il faudrait se soumettre pour être soi. Il n'y a pas de soumission à un processus qui nous rendrait étranger à nous-mêmes pour pouvoir appartenir à un groupe. Il n'y a pas un chemin d'errance à suivre pour se découvrir soi. Il n'y a pas de guerres contre soi pour se trouver en coïncidence identitaire. L'identité c'est une donnée qui se joue de la matière et des époques, des tendances et des modes. Elle est insaisissable comme une évidence qui surgirait sans crier gare. Elle se donne comme une révélation. On l'accepte ou non. L'identité n'est pas l'affaire d'un corps sexué et pour le comprendre Mélissa aura dû s'y confronter jusqu'à l'excès puisqu'elle ne voulait rien lâcher.

Je crois aussi que, quand elle a enfin compris que jamais elle ne serait elle-même au travers des autres, elle a eu le réflexe de se replier sur elle-même. Oh, il n'a jamais été question pour elle de résignation ni de résilience, juste de réconciliation ou d'ajustement avec elle-même. Sereinement, elle a su triompher de la jalousie et de son besoin de revanche, elle a su oser être elle-même dans ses silences. Oh, je suis fier de ma petite abeille. Elle a incarné cette part de son nom qui fait écho au champ lexical de la parole et de la révélation. Porte-

parole d'une divinité, porte-parole d'une condition sociale, porte-parole d'une existence et puis, à la muette, quitter le devant de la scène pour définitivement coïncider avec soi. Quand la parole se tait, quand elle devient volontairement muette, se cache-t-elle ou révèle-t-elle que l'avenir de l'homme, s'il en est, passe par le silence, ce moment de communion suprême avec soi qui met en suspension toute forme de langage conventionnel ou social ?

Quant à moi, je suis reparti sur la pointe des pieds. J'avais besoin de faire silence. Mon choix de rejoindre l'ordre des Vertus tremblait devant moi. Il me semblait tout à coup bien indigeste. Incarnation du Bien et d'un courage presque trop viril, la vertu que les hommes avaient accaparée n'était-elle pas moins morale que statutaire ? À voir le vice faire jeu égal avec la vertu, j'en perds le ton grandiloquent avec lequel j'essaie de vous convaincre que ma candidature est digne d'intérêt. Heureusement pour moi, je ne suis pas dans le secret de l'instruction de mon dossier.

À ce stade, j'hésite. Peut-être suis-je trop gourmand de voyages moins étouffés par une Vertu majuscule et déclinée en coupe réglée. Mais peut-être que je me trompe, peut-être existe-t-il une manière d'incarner la Vertu qui serait foisonnante de pluriel ? Et je rêve d'une Vertu insaisissable et lumineuse qui picoterait les yeux de l'intellect et chatouillerait le cœur. Je rêve d'une Vertu au cœur du mouvement, de la fragilité et de la contradiction. Je rêve d'une Vertu déboulonnée de son éternité et refondue dans une dialectique de l'instant.

Mais je mesure combien il est difficile, même pour une âme, de passer de l'idée à la réalisation. Il y a un je ne sais quoi ou un presque rien qui bloque toujours cette part fragile et fugace d'un absolu que l'on voudrait retrouver, rebâtir et préserver à force de vigilance et de légèreté. Combien d'humiliation et d'humilité, de gratitude et de gratuité, de vaillance et d'endurance, de pitié et de bienveillance, seront-ils nécessaires pour que se réalise la prophétie de l'homme : « Aime et fais ce que tu veux » ? La Vertu peut-elle baliser ce chemin, en dresser une géographie mentale, une cartographie physique ?

Un doute a surgi en moi. Est-ce que l'âme aussi doit naître à sa conscience pour pouvoir prendre le chemin d'une Vertu qui ne serait jamais un acquis, mais toujours un projet se faisant et se défaisant ? Vous percevez mon désarroi ? Est-il nécessaire, pour rejoindre cet autre ordre, d'expérimenter à ce point l'incertitude du mouvant ? La Vertu s'acquiert-elle par entraînement puisqu'elle ne s'enseigne ni ne se donne par nature ?

Ashoka[10]

Je m'appelle Devanampiya ou Ashoka et je suis le troisième du nom de la dynastie des Mauryas qui a fait sortir l'Inde de l'âge des royaumes pour en faire un empire. Selon votre préférence, je suis *l'ami des dieux* ou *l'homme sans souffrance*. Peut-être que je suis aussi les deux à la fois si l'on considère que je ne me résume ni mon existence ni à ma fonction, bien qu'il s'agisse pour moi d'y répondre intégralement. C'est mon *svadharma*, mon devoir personnel. Dans mon monde, il y a une équivalence symbolique entre *ceci* et *cela*, entre la matière et l'idée, entre l'éphémère et l'éternel, le sommeil et le réveil, le dedans et le dehors, l'existence et l'être. Tout être répond au *tat tvam asi*, à cette révélation que l'on est *ceci* et aussi *cela*. Il y a une façon entrelacée de définir les choses et les êtres qui ne les figent pas dans un principe de non-contradiction.

J'ai trente-deux ans et suis roi. Mon royaume, je l'ai d'abord hérité de mon grand-père Chandragupta Maurya, qui renversa la dynastie Nanda à l'aide des brahmanes, puis de mon père Bindusâra, surnommé par les Grecs le *tueur des ennemis*. Guerrier et stratège bien conseillé par son ministre le brahmane Chânakya, l'auteur du traité militaire et politique qui fait toujours référence, mon grand-père a profité du retrait des armées d'Alexandre le Grand vers 326 avant l'ère chrétienne pour s'emparer du royaume du Magadha, sur les bords du Gange, avant de partir à la conquête du sous-continent et d'y chasser les garnisons macédoniennes.

[10] Pour entrer dans l'univers sonore d'Ashoka, la musique hindoustani, comme le MERU Concert live de Kaushiki Chakrabarty, pourrait servir de marchepied.

À chaque dynastie, sa capitale et Chandragupta s'est établi à Pâtaliputra comme s'il avait voulu à la fois reprendre à son compte et embellir l'héritage Nanda, et enraciner notre famille dans l'aventure de Siddhârta Gautama. Pâtaliputra sur les bords du Gange sacré, capitale de la *délivrance* par le *moksha*, la ville résumait à elle seule le symbole de l'ultime vérité. Elle avait même en son temps accueilli le Buddha, peu avant qu'il ne décide de se coucher sur le côté droit et que, souriant, il ne décide en pleine méditation à sa volontaire extinction. Symboliquement et concrètement, Pâtaliputra avait tout pour être le centre du nouveau rayonnement de son action. Chandragupta s'était même appuyé sur le patrimoine politico-religieux des rois/brahmanes, qui mélangeaient savamment l'histoire et les mythes, le réel et le merveilleux, le devoir et le *dharma* pour cimenter encore et toujours plus l'identité de notre culture aryenne, faite de traditions religieuses et de castes, d'art et d'écriture, d'hymnes et de rituels, de lois et d'organisation sociale. Puis ayant achevé son empire, cet homme que j'admirais a renoncé au trône au profit de mon père et, comme Gautama Buddha, il a mis fin à ses jours en pratiquant le jeûne absolu.

Quant à moi, fils préféré de Bindusâra, j'ai acquis un empire consolidé et organisé. Mon père n'était pas un guerrier avide de conquêtes, il ne rêvait pas d'étendre les frontières de l'Empire. Je dirais plutôt qu'il avait l'intelligence de l'organisation politique. En ce sens, on peut dire qu'il a été un bon administrateur consolidant ses frontières et structurant sa politique intérieure. Mon père est mort durant une expédition qu'il m'avait confiée pour mater une révolte que mon frère aîné Susima avait fomentée à Taxila, sur la route de la soie. Aller me battre contre mon frère, cela n'avait rien de bien particulier. La violence réglée est un devoir que chaque guerrier doit suivre. Le désordre est une menace que le guerrier ou le souverain doit anéantir. Pas d'idéal d'*ahimsa*, pas de non-violence. On fait la guerre quand on est fort et la paix quand on est faible. Chacun doit suivre son devoir et mieux vaut mourir en accomplissant son propre devoir, car il est dangereux de suivre le devoir d'autrui. J'ai donc répliqué à sa violence par la violence et je l'ai vaincu. De fait, je suis passé du statut de vice-roi d'Ujjain à celui d'empereur Maurya. Et quand j'assume la succession de mon père, vers -272, j'ai déjà une belle expérience de l'*athra*, d'une realpolitik. En matant la révolte de Taxila, j'ai prouvé que j'étais à la hauteur de mes fonctions. Incontestablement, je suis à ma place. Comme le potier fait des pots, le souverain montre sa puissance, intimide ses ennemis et fait la guerre. Or rester à sa place me sera utile au quotidien tant la charge d'un empire est immense.

Tenez, si vous voulez vous faire une idée des terres dont j'ai la responsabilité, prenez une carte de l'Inde. De la baie du Bengale à l'océan Indien et des frontières du Népal jusqu'à Madras, mon empire englobe quatre grands fleuves sur sept. Je contrôle l'Indus, le Gange, le Narbada et le Godavari. Quant au Brahmapoutre, seule une petite partie effleure mes frontières, au niveau du delta du Bengale. Si j'insiste pour vous présenter mon empire par ses fleuves, c'est parce qu'ils sont sacrés. On s'y purifie de nos illusions comme on s'y rend pour nos rites funéraires. Les fleuves nous débarrassent de nos suppositions et de nos catégorisations, ils nous permettent de mieux comprendre le jeu de *Maya* qui crée l'illusion de la dualité, comme ils emportent nos cendres et nous conduisent dans nos cycles de réincarnations hors du rêve de Brahma. Ce sont nos routes vers l'avenir et l'éveil qui nous restituent à nous-mêmes. Ce sont nos itinéraires en pointillés qui, du passé à l'avenir, forment un continuum sans limites. Et qui contrôle les routes contrôle les hommes.

Parallèlement à cette succession terrestre, j'ai reçu une double filiation spirituelle. Je ne sais pas si je vous l'ai dit, mais mon grand-père était dharma-jaïn. De lui, j'ai hérité une boussole intérieure dont je n'avais alors pas conscience. Plus tard, j'allais redécouvrir cette manière de s'orienter dans la pensée qui s'appuie sur les *trois joyaux* que sont la foi juste, *samyag darsana*, la connaissance juste, *samyag jnana* et la conduite juste, *samyag charitra*. Avec ces trois piliers, chaque être humain est en mesure de faire face à sa souffrance causée par les trois poisons que sont l'ignorance ou l'illusion, la colère ou la haine et l'avidité ou la convoitise. La foi lutte contre l'illusion, la connaissance bataille contre la colère et la conduite combat la convoitise. À sortir victorieux de cette lutte contre la souffrance, l'homme devient véritablement libre et pleinement responsable de ses actes et de ses choix existentiels, parce qu'il a décidé inconsciemment de renaître dans ce qui illustrerait le mieux les choix qu'il a faits et assumés pour expérimenter le *tat tvam asi*, peut accéder au *nirvâna* qui marque la fin du circuit infernal de la transmigration comme celui de l'ignorance et des illusions.

De mon père, adepte du mouvement philosophique et ascétique de Gośāla, qui ne pensait pas que la libération de l'enveloppe charnelle puisse résulter d'une volonté particulière, contrairement à mon grand-père qui avec ses cinq vœux articulés autour de ses trois joyaux et d'une méditation portée sur les causes de la souffrance, recherchait l'éveil, j'ai hérité de cette forme de fatalisme qui prémunit l'homme de tout orgueil ou de toute vanité, sans pour autant condamner à l'inutile la recherche de ce qui est juste dans les nombreux chemins de la transmigration impersonnelle de l'âme. Pour mon père, qui aimait citer Gośāla, *les efforts humains sont sans effets, comme une bobine de fil que l'on jette se déroule jusqu'au bout, de même le fou comme le sage suivront leur destin et atteindront la fin de leur souffrance.* Tous les efforts pour contrer ou éviter la souffrance sont vains, disait-il. La souffrance dépend à la fois de ce qui est déterminé et de ce qui ne l'est pas, mais elle a une fin. Pour mon père, l'acceptation ou plutôt l'adhésion volontaire à la souffrance que l'on rencontre ou que l'on endure constituait finalement le seul cheminement vers la délivrance, car, si la souffrance est tôt ou tard inévitable, elle n'est qu'un passage vers autre chose. La vue correcte, la connaissance correcte et le comportement correct relèvent ainsi et toujours d'une célébration du *tat tvam asi*. Voilà pourquoi dans ce jeu prédéterminé et indéterminé du monde, où tout se développe selon la nature du *ceci* et *cela*, la recherche de ce qui est juste ne peut que favoriser l'apparition de ces deux versants de la réalité dans la réalisation de son destin. Le sens de rotation positif et le sens de rotation négatif sont constitutifs du seul mouvement complet de l'être.

Suis-je pour autant devenu un roi *brahmane*, un *pandit* touché par la mystérieuse grâce du *dharma*, cet ordre naturel, universel et cosmique ? Sûrement pas à l'époque de ma prise de fonction. Quand mon père sentit sa mort arriver, ce sont mes frères qui l'ont incité à faire ses dons rituels. Moi je n'étais pas là, vous le savez bien, et Susima non plus. Qu'ont-ils reçu ? Des terres, des places fortifiées, des animaux et des esclaves, mais pas l'empire, ce qui a provoqué la colère des aînés qui se sentaient lésés de leur bon droit. Cela dit, j'ai envié Anjali, car c'est lui qui a rasé la tête de mon père afin de permettre à son âme de s'échapper plus facilement par le *chakra* de la couronne. C'est lui encore qui a publiquement allumé le bûcher avec le feu sacré, après que la civière portant la dépouille de mon père a été retournée, marquant ainsi symboliquement la frontière qui sépare le monde des vivants du monde des morts. C'est lui aussi qui a jeté le vase rempli d'eau du Gange par-dessus son épaule, pour lui signifier l'ultime adieu. Moi qui aurais dû le faire en tant qu'héritier adoubé de l'empire, je suis arrivé après tous ces événements rituels. Et ma peine a encore été alourdie en apprenant que seule ma mère avait accompli le rituel du *sati*. Sur les treize épouses de mon père, elle avait été la seule à lui témoigner sa fidélité en s'immolant par le feu. Elle l'aimait plus que tout. Elle avait trouvé en lui son double et elle n'imaginait pas le laisser seul dans le cheminement de son âme. Toutes les autres, qui avaient pourtant bien profité des largesses de mon père comme du statut qu'il leur avait octroyé, avaient refusé de le suivre dans son voyage, manifestant ainsi et publiquement leur cupidité, leur bassesse.

Mais je n'ai rien dit. Je n'ai rien fait. J'ai scrupuleusement respecté les trente jours de l'après-crémation rituelle, cette période particulière durant laquelle l'âme de mon père continuait à exister auprès de nous sous une forme apparente à celle d'un fantôme, afin de me montrer digne de mes parents aux yeux des différentes castes de Pâtaliputra. Je savais que j'aurais besoin de leur soutien à un moment donné ou à un autre. Je savais bien qu'en me conformant strictement aux rites, je proclamais ouvertement mon ancrage dans la tradition et ma fidélité au lignage et aux valeurs des Maurya. Une fois cette période de trente jours passée, certain que son enveloppe mentale avait eu le temps de se replier dans le niveau vibratoire du *prâna* pour réintégrer la connaissance intuitive, j'ai pu proclamer le *shubasvikaram* c'est-à-dire le retour à la vie normale. Maintenant non seulement mon père était devenu une trace que j'allais suivre, mais les choses sérieuses allaient commencer.

Ma première action publique, stratégique et d'envergure, visant à asseoir mon pouvoir, a été d'éliminer mes frères, à l'exception de mon cadet Tissa que j'ai toujours aimé et protégé. Le meurtre de mes nombreux frères, afin de me prémunir de toute contestation politique à venir, a suscité, à mon grand étonnement, de l'indignation et de la contestation que je n'avais pas imaginées. Dans le contexte de ma civilisation, tout le monde considérait naturel d'éliminer tout ce qui pouvait mettre en perdition sa propre vie et c'est ce que j'avais fait. Même l'énorme travail de communication de la part de mes ministres et conseillers, quant au fait que je n'avais fait que mon devoir de souverain et qu'en ce sens j'étais respectueux de mon *savadharma* en usant de violence préventive, n'a pas complètement été reçu. Cet épisode m'a valu d'être affublé d'un adjectif infamant. Je suis devenu Ashoka le cruel. Or dans l'hindouisme, le bouddhisme et le jaïnisme ambiant, être traité de cruel revenait à être catalogué paradoxalement comme irrespectueux du principe premier de non-violence, compris d'abord comme la volonté de ne pas faire souffrir quelque créature que ce soit. *Tat tvam asi*. J'étais bien *ceci* et *cela*.

Et j'avoue volontiers que cela a finalement bien servi mes intérêts. Comme mon grand-père, j'avais des rêves de conquêtes dans la tête et je ne voulais pas que, profitant d'un droit d'aînesse ou d'un prétexte quelconque, l'un de mes frères en profite pour me ravir le trône et m'empêche d'accomplir mon *karma*. Puisque je devais devoir encore attendre quatre ans avant mon intronisation officielle, parce que je n'avais pas encore l'âge légal de vingt-cinq ans pour être couronné, alors il n'était pas question de tout perdre par négligence ou grandeur d'âme. La place était convoitée. Chacun de mes frères aînés complotait et nouait des réseaux d'influence au sein de l'armée, auprès d'oligarchies locales et des petits royaumes indépendants. Tous voulaient me ravir le titre. J'ai juste été plus rapide qu'eux. Je n'ai pas cherché à comploter, j'ai juste mis en pratique l'adage de Kautilya : *on fait la guerre quand on est fort et la paix quand on est faible.*

Alors fallait-il vraiment me traîner dans la boue et faire cas du meurtre de mes frères ? Indépendamment des doctrines politiques et religieuses en usage, nous avons tous grandi à la cour du roi notre père et nous avons tous été témoins du peu de cas d'une vie, aussi noble soit-elle. Durant toute notre enfance et notre adolescence, nous avons été aux premières loges quand notre père ramenait de nouveaux princes et des princesses en esclavage, ou quand il faisait sanctionner un esclave ou un otage. Leurs vies ne tenaient qu'à un fil et souvent j'en ai vu être mutilés ou passés par le fil de l'épée pour des fautes banales ou par simple effet de la jalousie. Otages, esclaves de guerre, de dette et de paris perdus, main-d'œuvre corvéable à l'envi, la vie des hommes ne valait, dans les faits, pas le prix d'un bol de riz. Et dans la guerre que chacun de nous livrait pour l'empire, cette réalité s'appliquait à tous. Il faut croire que ce n'était pas mon destin et je considère que le hasard de la chance a été de mon côté plutôt que du leur. J'ai été *ceci*, ils ont été *cela.*

Comprenez bien, j'ai grandi dans un univers fait de violence et de non-violence, d'action et méditation, comme si ces manières opposées d'être au monde ne pouvaient être source de contradiction. Le monde des vivants risquait, par hasard, d'être amer, brutal et désordonné, soumis à la violence des éléments et des hommes, et il convenait d'éliminer ces menaces. Quant à la méditation, elle nous servait de sas de décompression, d'une parenthèse durant laquelle nous jugions nos actes et nos pensées à l'aune de la loi éternelle, celle du *sanatanadharma*. Méditer, s'était accueillir le *tat tvam asi*, provoquer le hasard de la chance qui nous donnerait l'occasion d'orienter ou de réorienter ~~de~~ nos pensées et nos actions, en vue de l'amélioration de notre réincarnation à venir et afin d'accomplir notre destin en trouvant le chemin de l'illumination.

Mais les premières années de mon règne ne m'ont pas vraiment laissé beaucoup de temps pour ces exercices spirituels. J'avais conscience que ma puissance ne saurait s'établir durablement sans que je ne m'occupe de mes faiblesses, tant sur le plan administratif que diplomatique. Tisser, consolider et étendre un héritage, des liens ou des zones d'influences, voilà en quoi consistaient mes journées. Des émissaires venus des royaumes environnants, ou des contrées lointaines, en passant par les généraux de mon armée aux neuf mille éléphants de guerre et au million de soldats, sans parler des courtisans et autres conseillers de toutes disciplines, j'étais, pour le dire de façon imagée, continuellement sur le pont. C'est vrai aussi que j'ai toujours voulu tout contrôler en m'impliquant personnellement dans la gouvernance opérationnelle de l'empire. Je n'avais donc vraiment pas le temps de prendre du recul en méditant. Les premières années de mon règne ont été placées sous le signe de l'action dont je me sentais totalement et seul responsable. Je me sentais redevable devant moi-même, puis devant mon titre ou ma charge, tant je voulais être exemplaire.

Heureusement, Tissa veillait sur moi. Surintendant de la musique et des arts, il m'organisait régulièrement des temps à part qu'il me bloquait dans mon emploi du temps surchargé. D'une certaine manière, on peut dire qu'il essayait de me forcer à prendre du recul, qu'il maquillait sous la forme de moments de détentes propices à parfaire ma culture tout en me divertissant. Un bon souverain, me répétait-il avec un sourire malicieux, est un souverain éclairé par les arts. Aussi, dans une pièce du palais familial, loin des *darbars* somptueux , ces salles d'audience au sein desquelles les musiques et les danses de cour avaient généralement lieu, il m'avait aménagé un espace privé fait de tapis savamment composés, de coussins de soie multicolores, de tables basses incrustées d'ivoire et de pierres précieuses, de tentures chatoyantes, de statues aux courbes souveraines et de bassins de bronze finement ciselés. Dans cet espace de luxe et de raffinement, il faisait se succéder danseuses et musiciennes de tout l'empire. Il connaissait mes goûts et ma prédilection pour la musique hindoustani, comme il savait mes préférences pour les danses du *bharata natyam* et de l'*odissi*. À travers ces danses compliquées, virtuoses et sollicitant à la perfection tout le corps, il savait que mon esprit arriverait à lâcher prise. Tissa avait l'art et la manière de mettre en scène tout un univers qui ne manquait pas de me séduire et puis me conduire à me laisser bercer par une forme de méditation, le tout enveloppé par le charme envoûtant des danseuses enchaînant des positions carrées ou courbes, selon des rythmes de frappe des pieds savamment orchestrés. Il savait parfaitement que j'étais tout à la fois hypnotisé par la sensualité et la douce langueur des corps ondulant en arabesques inégalées de virtuosité, et par le fascinant langage poétique qui s'élaborait tout en articulant la musique et le corps, comme si ces deux instruments étaient au service d'une seule symbolique, de la seule voie spirituelle du *tat tvam asi*.

Durant ces moments de complète déconnexion, souvent mon esprit me ramenait au fait que Brahma avait constitué l'univers par le son. Et ces sons harmonieux et savants qui m'enveloppaient le corps et l'esprit, comme sur les cordes sympathiques du sitar, entraient en résonance dans ma conscience d'être à la foi unique, irrésistible et invincible, tant je semblais être relié à un tout, tissé d'harmonies et de rythmes plus sublimes les uns que les autres. Les sons entraînaient des vibrations et les battements enclenchaient des mouvements. La vie et la mort se rejoignant dans la pulsation et le mouvement. Tout ne me semblait que vibration divine. Mes pensées, mes émotions et mes ressentis se teintaient de combinaisons de couleurs, de formes en spirale et de rythmes apaisants, et je m'observais, je me décodais minutieusement. J'avais alors la sensation d'être comme à l'extérieur de moi-même, observateur consciencieux des aspects de ma personnalité que j'ignorais et qui m'apparaissaient étonnamment très clairement. Plus tard, quand je regagnais ma réalité, j'avais l'impression que ces moments de parenthèses m'avaient permis de mieux comprendre mes choix et mes décisions, et j'en sortais plus serein, revigoré, prêt à en découdre avec les affaires du royaume. En quelque sorte, ces instants à part étaient comparables à la création d'un batik par un maître artisan. S'il a en tête le motif qu'il veut réaliser, il faut attendre le sortir des bains de couleurs pour que son intention se dévoile à la vue de tous, dans toute la finesse et la complexité de ses arrangements ou combinaisons.

Après douze années d'un règne ordinaire, à tisser des alliances et à renforcer ma position, au temps où l'on fête ses noces de soie, car comme le dit le proverbe *avec du temps et de la patience, les feuilles de mûrier se transforment en robe de soie*, j'ai décidé d'annexer définitivement le Kalinga. Ce petit royaume, sur la côte orientale, manquait à ma zone d'influence. Autrefois, il avait été un grand empire, avant que mon grand-père ne se l'approprie dans sa quasi-totalité après la destitution de son dernier roi, Dhana Nanda. Seule une enclave séparatiste subsistait encore et qui entravait mes rêves d'expansion, car elle tenait les clés du commerce maritime vers l'Orient, et ne voulait pas se soumettre par voie diplomatique à mon pouvoir. Malgré l'envoi d'émissaires présentant les avantages à devenir un État tributaire ou une Province, malgré la promesse de rester feudataire, le roi de Kalinga restait de marbre. Et plus il campait sur ses positions et plus cela m'agaçait.

Le temps commençait à jouer contre moi. Plus je tergiverserai et plus je risquerai de perdre ma crédibilité et ma légitimité en tant que souverain. Depuis l'élimination de mes frères, j'avais la hantise des coups d'État et des guerres d'alliances que certains de mes généraux entrevoyaient pour me ravir la place. Un empire, un royaume, un État ne demeurent que s'ils sont gouvernés par des hommes forts, me répétaient-ils au cours de nos entrevues. Il me fallait aussi satisfaire à la loi de la royauté, laquelle consiste à *conquérir la gloire*. La gloire acquise du souverain rejaillissant sur son peuple, du bout à l'autre de ses frontières et même au-delà. Alors la guerre de conquête que je m'apprêtais maintenant à mener allait définitivement me transformer. Mais ça, je ne le devinais même pas.

Face à une armée estimée à quelque trois mille éléphants, neuf mille cavaliers et quelque quinze mille fantassins, je devais aligner une force beaucoup plus imposante si je voulais montrer ma puissance et mettre toutes les chances de mon côté. Mon adversaire avait l'avantage du terrain et moi je ne pouvais perdre la guerre. J'y jouais sinon mon trône, du moins mon pouvoir, mon exigence d'exemplarité et l'avenir de notre dynastie.

Une ultime tentative diplomatique ayant échoué, la guerre fut déclarée et chacun des deux camps s'affaira à la préparer. Une armée type se composait toujours sur ce rapport établi par le *mahabharata* d'un éléphant, d'un char, de trois cavaliers et de cinq fantassins. Quatre hommes formaient l'équipage d'un éléphant et chaque char de guerre se composait d'un équipage de deux hommes. Une grande armée type comportait 21 870 éléphants, 21 870 chars de guerre, 65 610 cavaliers et 109 350 fantassins. Mais là, connaissant la capacité militaire de mon adversaire grâce à mes espions déguisés en moines mendiants, mercenaires ou marchands, un tel déploiement n'était pas de mise. Il me fallait simplement bien veiller à respecter la règle de trois, car ce chiffre sacré contenait tout l'univers, la vibration originelle, l'interaction des trois énergies, les trois phases de la vie et l'alliance des trois divinités assurant la répétition de ces cycles à l'infini. Avec Brahmane pour la création, Vishnu pour la protection et Shiva pour la destruction, je respectais la tradition selon laquelle *tout naît, vit un temps, puis meurt et retourne se fondre dans l'univers, le grand Tout*, comme je favorisais aussi le hasard de la chance qui sourit plus facilement aux hommes consciencieusement responsables de leur devoir envers les lois.

Cela dit, imaginez la logistique qu'il faut mettre en place pour nourrir les hommes et les bêtes tout au long des neuf cents kilomètres qui me séparaient du Kalinga et vous comprendrez aisément pourquoi une année passe vite entre la déclaration de guerre et la guerre à proprement parler. Avant d'en découdre, il me fallait faire constituer des stocks de nourritures, faire réviser les attelages et les armes, et trouver les meilleurs itinéraires qui permettraient aux bêtes de se nourrir au mieux tout au long de ce voyage. Pics, épées et boucliers ; selles, harnachements et palanquins ; costumes, bannières et olifants ;

tout devait faire l'objet d'une inspection générale parce qu'il n'y a pas de guerre qui ne soit aussi psychologique. Dans la guerre, les apparences ont une fonction bien connue, celle d'en imposer psychologiquement. L'éclat des armures impressionne tout autant que les concerts tonitruants des olifants et des barrissements des éléphants marchant en colonne par trois.

Pour le ravitaillement, il ne fallait pas non plus oublier les rations journalières de toutes ces cohortes d'esclaves que les seigneurs locaux mettaient à ma disposition par allégeance et qui s'occupaient des bêtes, servaient de porteurs ou de guides. Sachant qu'un éléphant a besoin de cent cinquante à deux cent vingt kilos d'herbes, de fruits, de racines et de tubercules par jour, tandis qu'un cheval a besoin d'environ six kilos de foin et de légumes, qu'un soldat a besoin d'une ration journalière d'environ un kilo de riz et un porteur sept cents grammes, faites le calcul journalier et rajoutez à cela les rations de sel. Vous voyez que la décision d'entrer en guerre ne pouvait pas être prise à la légère tant elle présentait économiquement un coût non négligeable, auquel se rajouterait les coûts sociaux et politiques en cas défaite.

Pour l'instant, l'heure n'était plus au calcul des risques, mais aux préparatifs. Et puisque la puissance d'un roi se mesurait au nombre d'éléphants qu'il pouvait entretenir, j'ai voulu en imposer à mon adversaire. Certes, je n'ai pas aligné une armée type, mais j'ai réquisitionné l'ensemble de mes neuf mille éléphants auxquels j'ai adossé neuf mille chars de guerre, vingt-sept mille cavaliers et quarante-cinq mille fantassins. Pour déplacer mon armée, cela m'a pris environ un mois et demi, et une bonne journée pour la disposer en ordre de bataille. L'art de la guerre préconisait une attaque frontale et sur une seule ligne quand l'espace le permettait, mais j'ai disposé mon armée en quinze lignes tant le terrain sur lequel nous nous affronterions n'offrait pas les conditions requises. Sachant qu'une distance de cent pieds devait séparer chaque éléphant, alors imaginez trouver un espace permettant d'aligner une ligne de front sur plus de vingt-sept kilomètres. Entre chaque éléphant, une trentaine de fantassins allaient évoluer et une distance de trois pieds séparerait chaque soldat de manière à ce qu'il puisse évoluer convenablement. Quant à la cavalerie et les chars de combat, ils étaient répartis de part et d'autre des lignes. Ils formaient les ailes et avaient pour mission de se déplacer à la vitesse de l'éclair à la moindre percée ou de créer des diversions et des confusions en brouillant les mouvements de mes troupes.

Quinze déferlantes successives, quinze tsunamis et tremblements de terre réunis, voilà ce que l'armée du roi du Kalinga a dû endurer de l'aube au crépuscule. À la tête de mon armée, j'ai lancé les démons de ma première ligne, puis de la deuxième et ainsi de suite, comme si les vagues que formaient les assauts répétés s'abattaient sur mes adversaires en rouleaux mortels, écrasants et noyant tout sur leur passage. La fureur, la poussière et les craquements des corps piétinés, percés, démembrés ou fracassés n'ont pas cessé de ralentir le combat. Au contraire, au son des cors de guerre qui inlassablement hurlaient comme une meute de chiens, à coup de pics, à coups d'épée et même à main nue, mes hommes se sont acharnés à vaincre. Et dans ce corps à corps d'armées où le ballet des encerclements par des mouvements saillants répétés cherchait à isoler et à anéantir tout un groupe à la fois, personne n'a fui et personne n'a été épargné par la sauvagerie des hommes, des chars et des éléphants.

Quand j'ai pu enfin regagner ma base arrière pour souffler un peu, c'est couvert de blessures plus ou moins profondes et sanguinolentes à souhait. J'avais passé des heures à tailler en pièces ou à échapper à la mort et, dans cette partie de cache-cache mortelle, Indra, le maître de l'air et du tonnerre, avait préservé ma vie.

Ce n'est que lors du quinzième et dernier assaut que mon adversaire a enfin pris la fuite. Le soleil allait se coucher et marquer la fin de son règne et le triomphe de mon armée. Mais la victoire a un goût de sang âcre et la puanteur des entrailles éviscérées. Elle a le visage d'hommes défigurés, mutilés et éventrés quand ils ne sont pas figés pour de bon sur des pics. Et puis, comme la souffrance n'épargne ni les hommes ni les bêtes, quelle désolation de voir tous ces chevaux et éléphants morts ou amputés d'un ou plusieurs membres et meurtris, mais tellement fiers dans leurs silences ou dans leurs souffrances. Et dans cette plaine où la faux des moissons planait encore, des monticules de corps entremêlés achevaient de donner au coucher du soleil son aspect rougeoyant. J'en ai été sidéré. Pourtant j'avais déjà côtoyé des champs de bataille, je savais que la sauvagerie et la barbarie fleurissaient dans l'instinct de survie quand il n'y a d'autre alternative que la vie ou la mort. Et pourtant, ce jour-là, j'en ai été anéanti.

Est-ce ça la victoire ? Est-ce cela mon *svadharma* ? J'ai le goût métallique du sang dans la bouche et j'ai beau ravaler continuellement ma, salive cela ne suffit pas à le faire disparaître. J'ai cette odeur avariée de la mort de mes narines à mes poumons, cette odeur de viande froide qui ne perd pas son temps à se répandre et se rancir, et même les parfums plus capiteux ou musqués que j'applique sur mon visage ne peuvent la masquer durablement. J'ai, dans mes oreilles, ce bourdonnement macabre des corps qui expulsent les gaz encore emprisonnés et je n'arrive plus à entendre autre chose. J'ai sous les yeux les tressaillements musculaires des trépassés, comme si dans un dernier sursaut les hommes et les bêtes essayaient encore de fuir l'absurdité de la mort.

Et puis je suis revenu à Pâtaliputra en vainqueur. Mon armée a défilé en colonne par trois en entrant dans la ville. Il faisait beau et j'ai été porté en triomphe tandis que des centaines de familles en deuil plongeaient amèrement dans la déconvenue et les déboires de la vie qui les attendaient désormais. Plus tard, on attestera que j'ai bien accompli mon devoir de roi et dans les rues comme dans les *darbars* ; on racontera sans l'avoir vécu soi-même, la vaillance de notre armée, les hauts-faits des éléphants piétinant des corps comme on écrase des sauterelles, les chocs secs et violents des chars de combat renversant l'ennemi, le galop tonitruant des cavaliers pourfendant les fantassins et les cris de l'infanterie transperçant tout ce qui passait à portée de pic. Moi, je n'en parlerai pas. Est-ce ainsi que s'assument la puissance, le règne et la gloire ? Est-ce que l'obligation de satisfaire à la loi de la royauté ne se résume qu'à conduire à la mort ceux dont on a la charge, pour satisfaire à la responsabilité que l'on a voulu prendre et dont on ne mesurait pas la portée ? Est-ce que le contrôle de nouvelles routes commerciales et l'extension de zones d'influence rendaient inéluctable le sacrifice sanglant de milliers d'êtres ? Est-ce que je me suis trompé de responsabilité en considérant le roi du Kalinga comme une potentielle menace, comme un risque d'entrave à ma liberté dont j'avais à me protéger ou à neutraliser ?

Il y a quelque chose en moi qui a été réduit au silence. Héritier du Jaïnisme et du déterminisme strict de Gośāla, je n'avais jamais pris le temps de prendre parti pour l'une ou l'autre de ces doctrines, mais après la bataille de Dantapura, j'ai eu besoin d'y voir plus clair. Pour disposer de tout le temps qui me serait nécessaire, j'ai nommé Tissa au poste de vice-roi. Je savais qu'il avait les compétences et la sagesse pour gouverner à ma place, le temps que je retrouve ma voie et la posture éthique que je voulais adopter en matière de responsabilité. Répondre de mes actes, je n'avais pas l'intention de m'y soustraire, mais je voulais trouver comment et à partir de quel axe je m'y engagerai tout en restant en accord avec moi-même. J'avais été *ceci*. Comment être *cela*. *Tat tvam asi*.

Pour y voir plus clair, j'ai décidé d'interroger les prêtres et les moines de la cour. Peut-être qu'ils parviendraient à calmer mon tourment, à m'expliquer pourquoi ma destinée, mon *niyanti*, est de rester vivant tandis que d'innombrables compagnons et serviteurs ont vu, par mon engagement, leur vie brisée ou écourtée, ce qui les condamnait dans leurs processus de transmigration de l'âme. Pour les moines jaïnistes que j'ai consultés, toute la question qui se posait était celle de savoir si j'avais fait le bon choix. Pour eux, le but d'une vie étant d'atteindre l'illumination qui met fin au *samsara*, ce flux de transmigration de l'âme, la question du choix de nos actions ou *karma* était centrale. Avais-je fait les bons choix ? Avais-je usé de discernement, mesuré ma responsabilité envers mon peuple et clairement pris conscience de mes obligations ? M'étais-je appuyé sur la non-violence, la méditation et le jeûne pour finir d'unifier le pays et lui ouvrir de nouveaux marchés ? Avais-je contrôlé mes décisions et mes actions en m'appuyant sur le protocole des *Upanishad* ? Avais-je su gérer cette guerre sans gaspiller les vies qui avaient mis tant de réincarnations à revêtir les formes qu'elles avaient ? Avais-je évalué consciencieusement les conséquences que mes actions qui pouvaient influer négativement sur ma vie d'après ?

Leurs questionnements me ramenaient à un principe de responsabilité et ma conscience s'accablait. Ni les chants ni les danses ne charmaient plus mon âme. J'avais un bilan moral à faire et un choix à prendre. Si j'adhérais au jaïnisme de mon grand-père, je trouverais sans doute le repos mental dont j'avais besoin, mais il me faudrait repenser le sens de mon autorité politique. Étais-je capable de laisser de côté mes ambitions personnelles et mes désirs pour me conformer à bien choisir, contrôler et gérer mes pensées et mes actions, non seulement pour ma propre recherche de l'illumination, mais encore pour permettre à mon peuple de vivre sereinement sa condition et son cheminement vers le *nirvâna* ?

Et puis, quand j'ai pris l'avis des adeptes de l'école des *âjîvikas* à laquelle appartenait mon père, c'est un tout autre discours que j'ai entendu. Se référant aux principes de leur maître Gośāla, le bien nommé né dans une étable, ils ne comprenaient pas ce qui pouvait me tourmenter. Je m'imposais de bien inutiles questions puisque chaque créature transmigrait selon un principe cosmique impersonnel. Nul ne pouvait par ses actions échapper à sa destinée. La mienne était de vivre et de régner et il ne fallait pas me poser plus de questions que ça. N'étant pas soumise à une morale ordinaire, la question d'une responsabilité quelconque était superflue.

Au bout du compte, je me retrouvais ramené à mon point de départ, comme si derrière les discours et les arguments des uns et des autres, rien ne prévalait vraiment puisqu'il suffisait soit d'y croire soit d'agir pour restaurer une bonne conscience. Se racheter ou se convaincre, deux chemins pour espérer faire taire mes scrupules en m'engageant résolument soit dans la voie de l'autosuggestion, soit dans celle d'une pénitence par les œuvres. Face à cette arrière-impression alternative où la décision que je prendrais vaudrait rédemption, j'avais comme une de fards et de crèmes que l'on applique avec soin pour masquer les défauts naturels d'un visage. J'avais le sentiment que l'on ne me proposait que de mettre un pansement sur une jambe de bois. Pouvais-je assigner à ma conscience une autre motivation qu'elle-même ? J'avais la possibilité de la réduire à une inconscience ou une semi-conscience en adhérant soit à une doctrine dans laquelle, sans pouvoir effacer la culpabilité passée, j'avais la responsabilité de faire les bons choix qui allégeraient mon *karma* et celui de mon peuple, soit en me réfugiant dans le strict déterminisme impersonnel et fataliste des *âjîvikas* pour trouver une justification à ma raison de vivre et régner après la consternation du Kalinga.

Et puis je me suis souvenu de mes discussions sur le bouddhisme que j'avais eu des années plus tôt avec Nigradha. Moine bouddhiste itinérant, il avait reçu son nom en hommage au figuier sous lequel le Buddha avait trouvé l'éveil. C'était un érudit doublé d'un sage et j'allais l'entendre et longuement l'interroger, lorsqu'il s'arrêtait à Pâtaliputra. Le bouddhisme pouvait-il m'apporter la paix intérieure qui me manquait tant ? Comme Siddharta, j'avais été ému, non par la vision d'un adolescent, d'un vieillard, d'un cadavre et d'un ascète, mais par celle de milliers de cadavres d'hommes et d'animaux éparpillés, des fleuves de sang que la terre n'absorbait plus et des bûchers qui n'en finissaient pas d'éclairer les nuits. Alors si le Buddha avait réussi à sortir de l'emprise de l'émotion ressentie, je pouvais sans doute espérer parvenir à mon tour à être guéri de la douleur ou de la souffrance que je ressentais intensément.

C'est l'un de mes conseillers, Oupagoupta, lui-même bouddhiste, qui m'a été d'un grand secours. Un jour que je lui demandais de me rappeler comment le Bouddha était parvenu à découvrir le chemin qui conduit à la paix, il me raconta le sermon de Bénarès qui constituait la première prédication du Bouddha. L'essentiel de son message s'y trouvait et voilà ce que j'en ai compris.

Parce que l'origine des maux devait être recherchée dans l'envie et la convoitise, l'homme devait, s'il voulait supprimer la douleur, s'attacher à mettre en œuvre les huit divisions qui composaient le chemin qui mène à la connaissance, à la paix, à l'illumination et au nirvana. Contrairement au jaïnisme qui affirmait que l'on ne devenait vainqueur de son Karma qu'en pratiquant un ascétisme absolu, le Bouddha, qui n'y voyait qu'une forme de torture contre soi, proposait une méthode plus douce reposant sur quatre éléments qui ont fait immédiatement sens pour moi : vouloir résolument, prendre le temps de réfléchir avant d'agir, tout mettre en œuvre pour que l'action soit un succès et méditer pour prendre du recul.

Sortir de l'emprisonnement des illusions que l'on prend pour des réalités, rechercher la sagesse qui passe par une juste compréhension du rôle de nos envies et de nos convoitises dans les illusions que l'on se crée, adosser ses actions sur la sagesse et la pensée critique, voilà qui m'ouvraient de nouvelles perspectives. Peut-être que durant toutes ces années, je ne m'étais construit que sur une confrontation à soi et à l'autre. Je m'étais perçu comme menacé par la puissance supposée de l'autre, et je ne m'y étais prémuni que par la contre-attaque. Et si j'avais été ému ou fragilisé intérieurement par la guerre contre le Kalinga, c'est peut-être parce que derrière les illusions que je m'étais données par peur et par convoitise, j'avais découvert le vrai visage de la vie, sa fragilité. La vulnérabilité des hommes et des animaux avait éveillé en moi une nouvelle responsabilité, celle de répondre des souffrances de l'autre.

Mais pour l'instant, je n'y étais pas encore. J'ai simplement voulu m'engager dans cette nouvelle voie et, pour matérialiser ce nouveau cheminement vers la paix, j'ai adhéré et respecté cinq engagements simples : ne pas tuer, ne pas voler, ne pas mentir, ne pas consommer d'alcool et ne pas avoir de mœurs débridées. Derrière les apparentes simplicités de ces injonctions, c'est toute une nouvelle posture qu'il me fallait endosser et qui s'articulait autour de la vigilance. Une vigilance tournée vers les autres et attentive quant à ma capacité à être affecté, tant par ma propre fragilité que par la vulnérabilité de la vie. Et dans cette éthique de la vigilance, je découvrais que la responsabilité ne pouvait plus tourner autour de moi, mais qu'elle devait se rapporter à l'autre. Cet autre que je concevais comme une menace prenait tout à coup le visage d'une précarité menacée dans son existence. Et c'est cette fragilité qui fondait mon obligation à répondre de mes choix et de mes actes devant les autres.

Je n'ai donc pas hésité très longtemps. Je me reconnaissais bien dans cette philosophie. Elle me semblait à la fois répondre à ma conscience, unir le *tat tvam asi,* et parfaitement adaptée à la fonction de dirigeant à laquelle je ne pouvais me soustraire. Et puis comme une météorite traversant fugacement, la nuit appelle un vœu pour celui qui la voit, il y a eu cette évidence fulgurante qui s'imposait dans ma conscience : ne pas être autre qu'authentique, que ce soit par rapport à soi ou autrui. Se tenir moralement droit, poser l'adéquation entre le discours et les actes, être juste et se découvrir fragile à travers le visage et la vulnérabilité de l'autre, voilà qui ~~me~~ m'apparaissait désormais indispensable si je voulais régner pour le bien de mon peuple. Et puis rester déterminé, sans se laisser aveugler ni affaiblir par l'envie et la convoitise, voici qui rejoignait, mais sous un nouveau jour, les principes du pouvoir que l'on m'avait inculqué.

Tissa n'a pas été difficile à convaincre quand je lui ai dit que cette doctrine devait devenir religion d'État. Contrairement à moi et sans qu'il n'en fasse jamais état, il avait secrètement suivi, en laïc, les enseignements du bouddhisme. Maintenant, il voulait choisir la voie monastique et il m'a demandé de le libérer de ses fonctions publiques. Avais-je d'autres choix que de le laisser partir ? Tout homme qui respecte les huit divisions sait qu'il ne saurait tendre à la perfection s'il ne se répand pas en bienfaits. Alors, le cœur serré, mais en paix, je l'ai laissé partir. Maintenant, j'étais bien décidé à marquer publiquement que désormais j'étais un nouvel homme, un nouveau souverain.

Ashoka le cruel était mort au Kalinga. Désormais, il n'y aurait plus que Devanampiya, c'est-à-dire l'homme aimé des dieux. Alors j'ai fait graver aux quatre coins de mon empire et dans toutes les langues du monde, sur de gigantesques piliers de roc surmontés de chapiteaux décorés de lions, d'éléphants ou de taureaux, les nouvelles lois qui s'y appliquaient. C'était la vingt-sixième année de mon règne et j'allais rééduquer mon peuple sur les principes de la bonne conduite, de la justice et du respect de toute vie. J'allais aussi en profiter pour écrire à la vue de tous, et afin qu'elles soient lues et mises en pratique, les paroles de Buddha.

Pour réinstruire mon peuple, j'ai commencé par exposer le chemin de mon introspection. Je voulais donner l'exemple alors j'ai fait graver les constats auxquels j'étais parvenu. Reconnaissant que la conquête du Kalinga, durant laquelle *des centaines de milliers de créatures furent enlevées, tombèrent sous les coups* [et qu'] *il y eut bien d'autres morts encore,* m'avait fait ressentir de la douleur, à cause de tous *les meurtres, les morts, les enlèvements qui avaient accompagné la conquête,* je n'avais trouvé de paix à mon tourment que dans la religion. Désormais, c'est *avec ardeur* que je m'y appliquerai et que je la répandrai. Dès lors, souhaitant voir *régner la sécurité pour toutes les créatures, le respect de la vie, la paix,* [et] *la douceur,* je fais de ces principes *les piliers de la religion* qui s'appliquent *dans mon empire et au-dehors sur de vastes étendues*. Ces textes sont gravés *pour que les fils et petits-fils que je pourrai avoir ne songent pas à de nouvelles victoires ; et que dans leurs propres entreprises ils préfèrent la patience et l'application à la force ; et qu'ils ne considèrent comme victoire que la victoire de la Loi religieuse, qui vaut pour ce monde et pour l'autre*.

De toute la série des édits que j'ai fait publier, j'aimerais toutefois que vous gardiez ceux-ci en mémoire :

Premièrement, que *partout le roi Piyadasi, cher aux Devas, a répandu des remèdes de deux sortes, remèdes pour les hommes, remèdes pour les animaux. Partout où manquaient les plantes utiles, soit aux hommes, soit aux animaux, elles ont été importées et plantées. Partout où manquaient des racines ou des fruits, ils ont été importés et plantés. Et sur les routes, des puits ont été creusés pour l'usage des animaux et des hommes*.

Deuxièmement, qu'*il est bon de témoigner de la docilité à son père et à sa mère, à ses amis, connaissances et parents ; il est bon de faire l'aumône aux brahmanes et aux çramanas, bon de respecter la vie des êtres animés, bon d'éviter la prodigalité et la violence de langage.* Il est bon aussi d'avoir des *égards envers les esclaves et les serviteurs.*

Troisièmement, que *c'est mon devoir de procurer par mes conseils le bien public ; or la source en est dans l'activité et dans l'administration de la justice ; car il n'est rien de plus efficace pour le bien public. Tous mes efforts n'ont qu'un but : acquitter cette dette [de devoir] à l'égard des créatures ; je les fais autant que possible heureuses ici-bas ; puissent-elles s'acquérir le ciel dans l'autre monde ! C'est dans cette pensée que j'ai fait graver cet édit.*

Enfin, puisque le bonheur est difficile à se procurer, je souhaite que mon peuple éprouve du zèle pour cette règle fondamentale, il n'est de gouvernements, de lois, de progrès et de sécurité que par la religion dont mes édits se font l'écho et qui consistent à faire le moins de mal que possible.

Tout est dit. Mon empire est maintenant stable, conforté dans une identité puisée dans la non-violence. Je règne toujours sur les quatre fleuves et j'ai préparé ma succession. Mon fils Dasaratha, qui s'est aussi résolument engagé à suivre les préceptes du Bouddha, me succédera. Il n'y aura pas de querelles d'héritage ni d'effusion de sang après ma mort. Mes fils ont élu leur frère sur le critère du mieux-disant. Ils ont évalué des indices, des marques et des preuves relevant du principe de responsabilité que je leur ai inculqué. Et ils ont reconnu la sagesse et l'autorité de Dasaratha, le père du seigneur Rama, roi emblématique de l'Inde et figure exemplaire de la complaisance. Quant à mes épouses, reconnaissant la liberté qu'impose mon sens de la responsabilité, je leur ai vivement déconseillé de satisfaire au rituel du *sati.*

Cela fait trente-huit ans que je règne. J'ai trouvé une paix intérieure, mais pas l'éveil et je sens venir ma mort. Oh, je n'ai pas peur de ma mort, mais de celle des autres dont je suis responsable. Le périssable, voilà bien ce qui m'inquiète toujours et dont je n'arrive pas à me départir. Mon expérience et mes découvertes seront-elles transmissibles aux générations futures et seront-elles utiles aux hommes ? Mes édits disparaîtront-ils avec moi ou formeront-ils des tables d'une loi morale indépassable ? Mes successeurs oublieront-ils de se définir par la responsabilité qui leur incombe à devoir répondre de toutes ces figures de la fragilité qui ne manqueront pas d'appeler leur sollicitude ? Ceux qui viendront après moi auront-ils la force de toujours plier leur vouloir à l'intérêt des humains et du vivant ? Que deviendra la vie s'ils ne préservent, avec ardeur, cette crainte à l'égard de la fragilité qui fait le vivant ? Qu'adviendra le monde s'ils s'écartent du chemin de la non-violence ?

Moi, j'ai trouvé l'apaisement en suivant l'octuple sentier. Jeune, j'ai éprouvé le besoin de m'affirmer. Je croyais, dans mon ignorance et son univers d'illusions, que la conquête et la violence que je devais manifester allaient de soi et que la tradition comme mon peuple n'avaient rien à en redire. Mais je me trompais. Adulte, il m'a fallu l'expérience d'un traumatisme pour comprendre que l'affirmation de soi passe par le regard de l'autre, par sa capacité à être ému de sa fragilité et d'en répondre, en mettant toute sa pensé et son action au seul service de sa préservation.

Moi j'ai été *ceci* et *cela. Tat tvam asi.*

Propos posthume

En avant-propos à cette épigramme, je reconnais d'abord et pleinement qu'après l'expérience déroutante de Mélissa, j'étais gonflé à bloc pour cette mission. Je voulais approfondir le chemin de la Vertu. Je voulais tester la possibilité même d'une conversion du regard qui ne soit ni dévote ni de circonstance. À ce titre, j'ai été bien servi tant il m'aura fallu le pousser émotionnellement pour qu'il remette en cause le poids de ses traditions et de ses croyances. De la violence légale et préventive d'un ceci, je voulais l'amener à la défense de la fragilité du cela. Je souhaitais ardemment qu'il expérimente au creux de ses chairs la Vertu suprême de la charité. À ce propos je rajouterais également que je me suis amplement renseigné sur ce fameux principe du tat tvam asi, et que j'ai essayé de le réunir en une seule vie, en une seule identité et en une seule synthèse qui dépasserait la juxtaposition des phases de ceci et de cela, dans une identité morcelée au gré des occasions, ou des circonstances. Enfin, il m'a semblé que la prise de conscience du tat tvam asi était parfaite pour déclencher en lui la possibilité d'une autre perception de la vie moins étroite, comme d'une autre éthique plus responsable.

Je reconnais aussi volontiers que tout au long de mon accompagnement personnalisé auprès d'Ashoka, j'ai multiplié les moyens pour stimuler son cerveau émotionnel. Comme je trouvais que ses capacités cognitives étaient suffisamment développées, les preuves en sont les stratégies militaires et politico-administratives qui jalonnent son règne de succès, je suis allé le chercher du côté des sentiments et des émotions. Les piliers qui portent son nom et qui ont été dressés dans tout l'espace de son empire montrent bien cette intelligence politique d'un marquage spatio-temporel d'une éthique de l'émotion non ? Se fonder sur des émotions individuelles pour les transcrire dans un espace transindividuel n'est-ce pas fonder une morale de l'émotion et faire de l'émotion une Vertu ?

Les émotions. Voilà une géographie qui se laisse encore et toujours redécouvrir tant elle se dérobe à nos tentatives de conquêtes. Voilà une géographie aux contours en perpétuel mouvement tant elle peut être simple ou complexe, sauvage ou domestiquée, fuyante ou constante, convergente ou divergente. Et comme s'il s'agissait de décrire une dérive des émotions dans ses mouvements de surface divergents ou convergents, les émotions et les sentiments sont tantôt des synonymes, tantôt des antonymes selon qu'ils sont abordés du point de vue de l'idée ou de l'action. Quand les émotions et les sentiments sont compris comme des actions, parce qu'ils se traduisent corporellement, alors ils entrent dans le domaine public, par opposition au sentiment qui, tout en intériorité, appartient au domaine privé. Dans ses mouvements plus transformants et profonds, les émotions et les sentiments relèvent du champ de la psychologie quand ils ne sont pas comprimés dans des mécanismes neurobiologiques. Or ; de mesures en théories, d'observation directes en observation indirectes, à travers ces différentes approches que l'on pourrait juxtaposer à l'infini, les émotions apparaissent comme des objets ou des idées plus ou moins précises du ceci et du cela. À ce stade, admettez avec moi qu'il y a de quoi redécouvrir ou reconstruire de nouvelles richesses pour tous les Stanley et Livingstone qui se risqueraient dans les fosses abyssales de la tectonique des émotions.

Rajoutez à ce que je viens de dire qu'en règle générale émotion et responsabilité semblent incompatibles et vous comprenez le défi que je me suis posé. En effet, l'émotion, parce qu'elle peut être un inhibiteur de la puissance d'agir comme celle du jugement juste, est généralement disqualifiée quand on élabore un principe de responsabilité. Et pourtant, parce que rien ne se pense ni ne se fait sans un corps matériel, l'action et l'émotion devraient être inséparables. Il n'y a qu'à remarquer que l'émotion trouve souvent son prolongement sous la forme d'une action tandis que, corrélativement, l'action se répercute ou se propage bien souvent dans le sujet sous forme d'émotion. À partir de ce simple constat, pourrait-on dire que l'émotion assure d'abord à elle seule les connexions, les passages et les propagations entre perception, affection et action ? Si tel est le cas, alors une éthique de l'émotion est possible. Toute ma mission a consisté à conduire Ashoka sur ces teintes en arc-en-ciel qui tissent en un fil de trame serré les émotions aux actions. Je lui ai tenu la main quand il avait besoin d'être rassuré face au vertige qu'il ressentait quand sa perception de la réalité vacillait selon la valeur ou la couleur de ses émotions du moment. Dans l'infinie possibilité des variations de la perception, j'étais là pour qu'il intègre que l'action prise ou déployée se teinterait de la même couleur que celle qui dominait ses émotions. Et quand il comprit la fragilité de la vie et la mission de préservation qui incombait au politique, alors j'ai su que la méthode que j'avais mise en œuvre avait atteint son objectif. J'avais vu juste en recentrant mon accompagnement au niveau de cette géographie émotionnelle. De la géographie émotionnelle à une éthique des émotions, j'ai dû faire intervenir plusieurs théories et quelques expériences traumatisantes. Mais à la fin, comme on dresse le poing levé de la victoire, Ashoka a installé des piliers pour que personne ne puisse dire qu'il ne savait pas.

À cela, je rajouterais volontiers que ce qu'il y avait de passionnant pour moi dans cette approche c'est que le cerveau émotionnel de l'homme est peu perméable au langage et à la raison. Autrement dit, c'est par le corps que les circuits de l'information passent avant de se traduire en sentiments ou en émotions. Il me fallait donc multiplier les apprentissages pour être certain que les circuits responsables de l'apparition des émotions fonctionnent comme je l'espérais, qu'ils suivent bien deux voies parallèles à partir du thalamus, vers le cortex visuel et/ou vers l'amygdale. Je voulais qu'il ressente l'émotion primitive, dénuée de toute analyse cognitive, afin qu'il la reconstruise et la complète a posteriori pour la transformer en plan d'action. Vous souvenez-vous de la violence de ses émotions lorsque seule sa mère a satisfait au rituel du sati ? Vous rappelez-vous combien la musique et les danses provoquaient en lui une forme de libération du cerveau cognitif tout entier l'absorbant à ses tâches quotidiennes ? Vous remémorez-vous combien la guerre contre le royaume du Kalinga l'a profondément ému alors qu'il avait déjà l'expérience de la guerre ? Eh bien c'était là tout mon travail d'accompagnement personnalisé.

Bon, je crois avoir dit l'essentiel de ce que je voulais vous dire dans cette épigramme et je pense très sincèrement avoir satisfait à mon obligation de moyens. À vrai dire, je suis content du résultat. Je suis parvenu à lui faire comprendre que la responsabilité ne se limite pas à une logique de réciprocité dans laquelle le fait de répondre de ses actes n'est qu'une manière de se protéger d'autrui. Je l'ai amené à reconsidérer que la détermination de soi ne passe pas par un rapport premier au monde, mais à l'autre dans ce qu'il a de menacé et de fragile. Je l'ai amené à considérer la Vertu dans ce qu'elle a de plus noble, la charité. Et je crois, ou je devrais plus exactement dire, j'affirme que son adhésion à une philosophie respectueuse de la vie a été bénéfique tant au niveau de sa conscience que de son peuple et de tout ce qui composait son empire.

Le seul regret que j'ai, si je peux me permettre, c'est que ce modèle d'une éthique de l'émotion n'ait pas pu être généralisé par ses successeurs, qu'il n'ait pas pu devenir dominant au niveau des civilisations. Cela étant, ma mission s'arrêtait à Ashoka. Il a été ceci et cela et puis il est devenu un pilier pour tous autres. Je pense réellement lui avoir permis de passer à un autre stade et de ne pas rester bloqué par cette question que tous les hommes se posent à un moment donné de leur existence : suis-je réellement le gardien de mon frère ? Vous connaissez maintenant la réponse élargie qu'en a donnée Ashoka.

Giorgio

Je suis né en 1888 à Vólos. Vólos, c'est l'antique Iolchos d'où sont partis Jason et ses compagnons sur l'Argo le *rapide*. Un navire construit pour quelque cinquante rameurs et qui devait les conduire en Colchide. De la Thessalie en Géorgie sur les bords de la mer Noire, toute une expédition pour réparer une injustice faite au père et retrouver le trône d'Iolchos usurpé par un frère qui n'est autre que l'oncle de Jason. Une aventure qui, sur fond de rivalités entre les dieux du vent, du soleil et de la mer, met en scène une toison d'or. Cette toison, c'est celle de Chrysomallos, le bélier ailé sur lequel Phrixos et Hellé s'étaient enfuis pour échapper à leur belle-mère Ino. Sacrifiée en l'honneur de Zeus, la dépouille du bélier ailé avait été donnée par Phrixos à AEétès, roi de Colchide, qui l'avait recueilli. Symbole solaire, s'il en est un, la toison d'or faisait l'objet de convoitise, car celui qui la possédait devenait un héros ou un roi. Conscient de ce cadeau empoisonné, AEétès l'avait mise à l'abri et sous la surveillance d'un serpent terrifiant, un dragon. Sur fond d'histoire symbolique où le possible peut réparer le réel, où le voyage est toujours une quête et la destination un objet de médiation, je porte en moi cette légende comme on porte en soi ses héritages.

Comme Jason, il me faut réparer l'injustice d'un père parti trop tôt, mais je n'ai pas de compagnons. Qu'à cela ne tienne, cette semblable quête me happe, comme si à mon tour j'étais amené à revivre cette expérience du voyage que l'on s'impose et qui réveille des blessures, et des conflits qui ne nous appartiennent pas directement, mais dont on peut sortir victorieux. Alors devenu héros ou roi de sa propre histoire, on a à nouveau prise sur soi et, à défaut de rétablir le réel, on est à même de le transformer. Comme Jason, je veux revendiquer ma filiation à *Eole* et m'en remettre au dieu du vent. Je veux trouver l'inspiration et le souffle nécessaire pour pouvoir retrouver la lumière. Je veux y croire tellement que je vais embarquer, faire escale et puis partir encore pour me confronter, à ma manière, au serpent qui ne dort jamais, métaphore de la mémoire, ce gardien rusé qui souvent bloque l'accès à une autre réalité.

Issu d'une famille d'aristocrates italiens, mon père, ingénieur des chemins de fer et bien introduit dans les sphères du pouvoir, s'était vu rétrocéder en 1882 la construction du réseau ferré de Thessalie. Il faut dire qu'en dehors d'un réseau maritime dense, il n'y avait pas vraiment d'autres infrastructures propices au développement économique du pays et à même d'attirer les investisseurs étrangers. Avant la grande réforme initiée par le Premier ministre Charílaos Trikoúpis, la Grèce ne disposait que d'une ligne ferroviaire privée de neuf kilomètres reliant Athènes au Pirée, comme elle n'était recouverte que de cent cinquante kilomètres de routes carrossables. En ce temps-là, la Grèce était encore une terre de marins peuplée d'innombrables criques et de ports. Autant il était aisé de relier les villes et les villages par la mer, autant il était difficile de le faire autrement, sauf à privilégier le cheminement indolent des ânes et des mulets plus apathiques que vigoureux. Alors l'arrivée du train qui devait ferrer la terre, c'était la promesse d'un lendemain lancé à toute vapeur sur les rails du progrès. Mais pour l'instant au bout des quais de gare, pour qui voulait s'enfoncer dans l'arrière-pays et découvrir un tout autre visage de la Grèce, il fallait encore prendre un wagon d'aventure soumis au hasard des imprévus et des accidents de parcours.

Moi j'ai grandi dans l'univers du rail. Locomotives, wagons, trains, aiguillages, charbon, gares et entrepôts, autant d'images, de bruits et d'odeurs de fer, et d'huile, pour décrire un Nouveau Monde interdit aux caravelles, mais réservé à ces authentiques paquebots terrestres qui, audacieusement et sans se retourner, partaient fièrement ouvrir des routes inconnues, en domptant des espaces restés sauvagement secrets jusque-là. Le train c'était mon Amérique à moi et mon père, tel un nouveau Christophe Colomb, en était ma figure de proue. Le train c'était mon *far West* et mon père, le légendaire William Cody abattant douze bisons par jour pour nourrir les ouvriers de la Kansas Pacific railway. Quant à moi, j'étais son fils, Kit Carson, trappeur, aventurier et explorateur !

Mais mon père meurt trop vite, je n'ai que dix-sept ans et je ne le digère pas. Qui a usurpé mon enfance en me ravissant mon père ? Comme Phrixos, un bélier ailé viendra-t-il me sauver de cette certitude que le train ne peut plus rien signifier, si ce n'est la relégation de l'enfance dans une mémoire de mort ? Ne siffle-t-il que l'absurde qui nous dérobe ceux que l'on aime, comme l'océan engloutit Hellé et les marins ? Le train n'est-il rien d'autre qu'une allégorie du temps qui s'en va et qui, sans se retourner et à peine disparu, fait éclater la nostalgie de ce qui ne reviendra pas ? À peine construit, perd-il déjà sa promesse ? Le voyage et l'aventure, qui devaient prendre ces deux files parallèles d'acier pour guide et support, ne sont-ils déjà devenus qu'une voie en cul-de-sac ? Avec le décès de mon père, je suis resté sur un quai de gare déserte, sur lequel ne règne désormais qu'un train rouillé, incapable d'avancer. Devenu tout à coup objet inerte de mon décor et de ma mémoire, au même titre que le sont les temples et les statues gréco-romaines décharnées qui gisent encore çà et là, le train va pourtant continuer à me hanter comme s'il était ce terrible serpent qu'il me faudrait affronter pour comprendre ce traumatisme qui noircit mon âme, fige ma raison de vivre et usurpe toute possibilité de rétablissement.

Après sa mort, et puisque nous n'avons plus de raisons de rester en Grèce, ma mère Gemma, vaguement chanteuse d'opéra et vaguement baronne, quitte le pays et nous nous installons en Allemagne. Terre promise, redis-moi ton nom. Terre promise, où coulent le lait et le miel ? Deux mondes se sont télescopés et j'en suis une victime collatérale. Mais cela, ma mère ne veut pas le voir. Il nous faut, nous dit-elle, poursuivre nos études dans une université réputée, une université à la hauteur de notre sang. C'est à cette période que commencent des accès de mélancolie et des troubles intestinaux qui ne me quitteront plus. Le vide et l'impossibilité de digérer, voilà ce que mon corps et mon esprit expriment. J'ai perdu ma boussole en perdant mon père et je ne sais plus comment ni à quoi bon construire mon existence. Comme Jason et les Argonautes, protégés dans le ventre de l'Argo durant les tempêtes hivernales, j'espère tellement un refuge qui me permettrait de renaître à moi-même, je voudrais retrouver un ventre qui m'abriterait de la tempête qui s'abat sur moi.

À Munich, je m'inscris à l'Académie des beaux-arts qui a vu passer, entre autres, Paul Klee, l'expressionniste allemand Franz Marc et Vassily Kandinsky. C'est la suite logique de mon parcours débuté 1900 à cette même section de l'Institut Polytechnique d'Athènes. C'est à Munich aussi que je commence à voir les effets exaltants que procure la mélancolie. Comme embarqué sur une montagne russe, aux phases d'abattements intenses se succèdent des moments d'exaltations fulgurantes, géniales. Des sensations d'apesanteur, des montées d'adrénalines et puis des chutes libres et vertigineuses assaisonnent ces moments de frénésie. Je les recherche et je les guette tant l'expérience est fabuleuse. Sur ce manège, un début d'idée directrice consciente prend corps dans mon esprit. La mémoire monumentale ment. Pour m'orienter dans mon destin, il ne me suffira donc pas d'acquérir et de maîtriser des savoir-faire, il me sera aussi nécessaire de redéfinir les réseaux de signes qui s'enchaînent les uns aux autres pour former un sens dans mon esprit et dans ma mémoire. Ma mémoire puise dans mon passé des figures héroïques et exemplaires qui me rendent captive d'un temps et d'une conscience qui n'existent plus. Et plus je m'y raccroche, croyant me protéger des tempêtes, et plus remontent des figures et des sensations figées et douloureuses, mais toujours réécrites au point que je ne sais plus ce qui relève du récit ou de la fiction. Ma mémoire me bloque, me vide, me condamne à l'arrêt, comme ces trains rouillés régnant sur des gares fantômes.

Dans ma reconquête du trône laissé vacant par la mort de mon père, il me sera donc nécessaire d'affronter le serpent de la mémoire. Il est puissant et rusé, mais je veux m'emparer de la toison d'or. Grâce à elle, je serai en mesure de reconstruire un Nouveau Monde mémoriel dynamique. Pour cela, il me faudra subvertir l'ordre et le mouvement dans lesquels la mémoire informe les signes et les interprètes. Le chemin pour y arriver n'est pas aussi si simple qu'il paraît, mais l'enjeu en vaut la peine. Et dans mes phases d'euphorie je me vois triomphant ramener la toison du réenchantement de la réalité. Héros ou roi, j'ai rétabli la réalité en y excluant toute mémoire mortelle et irréversible, de celle qui enchaîne ma liberté et ma capacité à penser, agir et vivre. Alors je profite de ces moments de bien-être pour tester ma méthode et pour l'étayer. Je traque dans ma mémoire ces images et ces savoirs hérités de mon éducation visuelle, sensorielle et psychique. Je les observe, bloquant le cours de ma vie à l'instant même de la mort de mon père. D'abord désemparé, je pressens toucher du doigt ma solution dès lors que j'y oppose une autre lecture plus onirique, et je me retrouve Jason levant les voiles et prenant le large.

L'île des morts de Böcklin et *le Gai savoir* de Nietzsche me serviront de sextant pour déterminer ma position, pour naviguer en Colchide afin de reprendre le cours de ma vie et en témoigner dans ma peinture. Avec ces points cardinaux, je veux dépeindre la réalité lorsque celle-ci se fait énigme ou mystère pour la raison sémiotique, lorsqu'elle perd son sens habituel, mais continue à faire partie du voyage ou du paysage.

De la deuxième version de *l'île des morts* de Böcklin, je suis d'abord fasciné par la composition du tableau dont les teintes accentuent l'impression mystérieuse qui en découle. Il joue de manière si fine avec les symboles qu'il en vient à donner à sa combinaison une forme poétique à partir de laquelle l'imaginaire prend le relais sur la perception cognitive et la dilate. Dans son tableau, tout se passe comme si le symbolique créait sa propre signification en s'appuyant sur l'imaginaire. Et pour moi, c'est comme une révélation. Le fil conducteur de mon travail se précise. Si la perception, au lieu de prendre appui sur la mémoire et les sens, s'étayait sur l'imaginaire, n'en viendrait-on pas à voir sinon une autre réalité, du moins une réalité augmentée parce qu'elle engloberait des contenus issus des creux ou des discontinuités que la perception néglige et dans lesquels tout un monde onirique foisonne ? Est-ce que l'imaginaire est la toison d'or indispensable au rétablissement de la primauté du possible sur le nécessaire et le contingent ? Si voire c'est revoir, par ce jeu de la mémoire qui m'inscrit dans la durée tout en liant à ma perception consciente des événements, des objets, des sens ou des sensations tous passés, alors ce que je perçois est au mieux une habitude généralement combinatoire basée sur la répétition du même, une réalité fragmentée et désynchronisée par le travail du cerveau reconstituant un réel toujours familier, et au pire un rétrécissement ou un non-sens parce que le monde perçu est déjà périmé. Du coup, le travail du peintre n'aurait-il pour vocation que de dépeindre des combinaisons du même et des délabrements ? Et puisque ma réponse est négative, alors il faut libérer le réel en brisant les chaînes et les liaisons dont on l'informe et qui le ramènent toujours, *in fine*, à ce qu'il n'est plus.

Ma méthode repose sur l'imaginaire que je n'oppose pas au réel, bien au contraire. Mon point de départ est le suivant : l'imaginaire est profondeur, investissant et donnant forme à la matière. C'est un halo, un rayonnement créé par la rêverie. Irréductible à toute objectivation, ce rayonnement modifie la composition et les signes des phénomènes perçus, au fur et à mesure que ses ondes les enveloppent. L'onde ou le halo fait ainsi varier à l'infini les formes et les liaisons de la perception. Il est donc capital pour faire émerger des possibles au creux d'une vie comme pour retrouver une envie de vivre. Mais l'imaginaire que je conçois n'est pas qu'une pure abstraction de l'esprit, il s'enracine aussi dans mon histoire personnelle pétrie de blessures et de symboles, comme il s'entrelace aussi dans une histoire collective avec laquelle il rentre en résonance. Il ne faudrait pas le réduire à n'être qu'une faculté de restitution d'un univers fantasmatique, onirique ou psychique. C'est aussi la faculté de ne pas se laisser happer ou écraser par une réalité brute ou enchaînée. C'est un pouvoir, celui de détourner son regard et d'être en mesure de se fixer sur soi. Et parce que cette faculté de représenter, ou de former d'autres images et d'autres symboles, se joue de l'espace, de la temporalité et des catégories conventionnelles ou immédiates, alors elle libère la réalité que l'on enfermait dans une relation neutre que l'on voulait objective et que l'on croyait essentielle, mais qui nous aplatissait.

Une île en demi-cercle au coucher du soleil. Une île de rochers et de falaises gigantesques qui encerclent une crique où poussent des cyprès. Un décor en clair obscur pour un columbarium qui capte encore la lumière tandis qu'une sensation de mystère et de nuit plane tout autour de l'île. Une mise en scène pour une invitation à un voyage dont on ne sait si l'on y échoue ou si l'on y accoste, dont on ne sait à l'avance si c'est une entrée ou une sortie, un enfer ou un paradis. Une embarcation va droit sur elle, la mer est livide. La barque, menée par Charon, y amène un cercueil. Que contient-il si la silhouette complètement drapée d'un linceul blanc se tient droitement devant lui ? Ce qui est mort est-il à l'intérieur, à l'extérieur ou déborde-t-il même du cercueil ? Quant à l'île, sert-elle de dernier refuge, de lieu de mémoire ou d'espace assigné à l'oubli ? Et plus je l'observe et plus ce tableau m'interpelle, comme s'il était un miroir inquiétant notre manière d'aborder ce qui n'est plus, mais que l'on s'efforce de conserver, même symboliquement. À quoi pensait Böcklin en peignant *l'île des morts* ? À quoi pensais-je en le regardant ? Une chose m'apparaît clairement, les symboles qu'il agence font écho ou entrent dans ce halo d'une histoire collective que nous partageons à travers l'imaginaire.

Quand tout nous semble perdu, quand même l'horizon se fonde dans la nuit et que tout nous apparaît menaçant ou ténébreux, quelle réalité donner à ce que l'on perçoit et ce que l'on ressent ? Quand la nuit vient, quelles places occupent nos disparus, nos solitudes, nos craintes et nos tristesses ? Quand la nuit drape le monde qui nous entoure, que deviennent nos certitudes et nos réalités ? Faut-il que l'on accepte d'entrer dans l'inconnu pour que la réalité que l'on percevait déborde enfin de sens par l'imaginaire ? A contrario, doit-on se réfugier dans la mémoire pour que le sens de la réalité qui se voile reprenne tout son sens ? Mais à se conforter dans la mémoire, la réalité perçue ne peut-elle être autre chose qu'un *replay* ?

Un débarcadère, des constructions et des aménagements de mains d'homme, la réalité n'est-elle qu'un décor humain duquel on ne peut s'échapper, et qui toujours nous ramène à notre obligation d'habiter la terre comme vivant, comme mort ou comme mythe ? De quelles illusions, de quelles convictions faut-il nous détacher pour voir et comprendre la réalité, par-delà nos perceptions immédiates qui sont pourtant complètement contaminées par notre histoire personnelle, transgénérationnelle et culturelle ?

Au bourdonnement des questions suscitées par ce tableau viendra se rajouter celui de mes lectures de Weininger, de Schopenhauer et surtout de Nietzsche, comme si leurs démarches rejoignaient les miennes tout en les éclairant d'autres clés d'entrée. Avec eux, j'étaye mes observations et ma méthode. J'enrichis conceptuellement mon travail sur la place et le statut de ce halo de l'imaginaire, lorsqu'il se confronte à des réalités que l'on croit objectives parce que l'on pense avoir prise sur elles en les investissant de bout en bout.

Du *Gai savoir* de Nietzsche, après les *Plaisanterie, ruse et vengeance* du prologue en vers, les quatre premiers aphorismes font immédiatement écho à ce que je pensais et que j'entrevoyais. C'est une révélation spirituelle, un éclaircissement aussi puissant que la deuxième version du tableau de *l'île des morts* de Böcklin.

Comprendre l'homme c'est comprendre ses racines, car elles demeurent indestructibles à tout habillage culturel. Et ce qu'il y a d'indestructible en lui, c'est son instinct, ses penchants et ses pulsions, bref, ce qu'il y aurait de déraisonnable en lui. Le déraisonnable étant entendu pour Nietzsche comme néfaste à l'habillage culturel que le groupe se dépêche d'instaurer en distinguant ce qui lui est utile et inutile. Voilà qui rejoint l'imaginaire, mais du point de vue du socialement déraisonnable. En relisant ce passage, des liaisons instantanées surgissent en moi. S'il y a une réalité cachée, parce que voilée par les habillages culturels, peut-on la redécouvrir en perdant la mémoire de ces habillages, ou en redécouvrant le déraisonnable que la bonne éducation s'est pressée de reléguer dans l'inutile, l'inconvenable et l'inopportun ? L'idée me semble belle à exploiter et rejoint ma démarche visant à reconsidérer l'ordre et le mouvement dans lequel la mémoire informe les signes et les interprètes. À mettre en œuvre l'idée d'un retour à l'instinct que pourrait-il montrer de si monstrueux et pour qui ? Que dévoilerait-il de l'utile et de l'inutile ? Entre le rire de Nietzsche et une palette onirique faite d'émotions et de sensations archaïques, aussi symboliques que multicolores, l'imaginaire, qui est lui aussi souvent considéré comme inutile ou déraisonnable, pourrait-il délivrer la réalité de tout cet habillage qui l'enferme dans un processus d'aplatissement, de mort et de répétition ? L'imaginaire déraisonnable des uns ne serait-il pas la toison d'or qui fait de l'homme un roi habitant sa propre demeure ?

De mes lectures de Nietzsche, je retiens aussi que devenir homme c'est oser garder une conscience intellectuelle, de celle qui peut affirmer au-dessus de sa porte *J'habite ma propre demeure/Jamais je n'ai imité personne/Et je me ris de tous les maîtres/Qui ne se moquent pas d'eux-mêmes*. Devenir homme ce serait donc dénoncer les illusions que l'on se forge sur soi-même et au nombre desquelles on retrouve la question de la mémoire, de la réalité, du bien et du mal, et de nos besoins de certitudes ? L'audace qu'évoque Nietzsche, voilà qui m'encourage et me parle. Voilà qui me relie encore et toujours à Jason et aux argonautes. Comme eux, je ferai de l'audace du partir, le principe de mon être au monde en tant que peintre. Partir en voyage à la recherche de la réalité qui se dévoile derrière les constructions cognitives, celle qui demeure quand la mémoire du sens ne la rattache plus à rien d'utile, lorsqu'elle a perdu sa connexion à son réseau de signes préconstruits. Durant ce voyage, rencontrerais-je le bélier ailé qui m'aidera à m'extraire de mes propres illusions et de mes propres besoins de certitudes ? Et si j'y arrive, me faudra-t-il le sacrifier ? À qui ? Et puis, le voyage est-il toujours un mouvement vers une destination ou bien peut-il être audacieusement immobile dans un espace-temps où tous les phénomènes seraient comme en suspension, attendant qu'on les cueille plutôt que nous écrasant ? Et si c'est possible, si ce voyage déraisonnablement onirique que j'entreprends me conduit dans ce monde en suspension, que découvrirai-je ? Des phénomènes ou des objets attachés à un mobile immobile dans un espace-temps vide de tout autre sens que celui de ma culture ? Des phénomènes ou des objets détachés de toute liaison cognitive, mais tissés de liaisons émotionnelles et oniriques ? Je vais donc prendre le temps de penser ma peinture comme s'il s'agissait de décrire une expérience métaphysique fondatrice.

Alors je reviens à Nietzsche comme la vague revient sur la grève. Penser comme un homme ce n'est pas simplement être indépendant et audacieux, c'est encore être à même de structurer sa réflexion, non sur les avantages dont on pourrait tirer parti, mais sur des dichotomies en tension, comme celles du but et de la raison, de la vérité et de la réalité, car il n'y a qu'une loi, celle du flux et du reflux vers l'instinct, la racine déraisonnable de l'homme. Poser les phénomènes en tensions, c'est bien une idée qui me parle et que j'avais remarquée dans *l'île des morts*. Jouer sur des oppositions non pas pour prendre parti pour l'une ou l'autre, mais pour susciter un étonnement qui mène à reposer la question de la validité de nos attributions sémiotiques que l'on pense tellement déterminées, voilà qu'il est intéressant de transposer sur une toile. Il me faut stopper le mécanisme de l'habitude qui ne prend toujours qu'une direction en catégorisant la réalité, en la figeant dans une toile de sens convenus, dans un flux ou un reflux utile pour une ambition et un temps donné. À ce titre, que deviendraient les souvenirs si l'on déconstruisait le sens que la mémoire qui les porte leur attribue en les recomposant pour les ramener à la conscience ? Ouvriraient-ils une autre perspective parce que l'on pourrait les réorienter à partir de cet instinct déraisonnable qui fait l'homme et son histoire ?

À tenter de transposer cette loi du flux et du reflux dans ma recherche sur le rôle de la mémoire, j'en viens à me demander si le mythe, l'imaginaire et le symbolique ne jouent pas ce rôle de l'instinct auquel il s'agit de revenir, quels que soient les réels validés pour une époque donnée. Car, quoi qu'on en dise et quoi que l'on fasse, tout ce que nous percevons se ramène toujours à un instant initial, qu'il s'agisse de l'instinct ou de l'imaginaire, à partir duquel nous allons construire une histoire individuelle ou collective, une réalité à suivre, à amplifier ou à falsifier. Après cet instant où tout va se décider, le reste n'est qu'une construction artificielle utile ou inutile.

Or cette faculté de revenir à l'instinct, Nietzsche en fait une condition de la régénération d'une société à travers un nouveau paradigme. Et moi je veux réussir à être un promoteur de cette renaissance. Dénoncer les signes qui s'entrelacent dans la mémoire c'est une chose, poser un nouveau modèle en est une autre. Retrouver l'inutile afin de le poser comme élément fondateur du nouvel assemblage sémiotique, voilà qui me semble constituer un renversement sémantique capable de régénérer toute une société. Mais comme toujours, la question du flux et du reflux dont parle Nietzsche vient questionner ma démarche. Dois-je me projeter ou plutôt me rétro projeter ? Faut-il choisir un sens à l'action régénératrice que veux exposer sur mes toiles ? Et puis que reste-t-il d'invincible lorsque tout est soumis à un flux et un reflux perpétuel, si ce n'est le principe du recommencement ? Or ce principe ne serait-il pas l'imaginaire ? Car comment recommence-t-on si nous ne reconstruisons pas de nouvelles liaisons sémantiques à partir des phénomènes et des objets de la perception ? Que faisons-nous ensuite de cette nouvelle mémoire se construisant ? Est-ce que chaque nouveau recommencement fait réellement table rase de l'ancienne mémoire sur laquelle nous avions pourtant délibérément construit notre précédent voyage ? Est-ce à dire que les recommencements sont des amnésies volontaires et collectives ? Si tel est le principe, alors peut-on encore parler de régénération au sens de reconstitution, ou ne doit-on y voir qu'un principe chimique, celui d'une mise en liberté d'une énergie ? Enfin si dans cette loi du flux et du reflux, ce qui était *mal* devient *bien* et réciproquement, alors cela peut-il dire qu'il n'existe pas de « bon » paradigme moral à partir duquel une société pourrait être régénérée ? Cela voudrait-il signifier que le seul paradigme valable n'est autre que l'imaginaire qui lui n'est jamais moral ? Mais que serait une société sans morale ? Pourrait-on se projeter sociétalement à partir de l'inopportun et de l'intempestif, et réellement bannir les principes raisonnables de la réalité, de la vérité et de l'erreur, du bien et du mal, du juste et de l'injuste ? Comme vous le voyez, ce quatrième aphorisme m'inonde de questions, stimule ma pensée et tout cela finira bien par se retrouver sur mes toiles.

Maintenant, muni de plusieurs sextants et rompu à l'exercice des visées et des prises d'angle, je pars visiter l'éternelle Italie des peintres et des sculpteurs. Étape nécessaire à mon accomplissement ou retour indispensable sur mes attaches et mes liens profonds, comme s'il s'agissait d'un héritage à réexaminer, une mémoire à *falsifier* ? Entre souvenirs et lendemain, passé, présent et à venir, intelligibilité perdue et inopportunité à capter, je cherche une perspective comme s'il s'agissait de tracer la logique du cheminement qui s'est imposé dans mon esprit, à la suite de *l'île des morts* de Böcklin et du *Gai savoir* de Nietzche. Et c'est dans cet état d'esprit que je peins *L'énigme de l'oracle* en 1910. C'est tout à la fois un hommage et une contribution à ce principe d'un miroir réinterrogeant les vérités que l'on nous a inoculées et ce vaccin contre l'imaginaire que l'on nous a administré afin de nous prémunir de toute déraison.

Dans un espace pavé et construit par la main de l'homme, un peu sur le mode d'une antique villa romaine, le centre géométrique de mon tableau vous bloque intentionnellement le regard par un imposant mur de briques. Loin d'être rassurant, ce mur s'étale largement, comme s'il y voulait tellement faire écran entre l'extérieur et l'intérieur qu'il rendait impossible toute perspective. Et cette sensation de prison à ciel ouvert est renforcée par le dallage qui occupe aussi le devant de la scène. Il n'y a quasiment rien à voir d'autre. Faut-il penser que les sols et les murs porteurs de nos civilisations sont tellement massifs qu'ils pourraient rester en place pour une éternité ? Pourrait-on y voir le symbole de l'habillage de la réalité nous bloquant intentionnellement la mémoire et la perception en nous captant le regard ? Faut-il penser, comme pour le columbarium de *l'île des morts*, que cette villa a servi de dernier refuge à l'homme condamné à habiter le monde ? Qu'elle n'est au mieux qu'un lieu de mémoire, qu'un espace assigné à l'oubli ?

À droite du mur, un rideau noir protège une statue d'homme en marbre blanc dont seule la tête émerge. Son regard est fixé sur un sol qui nous est dérobé, inaccessible. Le corps à l'abri, voilé à nos regards ou drapé du voile d'un deuil, la statue regarde-t-elle avec pudeur, tristesse ou nostalgie les principes qui l'ont fondé et qui nous sont devenus totalement étrangers parce que notre civilisation est passée à autre chose ? A-t-elle simplement les yeux baissés parce qu'elle ne sait pas voir autre chose que le socle sur lequel elle s'appuie ? Et si le socle est invisible, est-ce parce qu'il renvoie justement à un monde instinctif jugé aujourd'hui inutile ?

À gauche de ce même mur, un voile poussé par le vent découvre à une seconde statue privée de tête, une cité de bord de mer en contrebas. Le rideau se lève. Par l'action du vent, il cesse de masquer et dévoile la vie en contrebas. Un autre temps existe, mais pas ici. Une autre réalité est là, à portée de main, mais Hestia n'a pas quitté son foyer alors que la vie est bien là-bas. Elle est restée figée sur le perron de sa demeure. Elle ne contrôle plus son environnement. Qu'attend-elle dans son isolement ? Qu'espère-t-elle ? Faudrait-il perdre la tête pour voir la réalité telle qu'elle peut être hors des filets de signes avec lesquels on se rassure en l'enfermant ? Avons-nous perdu la tête en nous enfermant dans nos mémoires et nos constructions sémiotiques cognitives, comme si elles étaient les seules figures possibles de notre habitation au monde ?

Privée de toit, cette villa ne peut-elle abriter autre chose que les encombrants que l'homme n'a pu emporter avec lui ? Sans toiture, la maison perd-elle son âme comme sa part de symboles ? Sans couverture, que reste-t-il du foyer, du lieu de vie, de cet espace rassurant et chaleureux qui donne à l'enfance ce goût des madeleines de Proust ? Sans toit, est-ce une manière d'illustrer cette loi du flux et du reflux où ce qui protégeait ne protège plus ? Est-ce une façon de montrer que, quelle que soit notre façon d'habiter un monde ou un corps, nous finissons toujours par perdre la tête donc le sens de notre réalité ? Il y règne un silence d'abandon que le vent qui la traverse anime encore lorsqu'il souffle. La nature reprend peu à peu ses droits.

Le temps continue à passer, au-dessus et à côté, comme s'il l'ignorait tout en l'englobant. Vestige de ce qui n'est plus ou qui est condamné à disparaître ? Invitation silencieuse au retour et au renouvellement, à travers ce qui reste quand l'homme a déserté sa demeure ? Est-ce un constat ou une exhortation ? Faut-il retrouver l'homme dans ses soubassements gréco-latins, sur lesquels d'autres bâtisseurs ont fait table rase, pour lui permettre de réinvestir sa demeure ? Devrait-on repartir du côté de ce qui est oublié, passé de mode, dénigré ou condamné, pour que la nouveauté émerge par-delà nos certitudes catégorielles ? Conviendrait-il de changer de paradigme, illustré par la construction du tableau manifestant l'opposition droite-gauche, noir-blanc, haut-bas, pour retrouver l'étonnement sans lequel la réalité reste vide, tant elle est enceinte de signes qui la ficellent à nos constructions et dont on a oublié le sens ? Je vous laisse décider.

Durant cette période italienne, je sais que je me suis réfugié, ou peut-être reconstruis, dans une certaine tension du temps en suspension, comme si je devais me refonder en me confrontant à mes habillages culturels. À travers des géométries nettes et pourtant si troubles, des constructions et des symboles forts, et pourtant aux sens totalement perdus, des temps précis et pourtant réellement morts, des espaces désertés, pourtant si familiers, je recherchais sans doute ce qui avait constitué ma demeure d'enfant et que la vie avait étêté. À ce stade de ma vie, l'*oracle* ne cherchait-il pas tout simplement à signifier que la vie n'est qu'un vaste mensonge destiné aux hommes qui ne se moquent pas d'eux-mêmes ? L'*oracle* n'affirmerait-il pas que les hommes sont tellement englués dans leurs besoins de certitudes et d'utilité qu'ils en ont perdu la tête, qu'ils sont devenus aveugles, coupés d'eux-mêmes et de la réalité qui demeure toujours par-delà leurs œillères ? L'*oracle* n'interrogerait-il pas les conséquences inévitables qui résultent des choix de l'homme ? En rejetant une rêverie profonde et mystérieuse pour une réalité démystifiée, presque exsangue tant elle est réduite à des lois causales, mathématiques et morales, que reste-t-il à l'homme si ce n'est la désertion, l'inhabitation du monde ? Que reste-t-il d'une réalité désenchantée, si ce n'est la sensation persistante d'un désabusement ?

De ma tournée italienne à Milan, Rome, Florence et Turin, je retiens cette sensation du flux et du reflux dont les espaces urbains témoignent tant par la richesse architecturale que par les trésors de l'art qu'ils conservent. Au cœur des cités bouillonnantes de vie, les musées exposent en silence et comme par superposition ou télescopage, nature et culture, histoire et mythe, réalité et rêverie, divin et humain, naturel et surnaturel. Ce voyage en Italie aura été pour moi comme une étape essentielle pour peindre et stimuler la sagacité de l'homme face à l'énigme du temps et de la mémoire.

Juillet 1911. J'arrive à Paris.

Paris, la fabrique des rêves, le rêve de tout artiste ! Je vais rejoindre mon frère Andrea qui est peintre, comme moi. C'est vrai que je ne vous ai pas encore parlé de lui. De ma sœur Adélaïde non plus d'ailleurs. Ma sœur est décédée un peu avant la naissance d'Andrea et du haut de mes trois ans je ne sais plus si les souvenirs secrets que je porte en moi m'appartiennent vraiment. Je ne vous en parlerai pas tant ma mémoire ne sait plus qu'en faire. Ma sœur et mon père sont aujourd'hui des énigmes. Quant à Andrea, qui prendra dès 1914 le nom d'Alberto Savino, c'est un artiste accompli tant du point de vue musical que pictural et littéraire. Bien intégré dans les milieux d'avant-garde, il est l'ami de Guillaume Apollinaire et de Jean Cocteau. Je lui dois beaucoup et j'ai aimé travailler avec lui. Il n'y a jamais eu d'esprit de compétition entre nous et nous allons tous les deux inspirer le surréalisme. Lui avec *Les chants de la mi-mort* et moi avec le *Portrait d'Apollinaire.* J'ai vingt-trois ans et déjà quelques toiles à mon actif, je suis Giorgio De Chirico.

Mon univers séduit très vite Guillaume Apollinaire qui me fait rencontrer André Breton. Les samedis, de cinq à huit, on se retrouve tous chez Apollinaire. Là, des artistes comme Picasso, Derain, Max Jacob, Braque et Picabia s'apprêtent à rentrer dans l'Histoire des grands. Lors de ces réunions, on discute de politique et d'art, des tendances qui émergent et des oppositions qui alimentent à foison les cercles et les écoles. Breton voit en moi le démiurge d'une mythologie moderne qui pourrait servir le surréalisme qu'il prône, tandis qu'Apollinaire trouve ma *peinture étrangement métaphysique*. Le mot est lancé et il entrera dans l'histoire de l'art.

Quant à moi, je pense que mon travail est guidé par tout ce que je vous ai déjà raconté de mes rencontres, de mes questions et puis de ces périodes de spleen et d'idéal qui rendent par moment tellement tortueux le cheminement de ma pensée. Durant cette période parisienne, je formulerai ce qui m'anime en vous disant que j'aborde la question de la mémoire et des signes sous le prisme des rêves. En effet, les rêves posent depuis toujours des énigmes que les humains continuent à vouloir résoudre en recherchant dans le passé des éléments d'explication ou de liaison. Or qu'en est-il des nouveaux rêves produits par la modernité à laquelle j'appartiens ? Sont-ils des évidences que l'on intègre tout naturellement ? Portent-ils en eux une part d'énigme à laquelle nous ne prêtons pas attention ? Le peintre que je suis veut les débusquer non par des mots, mais par des images. C'est donc bien une recherche *métaphysique* à laquelle je m'adonne. Et dans ma compréhension du salut de l'homme par la technique que l'on nous vante, cette idéologie qui a encore le vent en poupe en ce début de siècle, je trouve qu'avec l'automobile et le train j'ai là de bons objets d'observation. Le train de mon enfance, le train des promesses perdues, mais également un moyen de transport de masse qui se généralise, pour ne pas dire qu'il gagne du terrain. Avec les progrès de la mécanisation industrielle, c'est tout l'espace qui s'offre au voyage facile, au voyage presque immédiat. L'espace à portée de mains et le temps raccourci, le voyage n'est plus une aventure, c'est un agrément des plus délicieux. Sur terre, sur mer et dans l'air, l'homme brise les anciennes résistances de la distance et du temps, et fait du monde un objet de destination touristique dans lequel il parade ou défile, seul ou en groupe, mais à toute vapeur.

Tout occupé à étaler sa puissance et faire défiler le monde derrière les vitres de ses véhicules, il se crée, peut-être sans s'en rendre compte, une nouvelle mythologie aveuglante et fondée sur le triomphe de l'ingénieur capable d'inventer et de construire des machines complexes qui l'affranchissent d'une certaine gravité. Comme toujours dans son histoire, l'homme est mû par ce désir de soumettre la nature et la réalité à ses désirs. Ce faisant que gagne-t-il à vouloir sortir de la nature en se transformant en surhomme ? Peut-il véritablement s'extraire de sa condition et de ses racines ? Si les moyens techniques qu'il se donne et qu'il accumule l'entraînent toujours plus avant dans un monde à sa mesure démesurée, ne voit-il pas qu'il ne fait que rejouer la scène de son commencement ? Le train et l'automobile ne sont-ils pas, à ce titre, des symboles contemporains d'une course de l'homme contre sa montre ? Ne voit-il pas que plus il cherche et moins il se trouve ? Que deviendra l'homme qui se hâte à ce point de s'oublier et que cherche-t-il tellement à oublier ? Un ennui originel ? Un manque d'oxygène à la naissance, d'où ce besoin de prendre l'air par tous les moyens ? Et puis, comme l'archéologie expose des artefacts au titre d'une mémoire et d'une histoire de l'homme, que deviendront les progrès d'aujourd'hui face à ceux de demain ? Parsèmeront-ils sa mémoire d'objets devenus encombrants, inutiles ou désuets ? Les outils, les objets et les moyens ne sont que des accessoires et ces derniers deviendront à leur tour des lambeaux insignifiants, parce que profondément enfouis par le temps dans sa mémoire. À ne chercher de signifiant que hors de lui-même, ne risque-t-il pas d'y perdre la tête et de se réduire, sans s'en apercevoir, à n'être qu'un mannequin sourd et muet à ses propres limites, à sa propre mémoire ? À force de vouloir courir après ce besoin irrépressible de réduire le monde à sa représentation, tout en l'obligeant à n'être qu'un objet docile et soumis, ne se condamne-t-il pas définitivement à passer à côté de la réalité ? Dans cette mythologie qu'il se donne comme histoire, je pose le constat selon lequel la machine a remplacé, toute vapeur hurlante ou tout moteur vrombissant, l'antique Niké ailée et délicatement silencieuse du triomphe de Samothrace. Où est la victoire ?

Moi j'observe et puis j'expose des oppositions et des tensions ; j'interroge des amalgames et une mémoire collective qui est en train de se construire sans avoir voulu régler la question de ses limites. Je ne partage pas cette soif de vitesse et de course éperdue vers l'avant que revendique Marinetti dans son Manifeste du Futurisme. Il me semble que cet engouement pour la célérité est encore une fois aveugle et que la machine ne crée qu'artificiellement le mythe de l'homme moderne triomphant de son passé de coolie, soumis à ses limites, sa mémoire, la nature, le temps et l'espace. Le nouveau mythe ne porte pas en lui la clé du renouvellement, car il reste habillé par la même mémoire de l'inacceptation de soi, d'une focalisation sur l'utilité et de ses valeurs anciennes du bien et du mal.

L'imaginaire n'a pas été consulté et l'ancien mythe non plus. L'éloge de la technique moderne ne porte pas la trace d'une réflexion sur nos besoins de suppléance, nos instincts, nos idées et nos paradoxes pétris par notre culture. Elle ne critique pas non plus les illusions qui nous bercent ou nous aveuglent, quand elles ne nous étourdissent pas. Or, la technique n'est-elle pas liée à une triple genèse comme le rappelle le *Protagoras* de Platon ? L'histoire de Prométhée, et donc de la naissance de l'homme, ne tourne-t-elle pas autour d'une négation, d'un vol et d'une usurpation d'identité ? Parce que l'homme nie le donné originaire qui le constitue, il cherche à compenser ou suppléer ce qu'il croit lui manquer. Face à son sentiment d'inachèvement et dans une relation identitaire construite autour de la peur de la nature et de l'autre, vu uniquement sous l'angle de la menace, il ne prend d'autre initiative que celle de voler ce qui ne lui appartient pas, le feu des dieux, et ce faisant tente d'usurper une identité qui n'est pas la sienne.

Alors si pour mes contemporains la technique est source d'espoir, de nouveauté et de transformation ; si la vitesse devient le symbole de la nouvelle conquête de l'espace et du temps, que disent-elles sinon l'incapacité qu'à l'humain à se refonder sans artifice ? Faut-il toujours que l'homme ne se refonde que selon des schémas hérités qui le poussent à ne rechercher que ce qui pourrait lui être avantageux et profitable, sans mesurer son incapacité à maîtriser les arts qu'il fait jaillir du feu ? Alors à mes yeux, le rêve moderne qui pointe son nez ne se fonde que sur une mémoire ancienne que l'homme refuse de falsifier et qu'il continue d'habiller au gré des modes qu'il se donne. Elle ne se fonde que sur la répétition d'une mémoire figée et d'une éthique sans audace. Et ce qu'il y a de navrant dans les valeurs et les principes qui animent la société dans laquelle je vis, c'est que je ne vois que des répétitions d'échecs. À prendre les prophètes pour des fous, on se contente de vivre dans une mémoire de mort, ou à sombrer dans la mélancolie.

Alors contrairement aux partisans de la vitesse, le voyage que j'expose est plutôt vide d'attentes ou d'espérance et je conçois aisément qu'il peut être angoissant pour qui ne sait plus rire de lui-même. En effet, le voyage que je peins est un circuit fermé, une roue pour hamster dans laquelle l'homme se donne l'illusion d'aller toujours de l'avant. Et la technique qu'il développe pour se conserver, se réinventer ou demeurer n'est qu'une expression de sa propre condamnation à la répétition immobile. Parce que l'origine n'a pas été résolue, alors toutes les constructions que l'homme a empilées au cours de son histoire perdent leurs significations au fur et à mesure que les générations passent. Aussi, en exposant les objets du nouveau mythe du voyage de l'homme, cela revient à peindre des accessoires qui jonchent et encombrent sa mémoire. Et plus les temps changent et plus les ustensiles qu'il a développés se surempilent aux temples et aux statues gréco-latines dont il a perdu depuis longtemps la signification première. Les objets qui parsèment son voyage sont maintenant devenus des symboles privés de toute réalité. Et dans cet univers désert d'hommes et ambigu, le voyage se colore d'inquiétante étrangeté, il est solitaire, immobile et sans échappatoire. Le nouveau voyage mécanisé et porteur de promesses de conquêtes extraordinaires serait-il le dernier mythe mensonger dont la modernité accoucherait ?

Si voyage il y a, alors, il doit prendre la forme d'un retour aux racines dont parle Nietzsche, à un retour sur la question de l'homme tel qu'il s'est vu, nu dans une nature bien mieux habillée que lui. C'est donc autour des racines de la perception que l'homme a de lui-même qu'il doit se réinventer au monde, car, à ne se reconstruire que sur la base de la mémoire et des valeurs qui sous-tendent l'histoire qu'il s'est donnée, l'avenir au-devant duquel il se précipite n'est, comme toujours, que funeste. Il n'y a rien à en attendre, rien à en espérer. L'avenir, fondé sur la mémoire et son éthique de la répétition, ne peut en aucun cas permettre l'émergence d'une nouveauté.

C'est dans cette ligne de pensée qu'entre 1914 et 1915 je peins le *Vaticinateur*. Voilà mon idée : l'homme moderne prétend connaître et maîtriser l'avenir grâce à l'infini potentiel des mathématiques appliquées à sa technique. Or si, pris dans son rêve technique, il ne voyait pas qu'il n'était en réalité qu'un objet parmi les autres ? Alors je le remplace par ce que j'estime être sa vraie nature, celle d'un mannequin privé de bras. À mes yeux, l'homme n'est qu'un jouet de sa mémoire et, comme tout pantin, il ne peut ni accueillir ni se saisir de la nouveauté parce qu'il n'est qu'un exécutant qui reproduit un même schéma hérité des principes et de la morale du politiquement utile.

Contrairement à ce qu'il prétend, il n'est pas en mouvement même s'il dispose de jambes. Il faut une intention pour déclencher la marche. À quoi servirait-il qu'il marche puisqu'il n'a d'autre pensée que celle de la répétition ? Je l'ai donc assis sur un billot de bois. Ce billot, celui du bûcheron ou du bourreau, c'est tout à la fois sa mémoire, son présent et son à venir. Et s'il a déjà perdu des attributs de son humanité, finira-t-il par être décapité par ses propres découvertes ? Je vous laisse libre des conclusions que vous pouvez en tirer.

Que regarde-t-il, vu que je l'ai aussi privé de la vision binoculaire et stéréoscopique ? Cette dernière est devenue superflue puisqu'il refuse d'apprécier précisément la distance qui sépare sa perception enthousiaste de l'avenir, de son origine, de sa mémoire, de son instinct et de ses limites. Et puisqu'il a décidé, peut-être sans s'en rendre compte, que seul l'œil de ceux qui sont dotés de seconde vue lui était nécessaire, la perception qui en résulte ne peut-elle être autre que délirante ? Sans une vision binoculaire que peut-on réellement voir et construire qui ne soit plat, sans relief, sans imaginaire ? L'homme n'a finalement choisi d'évoluer qu'en mannequin de cyclope. Il en a la force, la férocité et la technique, mais dans ce qu'elles ont de brut c'est-à-dire sans conscience critique, sans distanciation, sans acuité, sans imaginaire.

Je lui ai encore ôté la bouche et les oreilles, parce qu'il n'entend plus depuis longtemps et ne radote que la même rengaine lassante. Par l'évolution qu'il s'est choisie, il est devenu sourd à ses instincts comme à l'imaginaire. Ses théories encombrent et masquent la vérité de la réalité comme celle de sa réalité. Puisqu'il ne veut pas sortir du flux et du reflux qui gouvernent son histoire, il n'a rien à dire qui vaille la peine. À quoi bon le doter d'une bouche puisqu'il rabâche toujours le même récit qui, au fil du temps et des générations, est devenu excessivement prévisible ? Et puis pourquoi le doter d'oreilles puisqu'il a perdu le sens de l'alerte, celui qui peut sauver et ouvrir à un autre jour ? Comme Épiméthée, je me suis chargé de le doter de ce dont il a réellement besoin au vu de ses choix.

L'*oracle* que l'homme attend finalement de lui-même, après s'être pris pour un dieu, ne pourrait-il donc jamais être prononcé ni être entendu parce qu'il est schizophrénique ? Ayant perdu le contact avec la réalité kaléidoscopique qu'offre l'imaginaire, la réponse qu'il attend ne peut être que vide de sens et d'avenir. Mais il attend. En attendant l'oracle, comme on attend *Godot*, il y a déjà des perspectives tracées sur son chevalet. Où mènent-elles sinon à une répétition mathématique d'un réel déjà construit et objectivé, et toujours à l'ombre de sa mémoire figée en cathédrale ? Sur une scène, face au campanile du *Duomo* de Turin, le *Vaticinateur* chercheur d'énigmes ne peut-il découvrir autre chose que la mémoire de la répétition du même ou se découvre-t-il en jouet brisé par sa folie mégalomane et toute rationnelle qui l'a complètement dissocié de la réalité ?

La folie, je vais l'observer et la vivre en direct lorsque l'Italie entrera à son tour dans cette guerre totale qui ébranle les fondements des civilisations en ce début du vingtième siècle. En 1915, je suis mobilisé avec mon frère. Destination Ferrare, une ville d'art et d'histoire qui stimule le peintre que je suis. À l'ombre de Mantegna, c'est tout le *quattrocento* qui m'attend. Je vais à la rencontre de la

Première Renaissance. Mais traversant la Grande Guerre et sa démence meurtrière, je réalise combien le mythe du progrès technique qui prévalait n'a, de fait, que supprimé le *smufato* qui donnait à la réalité un caractère mystérieusement moelleux. Le mythe est devenu monstre en éventrant la nature et les hommes. En leur laissant les tripes à l'air, il a plongé les consciences dans un désenchantement brutal quant à l'idée d'un avenir prometteur. Il a, comme toujours, montré comment l'homme se dépossède invariablement de lui-même et du monde.

Je réalise alors *Paysage dans une chambre*. J'ai pris encore plus de distance par rapport à ce que je perçois. Je brouille volontairement toutes les liaisons référentielles sur lesquelles se fondent nos mémoires et nos perceptions habituelles. Je cherche à casser toutes les relations logiques sur lesquelles nous catégorisons le réel, ou plutôt nous le réifions. L'extérieur est à l'intérieur et inversement. La mémoire est chamboulée et les perspectives sont encombrées. Passé, présent et futur sont amalgamés. L'avenir a déserté l'organisation prédictible que l'homme lui assignait. Retour au commencement, à cette case départ, que le balancier du temps rythme à sa guise.

Paysage dans une chambre expose ainsi le flux et le reflux de toutes choses, cette seule loi qu'il faut constamment redécouvrir. Tout retourne ou ramène à des forces originelles, quels que soient les efforts de l'homme à meubler et contenir l'espace et le temps. Le temps matérialisé par l'horloge est vide de promesses comme il est vide de mémoire. Les aiguilles ne sont plus là pour mesurer l'écoulement des instants. Il ne sert plus à rien de regarder l'horloge pour caler son action et mettre à profit le temps que l'on a devant soi. Le temps est vide de nouveauté comme de sens. Il n'y a rien d'utile à l'attendre. Il n'emmagasine rien d'autre que des encombrants dont on ne sait plus que faire. Il ne décompte que des cadavres oubliés qui faisaient le monde confortable que l'homme voulait habiter.

Le pied de lit, le tapis, le fauteuil et la méridienne sont devenus désespérément superflus. Il y a quelque chose d'incongru à les voir trôner au premier plan d'un décor devenu futile. Même l'armoire a perdu ses portes qui protégeaient les provisions ou le linge qu'elle renfermait. Tous ces objets, en perdant leur utilité puisque l'homme n'y est plus, ont perdu leur fonction. Ils ne sont plus que des fantômes persistants, des apparitions sans réelle existence, entreposés de manière hétéroclite dans l'espace saturé de la mémoire.

Quelle que soit la course dans laquelle l'homme s'engage, le temps est son mensonge. Il se glisse subrepticement dans sa mémoire et dans ses voyages mentaux. Et s'il lui fait croire que tout est possible, c'est pour mieux le déposséder de ses rêves d'avenir et d'accomplissement, de sa mémoire et de sa présence au monde. Le non-sens est dans le sens, la mémoire est dans le futur, la vie est dans la mort, l'inutile est dans l'utile, l'extérieur est dans l'intérieur et inversement. C'est pourquoi la réalité n'est ni une évidence logique ni une transparence mathématique ou scientifique. Elle est, et reste, un mystère irréductible aux apparences automatiques et utilitaires à travers lesquelles nous la remémorons, nous la morcelons, nous la décomposons, nous la fissurons.

Or, si le principe du flux et du reflux découvre la loi fondamentale du mensonge, cela voudrait-il dire qu'il n'y a jamais de nouveauté qui ne soit autrement que trompeuse ? Cela signifierait-il que cette loi du mensonge n'est qu'un corrélat de l'obsession utilitariste avec laquelle l'homme s'est construit et a habité son monde ? Mais à sortir du champ de l'utilitarisme, que gagnerions-nous ? La possibilité d'un étonnement, d'une surprise ou d'une révélation, n'est-elle pas le nichoir de la nouveauté ? Si la mémoire et ses faisceaux de liaisons sémantiques relient immédiatement le signe à un référent, à déconstruire, à falsifier ou perdre la mémoire, ne libère-t-on pas la possibilité de la nouveauté ?

Alors que font les objets manufacturés en plein milieu des ruines envahies par la nature de *Paysage dans une chambre* ? Je les y ai installés pour susciter l'étonnement et la surprise nés de la dislocation des signes à leurs référents, mais aussi pour me moquer de la vanité des hommes et leur utilitarisme roi. La nouveauté est une affaire de regard, non de construction.

Puisque l'objet perd tout sens dès lors qu'il perd son utilité, ne faut-il pas justement qu'il la perde pour qu'il puisse être réinventé, autrement réinvesti ? Si l'intérieur est à l'extérieur, si la nature est dans la culture, si la réalité est dans la rêverie, si l'étrange est dans le banal, et inversement, cela ne revient-il pas à dire que la différence et la nouveauté ne résultent que d'un point de vue ? Poser la question, c'est induire que la nouveauté naît de l'intention du regard, qu'elle résulte d'une conversion de la volonté et d'une réorganisation des signes autour d'autres principes que ceux qui passent habituellement par le canal du traitement facilité de l'information perçue. Perdre pour rééduquer, voilà ce qu'il me semble nécessaire de redécouvrir.

Or il me semble que pour y arriver, il est nécessaire de mettre en tension le travail de la mémoire mécanique et monumentale, et la volonté dans sa faculté de juger. À la perception immédiatement reconnue de l'objet qui entre dans le champ visuel, parce que promptement inséré dans un réseau de signes déjà fixés, il faut réintroduire une volonté de court-circuiter le traitement de l'information consciente et laisser toute sa place au cerveau émotionnel qui informe des images plus oniriques. Une telle démarche serait sans doute plus propice à percevoir la réalité multidimensionnelle. Mais l'homme est-il prêt à se déposséder de ses certitudes, de ses habitudes ou de ses convenances ? Il y a un confort à traiter par lot ou collectivement des informations à travers lesquelles nous tissons mécaniquement une toile sémiotique qui enferme la réalité à peine perçue, qui la vide de son mystère en l'obligeant à n'être qu'utile.

Ce que je veux dire, c'est que les objets posés dans mes tableaux visent bien une autre réalité que celle qu'on leur confère ordinairement. Ces objets ne sont plus des objets tout en le restant. Ils sont chargés de mystères par la patine que le temps leur a conférée en les laissant devenir des vestiges dans la mémoire de l'homme. Devenus, par oubli ou par refus, plus symboliques que réels, ils traduisent *poétiquement* la réalité intérieure de la conscience quand elle se voit révéler l'en deçà ou le par-delà de l'objet dans les liaisons habituelles. Voilà la révélation, voilà l'énigme résolue. L'étonnement qui fait éclore la nouveauté dépend de la conversion du regard négligeant volontairement ses *habitus* sémiotiques.

Ce qui aujourd'hui est triomphe est déjà condamné à perdre sa promesse. Ce siècle, comme tous ceux qui l'ont précédé, viendra lui aussi s'échouer et garnir d'objets symboliques l'escalier déjà bien chargé, et à double hélice, de l'histoire. L'objet et la promesse sont porteurs des signes qui, demain, se lieront à d'autres signes plus anciens et déjà oubliés pour gonfler ce tissu de connaissance plus allusif que réel. Quel regard porterons-nous sur ce monde de signes devenu flou, parce qu'oublié ou brisé ? De la douleur, de la douceur, de la féérie, de la terreur ou du soulagement ?

Puisqu'il n'y a rien à découvrir à décomposer la réalité, comme il n'y a rien à trouver à vouloir lui assigner un au-dessus métaphysique, la nouveauté de la réalité n'est peut-être qu'une affaire de fou. Et je pense qu'il faut être un fou pour préférer renoncer à construire des mondes alternatifs et ne se déterminer qu'en édifiant un regard alternatif, focalisé sur des aspects cachés et mystérieux de l'objet qui se donne à voir.

Désormais, il ne me reste qu'une chose à faire. Tout reprendre depuis le début. Changer le format, modifier les couleurs, prendre la réalité sous un autre angle. L'*oracle* est dit : la vie est un *replay* et la nouveauté n'est qu'un changement de perspective dans lequel le regard ose un autre décodage des signes et des objets.

Cette idée séduira Andy Warhol qui donnera au *replay* une dimension planétaire en reproduisant, encore et encore, les mêmes objets, les mêmes références et les mêmes mythes de son époque tout en variant les couleurs et les compositions.

Quant à moi, après avoir vécu la misère et la gloire, cherché la toison d'or en Europe et en Amérique, j'ai entamé le chemin du retour. Voyageur immobile et pourtant vu çà et là, j'ai fini par poser mes toiles, mes sculptures et mes écrits à Rome. La boucle est bouclée, j'ai maintenant quatre-vingt-dix ans et je vais mourir de rien. J'ai habité ma propre demeure, je n'ai jamais imité personne et je me suis ri de tous les maîtres qui ne se moquaient pas d'eux-mêmes.

J'ai cherché à comprendre la réalité, à la saisir en dehors de la lorgnette utilitariste par laquelle nous l'observons et la cataloguons. J'ai tenté de la démêler du mythe, de l'exposer dans tout l'absurde auquel nous conduit notre volonté de tout réduire au profitable et j'ai retrouvé le mystère.

La toison d'or est une énigme sans cesse reposée dans le replay du temps. Moi, je l'ai résolue pour moi. Ne me cherchez pas, n'essayez pas de me retrouver, il n'y a ni nom ni épitaphe sur ma tombe. Je suis parti pour recommencer.

Pour mémoire

Tout a vraiment commencé avec la mort de son père. Un trou béant s'était tout à coup ouvert sur la chaussée de son existence, engloutissant la route et les repères qu'il croyait immuables et sûrs. Un vide inquiétant avait pris place, révélant des canalisations rompues qui continuaient à déverser les eaux usées et tous ces autres déchets que l'existence prenait normalement soin d'évacuer et de recycler à l'abri des regards. Un monde souterrain menaçant avait jailli dans sa conscience. Au choc de l'expérience de la fin avait succédé une colère et son cortège de questionnement. Puis un désarroi avait envahi son être. Envahi par une profonde tristesse et un état de remise en question du sens de la vie caractéristique du processus du deuil, Giorgio ne voyait pas comment il pourrait en sortir tant tout lui semblait désormais instable, tant la palette des émotions qu'il ressentait prenait la taille d'une steppe désertique immensément plate, comme s'il était perdu dans pays sans frontières.

Je me souviens bien de la nostalgie qui le gangrénait et qui l'amenait à se demander à quoi bon retenir et avancer quand l'absence écarte inexorablement cette faille qui sépare le monde d'avant de celui de l'après ? À quoi bon s'accrocher quand tout ramène à ces figures du passé qui avaient constitué son socle et les meilleures choses qu'il avait vécues ? Faire semblant ? Il n'en avait pas la force. Et s'il y avait bien chez lui cette question de la mémoire et de l'identité, le pont, qui les reliait pour ouvrir une nouvelle voie, avait été emporté.

Moi je n'avais pas d'autre solution à lui faire découvrir que celle de peindre ses sentiments et ses émotions, de les exposer et de les partager. J'ai alors stimulé son goût pour la lecture et qui plus est celle des philosophes. Il fallait premièrement qu'il s'arme conceptuellement s'il voulait comprendre son propre travail, dépasser ses intuitions et construire une approche de son art plus métaphysique que surréaliste. Cela dit, je n'ai pas réussi à garder mon sérieux quand Apollinaire a utilisé ce terme. La métaphysique comme s'il y avait deux mondes gouvernés par deux lois distinctes alors qu'il ne s'agit ni plus ni moins que d'un seul ensemble agencé sur le même genre de modèle que votre théorie des cordes. Vos réalités et les miennes interagissent continuellement et se propagent inlassablement dans l'espace.

Mais revenons à Giorgio. À travers deux outils, la peinture et la réflexion, je l'ai poussé à se reconstruire et se libérer du passé tel qu'il l'était figé dans sa mémoire. Pour cela, il fallait qu'il comprenne comment sa mémoire, mais aussi la manière dont se construit le sens de ce qu'il percevait, était à la fois tributaire de supports transculturels et d'une reconstitution a posteriori qui pouvait travestir l'événement rappelé. Revenir au commencement et le questionner, dépasser le simple constat d'une loi du flux et du reflux et retrouver l'inutile, voilà ce que je m'étais fixé comme mission pour Giorgio. J'ai doublement été aidé dans cette tâche par Nietzsche et les bruits de son époque. Les aphorismes du Gai savoir et cette idée du flux et du reflux l'ont profondément marqué parce qu'ils faisaient écho à ce qu'il ressentait intimement à travers ses phases de spleen et d'idéal. Avec Nietzsche, à défaut de reprendre goût à la vie, il a trouvé une clé pour cheminer dans son existence. J'aurais aimé qu'il ne s'arrête pas au replay, mais en même temps il n'était qu'un homme, et à ce titre il était constitutivement tributaire des cycles et de l'histoire. Pourtant, je lui ai donné à comprendre le rôle de l'imaginaire qui densifie le réel et le déborde, comme il permet de renaître à soi-même. L'imaginaire au secours de toutes les formes d'aplatissement. L'imaginaire comme processus de désenclavement, comme expérience d'un autre regard possible. Dommage qu'il n'ait pas dépassé le replay et plongé dans un réel augmenté. Un réel tissé de liaisons rationnelles et émotionnelles, bref un réel complet. Quoi qu'il en soit, je suis resté à ses côtés et, patiemment, j'ai recommencé mon travail de guide à chaque fois qu'il revenait buter sur les mythes, les énigmes, la mémoire, les signes et temps.

Quant aux bruits de son époque, de l'automobile à la Grande Guerre, ils lui auront permis de s'interroger sur la question centrale du mensonge que l'homme se donne en promesse. Quand le rêve se transforme en un mensonge tel, qu'il le désarticule toujours de lui-même au nom d'un progrès qui n'est, en fait, qu'une menace supplémentaire qu'il s'alloue, comme s'il n'en était jamais rassasié. Et puis ils lui ont permis de comprendre que le progrès ne relève que d'un point de vue. L'histoire elle-même n'est qu'une perspective, une affection de la mémoire et de l'intention.

Mais je ne m'attendais pas au replay bien que je l'aie vu prendre de l'ampleur au fur et à mesure qu'il vieillissait. Je n'ai pas empêché sa résignation. Je lui suggérais, mais il décidait. Dommage qu'il n'ait pas vu que le replay n'est qu'une autre manière d'être happé et aplati par un réel qui, comme un boomerang, lui revenait fort de toute l'énergie qu'il avait libérée. À sa décharge, je dirais que la mort qu'il avait côtoyée de si près avait tellement accentué l'absurdité des promesses et l'effilochement des valeurs, qu'elle n'avait pas seulement désenchanté Giorgio, mais toute son époque.

Quant à moi, je pense avoir mis en œuvre mon obligation de moyens. C'est vrai aussi que j'ai voulu vérifier deux axiomes. Le premier reposait sur un énoncé prononcé quelque deux mille ans avant Giorgio, « faites ceci en mémoire de moi », et qui me semblait poser une correspondance entre mémoire et vertu. Quant au second, découlant du premier, je voulais examiner, et pourquoi ne pas évaluer, l'idée même du « faire mémoire » comme une expression du replay. Du coup, mémoire, Vertu et replay ont été au cœur de mes propres recherches.

Je m'en explique. Si la Vertu est une disposition, un comportement persistant et une fermeté avec laquelle un individu se détermine volontairement vers le bien, vers un idéal, et ce en dépit des obstacles qu'il rencontrerait, alors comment se constituent les liaisons sémiotiques qui font de la constance une répétition, et d'une répétition une mémoire ? Je crois que Giorgio a exploré avec moi cette question. À travers lui, moi qui voulais rejoindre cet ordre des Vertus tant je le voyais comme un bloc inébranlable, un modèle exemplaire à suivre, j'ai éprouvé un certain frisson, un peu comme une sensation déplaisante, celle d'arriver à mes fins, mais pour être pris au piège pour toute une éternité dans une Vertu qui ne serait qu'un replay.

Oh, peut-être que je n'aurais pas dû vous en parler de la sorte. Peut-être que vous me trouvez pour le moins naïf ou irrésolu. Je ne suis qu'une âme, un passeur. Je ne suis pas omniscient. J'ai pour mission d'accompagner des individus à naître à eux-mêmes en composant avec qui ils sont. Les contextes culturels varient, les préoccupations aussi et même si j'ai accès au data center de mon organisation, je m'attache plus à un projet qu'à une perfection. J'espère que vous me comprenez. À travers les vies que j'accompagne, j'observe évidemment cette loi du flux et du reflux des civilisations. Je compose avec tous ces habillages culturels qui tantôt font du bien un mal et tantôt d'un mal un bien. Parfois, la Vertu repose sur du courage, parfois sur une obéissance. Quelquefois, elle suppose un silence et puis parfois elle se crie en place publique. Et si elle n'était que grandeur d'âme dans un système, alors elle serait réellement une boussole pour les hommes. Mais convenez-en, elle est aussi une valeur refuge que du politique au religieux certains brandissent quand ils sont à court d'arguments ou tout simplement mis sur la sellette.

Alors c'est perplexe que j'ai regagné mon organisation après avoir pris congé de Giorgio. Cela s'est vu, car dès mon arrivée, plusieurs compagnons m'ont demandé comment j'allais et ce qu'ils pouvaient faire pour moi. Je leur ai exposé ce que je viens de vous dire et nous avons gardé le silence. Il n'y avait pas de bons conseils à donner ou à recevoir. Faire silence, prendre du recul loin du tumulte de l'existence, m'a ressourcé et puis, au bout d'un certain temps, moi aussi j'étais prêt à tout recommencer.

Nettie[11]

Je suis née à Cavendish dans le Vermont. Vous connaissez Cavendish ? Moi je suis certaine que non et je ne vous en veux pas. Tout le monde n'a pas la chance d'être né à Washington DC ou L. A. Cavendish, c'est un village exclu du prestige que revêtent les grandes villes. C'est une petite bourgade de moins de deux mille habitants qui abrite tout de même une gare, dans l'un des plus petits des États du nord de l'Amérique et, à part des forêts à perte de vue, des lacs, des rivières et du sirop d'érable, je crois qu'il n'y a vraiment rien à en dire sauf si vous aimez les histoires d'Indiens. Chez nous, elles ont remplacé les contes de fées peuplés d'ogres et de sorcières que l'on raconte aux enfants. À chacun ses récits d'inclusion ou d'exclusion qui délimitent les menaces ou les rassurances. Le Vermont a été le pays des Iroquois et de leurs ennemis de toujours, les Algonquins, avant d'être civilisés par les *Pilgrims*. Et dans ce paysage dominé par les *sauvages*, si les coureurs des bois et autres bûcherons ont peu à peu gagné en respectabilité, souvent douteuse, nombreuses sont les légendes des veillées familiales qui font des Amérindiens des voleurs de poules, de femmes et d'enfants, quand ils ne sont pas purement et simplement des tueurs sans foi ni loi, avides de scalps, de poudre à fusil et de *rye whisky*.

De ma petite enfance, je n'ai pas de souvenirs ou plutôt que des ombres obscures, des sensations comme celles laissées par certains rêves qui ne sont pas vraiment des cauchemars, mais qui vous

[11] Nettie Stevens, généticienne américaine, 1861-1912.

réveillent trempés de sueur et le cœur battant la chamade. Peut-être n'ai-je plus accès qu'à des reconstructions mentales qui aujourd'hui se colorent en goût de pertes et de paysages d'hiver. Il paraît que j'ai eu deux frères, mais ils sont morts avant ma naissance et ils ont été rayés de la mémoire familiale par inadvertance. La mortalité infantile est banale et l'enfant n'a pas une place particulière tant qu'il n'a pas prouvé sa ténacité à vivre en résistant à peu près à tout, des maladies aux disettes en passant le manque d'hygiène et les accidents de travail. L'existence est rude. Un enfant remplace l'autre et il n'y a pas lieu d'en faire mémoire plus que ça. On applique à la lettre cette parole des Évangiles : « laisse les morts ensevelir leurs morts. » Et puis la mort est tellement présente qu'elle en a perdu son caractère scandaleux. C'est une fatalité de plus dans une existence déjà bien chargée.

Moi, je suis née juste un an avant la guerre de Sécession. Après les guerres contre les Indiens, une autre forme de violence a traumatisé mon pays. Et comme toujours, la frontière entre les bons et les méchants, les unionistes et les confédérés, a servi de champ de bataille tant physiquement qu'idéologiquement. Chaque famille a reçu son lot de trahison et de morts comme si à la violence physique de ce conflit se surajoutait un cancer intérieur rongeant les liens du sang. Ma sœur Emma est née dans ce chaos et moi je me suis vu attribuer un plus grand nombre de tâches quotidiennes pour soulager ma mère. C'était comme ça et il n'y avait rien à y redire. Et puis ma mère est morte quelques mois après sa naissance et j'ai dû endosser le rôle de *petite mère* pour elle. Et autant chaque petite fille prend soin de sa poupée de bois ou de chiffon, autant quand c'est pour de vrai, ce n'est plus la même histoire. Avec le décès de ma mère, mon enfance s'est envolée emportant avec elle une certaine idée de l'insouciance et de la liberté. Et plus de cinquante ans après, il y a encore aujourd'hui quelque chose de l'ordre d'une nostalgie d'un paradis perdu qui habite mes émotions et ma mémoire.

Pendant les deux ans qui ont suivi la mort de maman, ma sœur Emma et moi avons bénéficié d'une certaine bienveillance de la communauté congrégationaliste à laquelle, de toute façon, on ne pouvait se soustraire, tant elle rythmait la vie des hommes, des bêtes et des saisons. De toutes les *tantes* qui nous ont soit hébergées, quand notre père était parti pour ses affaires, soit gardées des journées entières, je conserve d'elles le souvenir de figures bienveillantes et dociles. Entre *pancakes* *party* au sirop d'érable, parties de chasses aux oiseaux pilleurs et aux insectes nuisibles des potagers, elles ont tissé dans le secret de mes émotions d'enfant des espaces cotonneux et douillets dans lesquels j'allais me réfugier quand l'absence de ma mère se faisait trop lourde ou trop rêche.

Et puis un jour, je devais avoir cinq ans, mon père qui avait bien gagné sa vie en développant et en commercialisant des maisons en bois, clefs en main, nous a présenté sa nouvelle fiancée, Ellen. C'était un dimanche d'été et elle avait fait le trajet en train depuis Lowell, près de Boston. Tous endimanchés, on était allés la chercher en calèche et je me souviens bien de l'ombrelle qu'elle avait ouverte à peine sortie du train. Il y avait dans cette première apparition quelque chose d'une élégance aux contours qui me sont restés vaporeux et que j'ai retrouvé bien plus tard dans le tableau de Claude Monet *la femme à l'ombrelle tournée à gauche*.

De la gare à l'église, je crois que le mutisme a été de mise. Ma sœur et moi étions impressionnées tandis que mon père et Ellen semblaient gênés de notre présence. Heureusement, il y a eu le culte pour légitimer les silences et couvrir l'embarras. Après l'office et la présentation officielle de la nouvelle fiancée de papa au pasteur et aux anciens, parmi lesquels figuraient le maire, le shérif, le médecin et le notaire, un *potlach* a rassemblé toute la communauté. C'était une manière de l'intégrer et de signifier publiquement une sorte de nouvelle appartenance, une nouvelle identité. Et c'est à ce moment-là, entre salades et grillades, que s'est inscrite en moi la manière dont elle nous a prises dans ses bras, et ce sentiment intense de soulagement que j'ai ressenti. Enfin, j'allais avoir une nouvelle maman.

Quelques mois ont suffi et on a dit au revoir à la communauté de Cavendish. Cap sur Westford près de Lowell où m'attendait une nouvelle vie. Ce n'est que des années après que j'ai pu reconstituer l'histoire de ma nouvelle maman. Ellen faisait partie de ces *Lowell Mill Girls*, de ces ouvrières immigrées que l'industrie du textile en pleine révolution avait attirées là, sur les bords du fleuve Merrimack. Lowell c'était mieux que les petites annonces de rencontres qui fleurissaient dans les journaux. Lowell c'était toute une ville dédiée aux rencontres tant elle attirait de nombreux veufs et de jeunes hommes en âge de se marier. La main-d'œuvre des usines textiles étant majoritairement composée de jeunes femmes de seize à trente-cinq ans, venues du Canada ou d'Irlande quand elles ne venaient tout simplement pas des campagnes de la Nouvelle-Angleterre, il y avait là un réservoir toujours bien rempli et dans lequel, entre bals et bars, il n'y avait qu'à se servir.

Lowell, c'était soit la Babylone prostituée de l'Amérique, soit l'Eldorado. Toutes ces jeunes femmes rêvaient d'un avenir meilleur, que ce soit par le travail, gouverné par une doctrine libérale que prônaient depuis longtemps les congrégationalistes, ou par mariage, mais peu d'entre elles ont réussi à sortir de leur condition sans perdre plus qu'elles n'avaient gagné. Ma belle-mère a fait partie de cette minorité de femmes qui a pu accéder à une vie meilleure, en tous cas socialement, mais je crois aussi en ce qui concerne le bonheur. Mon père l'aimait vraiment et elle le lui rendait bien.

Des années à Westford, j'ai gardé de bons souvenirs de l'école. Nous étions assez aisés pour que mon père puisse nous payer *l'Academy*. Une école en bois sur deux niveaux avec deux entrées séparées donnant sur des classes réservées aux filles ou aux garçons. Les salles de classe des garçons étaient toutes rassemblées au rez-de-chaussée tandis que celles des filles se situaient au premier. Tandis que les garçons entraient par l'entrée principale, qu'un porche ornait comme s'il devait abriter tous les honneurs à venir, nous, les filles, devions emprunter une rampe en bois qui longeait le bâtiment et donnait, presque à la dérobée, sur une porte un peu en retrait par laquelle nous accédions à l'escalier qui menait à l'étage. Aux garçons l'accès au grand air du jardin. Aux filles, un balcon pour toute cour de récréation, comme si déjà nous étions conditionnées à les admirer, jouer ou se battre, comme si l'on nous préparait déjà à nous satisfaire des seconds rôles.

J'ai aimé l'école. Les mathématiques, l'anglais et le latin ont été autant de fenêtres s'ouvrant sur un monde nouveau fait de lois rassurantes et sûres, qu'elles soient grammaticales ou algébriques. Un monde comme un lego fait de briques empilables, ajustables et construisant à l'infini les possibles que le sérieux ou l'imaginaire s'autorisaient. Et dans ce monde gouverné par des lois sans ego, chaque élément avait sa place, son utilité et sa légitimité. À la lunette d'un microscope, je m'émerveillais de tous ces petits êtres qui semblaient vaquer à leurs destins sans se soucier de mon intrusion dans leur monde. À les voir fourmiller sans que cela semble les perturber, j'en venais à me dire que le monde perçu par la science et la technique était le seul à pouvoir garantir une démarche vraiment égalitaire, en ne traitant pas de manière inégale ou défavorable les minuscules composantes du vivant que nous négligions à l'œil nu. Assidue et sérieuse à réciter mes tables de multiplication, mes déclinaisons et mes théorèmes, je me représentais toutes ces règles comme autant de fils d'Ariane nouant et dénouant immuablement un monde devenu subitement réuni, imbriquant et codifié par une volonté supérieure. Ce Nouveau Monde parfaitement organisé était à portée de main et je pouvais en être, moi aussi, l'un de ses ambassadeurs, l'un de ses maîtres incontestés.

J'étais studieuse et assoiffée des savoirs que l'on nous apprenait, même si comme les autres j'ai trouvé par moments fastidieux la troisième déclinaison latine avec ses subdivisions en groupe parisyllabique et imparisyllabique, et la toute nouvelle table périodique des éléments qu'un chimiste russe, un certain Mendeleïev, venait d'établir. Il avait inventorié, comme un encyclopédiste doublé d'un explorateur, tous les éléments chimiques afin de prédire leurs périodicités et leurs propriétés. Il avait tout classé. Tous les types de comportements atomiques et chimiques étaient répertoriés selon qu'ils étaient primordiaux, issus de la désintégration d'autres éléments ou synthétiques. En bon universaliste, il avait même conçu sa table de telle sorte que ce qui restait à découvrir puisse y être rattaché. L'accès au monde se résumait à des formules simples permettant d'explorer et d'englober la complexité qui fourmillait au cœur du réel. Un peu à la manière des poupées russes que l'on empile les unes sur les autres et qui font le bonheur des enfants, la science découvrait, tissait, englobait et unifiait les composantes du réel infiniment petit ou grand, dans une volonté d'harmonie parfaite, un peu comme si elle en était la divine créatrice.

À la fin de ma scolarité, comme j'étais bonne élève, je suis devenue institutrice. Un statut enviable pour une femme à une époque où, avec le pasteur et le médecin, ce métier jouissait d'une belle notoriété. Dans le monde reculé des petites villes américaines, je représentais une autorité incontestable. Ce que je pouvais dire avait la valeur de la vérité parce que j'étais détentrice de savoirs inaccessibles à une large majorité de mes contemporains. Comme la plupart des métiers ne requerraient pas le maniement de l'écrit, alors ceux qui savaient lire et écrire en imposaient. On vous mettait sur un piédestal et ce faisant vous vous retrouviez, sans même le savoir, retranchée dans une forteresse invisible, comme exclue inconsciemment par la plupart de vos contemporains plus ou moins analphabètes. J'étais jeune, j'étais une femme et j'étais instruite. À l'âge où l'on rêve d'une vie à deux, où l'on veut prendre sa place dans le cortège triomphant de la longue marche de l'histoire, où l'on envie ces vies de familles que l'on ne voit qu'en vitrines, moi, je suis passée à côté. Avec le recul, j'en viens à penser que c'est sans doute l'image que je renvoyais, auréolée de l'instruction que j'avais acquise, qui m'a coupé de ce temps du flirt, de ce temps où l'on se sent invincible, parce que courtisé ou désirable.

Oh ! il y a bien eu ce jeune collègue qui a ébréché mon cœur lorsque je suivais les cours d'été pour enseignants à Martha's Vinyard. Si mes souvenirs sont exacts, je crois qu'il s'appelait Alan Jones. Un nom commun en Amérique pour un premier chagrin d'amour. Mais il était soit trop timide, soit il a eu peur que je lui fasse de l'ombre. Un mal pour un bien, car c'est à Martha's Vinyard, bien avant que cette île ne devienne un lieu branché pour une aristocratie américaine en mal de sensations, bien avant qu'elle ne devienne l'île des Kennedy, que j'ai redécouvert ce qui allait consoler mes déboires amoureux et devenir ma passion, mon chemin et mon avenir, je veux parler de la biologie.

Mais le chemin est long et avant d'y arriver, j'ai encore passé près de trois années comme institutrice à Lebanon, près de Woodstock dans le New Hampshire, à environ 98 miles de Westford et de miens. Lebanon, une petite ville résidentielle fondée en 1761 et posée dans un écrin de nature entre les rivières Mascoma et Connecticut. Lebanon une communauté métissée d'Irlandais, d'Écossais et de Canadiens ; une ville qui s'est gentiment développée avec l'arrivée du train. La proximité des montagnes Blanches aux reliefs escarpés a sans doute contribué à forger l'aspect physique et la mentalité de ses habitants. Je n'en garde pas un souvenir inoubliable, seules quelques images d'Épinal garnissent ma mémoire.

Et puis je suis rentrée à la Westfield Normal School, en banlieue de Springfield dans le Massachusetts. Entrer à l'Université, cela a été comme aller sur la lune. J'ai relevé le défi, je me suis donné les moyens de réussir en mettant ma vie sociale entre parenthèses et j'ai accompli le cursus du *master* de quatre ans en seulement deux ans. C'est là que j'ai été remarquée par le principal, c'est-à-dire par le doyen ou le directeur, qui m'a proposé un poste d'assistante-enseignante. J'y suis restée dix ans. Dix ans à apprendre, à m'initier à la recherche, aux standards et au langage du monde universitaire dominé par les hommes.

Il m'a fallu en faire davantage pour me faire ma place dans ce monde où les vieux maîtres étaient souvent des phallocrates, toujours avides de gloires faites sur le dos des travaux commandés à leurs étudiants ou assistants. Comme si l'université fonctionnait sur le modèle d'une harde de mustangs, quelques étalons conservaient sans partage de jeunes et dociles juments tandis que leurs poulains attitrés, toujours en quête des faveurs des grands mâles, se livraient à des querelles de préférences. La place était convoitée et les prébendes autant d'espoir à la nomination au professorat. Être adoubé par son maître, voilà qui contrastait avec l'idéal d'une science aux lois sans ego et pour moi qui n'y participais pas, cela valait tous les comiques de ridicule. Peut-être qu'il y avait aussi en moi une forme d'amertume. Tous ces poulains voyaient d'un mauvais œil leurs manèges risqués d'être ruinés par la présence incongrue d'une femme, qui ne voulait pas se cantonner à un second rôle que pourtant sa condition imposait moralement.

Westfield Normal School a été ma porte d'entrée pour ce que l'on considérait comme une vie réussie, cette *successfull life* à l'américaine, bien que je n'aie jamais adhéré à l'association *Alumni*, dans laquelle *rézeautaient* ceux qui feraient partie de la fine fleur de l'administration américaine. Durant mon séjour, j'ai appris l'endurance et l'opiniâtreté. J'ai appris à accepter d'être spoliée de mes travaux et courber l'échine sans jamais renoncer. Et comme si cela ne suffisait pas, j'ai aussi perdu ma belle-mère. Et si une porte s'ouvrait, une autre se refermait, engloutissant mon passé, de son enfance à son adolescence. Ellen, ma mère d'adoption, avait quarante-six ans quand elle nous a *subitement* quittés. Elle arrivait juste dans la moyenne de l'espérance de vie d'une femme à cette époque et j'ai eu mal. Un mal d'entrailles qui me disait que, du haut de mes presque trente ans, j'étais encore émotionnellement une enfant même si j'étais déjà considérée comme une *vieille fille*. Et, comme en miroir de ce qui m'attendait, je me suis demandé qui pleurerait ma disparition comme je pleurais celle d'Ellen. Sans mari, sans enfants, j'ai ressenti devant ce cercueil que l'on mettait en terre, ce vide sidéral et dégradant que ressentent les monstres de foire lorsqu'ils sont exposés ou mis en scène parce que leurs difformités ou leurs anomalies excitent la curiosité, la cruauté et la bêtise des badauds qui s'en délectent.

Après cet événement, quelque chose a bougé en moi. Peut-être s'agissait-il de mes repères ou bien d'une certaine urgence à vivre, à moins que l'approche d'un nouveau siècle ne m'ait donné l'envie d'aller toujours plus loin, d'en faire partie, de le découvrir. Quoi qu'il en soit, il ne restait plus que quatre ans à vivre à ce siècle quand j'ai pris la décision de changer de vie. Assistante-enseignante c'était bien, mais ce *métier* précaire ne pouvait pas me satisfaire à long terme. J'étais happée par la biologie et, pour assouvir ma passion pour elle, je suis partie à Stanford en Californie. Cette jeune Université, inaugurée en 1891, avait la double particularité d'accepter les femmes et de laisser aux étudiants le choix des cours qu'ils voulaient suivre autour de leur matière principale. Et puis il y avait aussi une raison tout intellectuelle. Là-bas, comme ici, les élèves d'Agassiz étaient aux manettes. J'aurais donc accès à des méthodes rigoureuses et à la pointe de la recherche, les mêmes que celles qui avaient rendu célèbre le biologiste suisse en histologie ou anatomie microscopique.

J'ai ainsi quitté la côte est des États-Unis pour rejoindre, quatre mille neuf cents kilomètres plus tard et douze États plus loin, la côte ouest. J'ai quitté l'Atlantique pour le Pacifique, j'ai quitté un monde pour un autre. Peut-être que c'était aussi une façon de faire le deuil d'Ellen comme celui d'une vie standardisée d'une Américaine que je n'aurais plus. À l'opiniâtreté, l'adaptation, la persévérance, la misogynie, le déclassement et le renoncement, j'ai rajouté deux cordes à mon arc, la solitude et le nomadisme. Loin des miens, seule dans un nouvel environnement, obligée de m'adapter à un nouveau climat, j'ai utilisé toutes mes expériences de déracinement pour mieux m'amarrer dans un monde d'idée déconnecté de toute terre. Avec le recul, je dirais que, durant cette phase d'adaptation, j'ai eu la nette impression de n'être qu'un marin solitaire naviguant aux étoiles et aux vents dans un monde liquide sans autres îles que les esquifs y naviguant.

Une autre idée de l'appartenance s'est tranquillement installée en moi sans que j'y prenne vraiment garde. Toutes ces îles mobiles que je croisais formaient une patrie sans autres frontières ni ancrage, que l'enthousiasme et l'effervescence qui secouaient la fin de ce siècle. Et à travers cette nouvelle citoyenneté que j'étais en train acquérir, même les morts étaient toujours bien vivants tant on s'y référait, tant on les côtoyait. Le monde de la science, sous le prisme de la biologie en ce qui me concernait, semblait définir une nationalité idéale. Cette communauté internationale d'apatrides était en train de faire émerger un nouveau siècle rempli de promesses. La science et la technique allaient sans doute informer une nouvelle façon d'agir et de se projeter dans la vie, elles allaient bien finir en *homodicée* justifiant les bontés de l'homme régénéré par l'esprit des Lumières, en dépit du mal qu'il ne manquait de faire à ses semblables comme à la nature.

En 1900, Freud publie en toute discrétion *L'interprétation des rêves*, qui représentera un moment fondateur pour la psychanalyse, et moi je reviens sur la côte est des États-Unis pour poursuivre mes recherches en cytologie. Le *Bryn Mawr College*, une institution créée par les Quakers et réservée aux filles, situé à la périphérie de Philadelphie en Pennsylvanie, a déjà une belle réputation nationale et internationale. L'enseignement qui y est dispensé est de toute première importance, surtout en biologie cellulaire dont la chaire est occupée par le professeur Thomas Morgan. Là, j'obtiens mon diplôme de master et je publie mon premier travail universitaire sur les microorganismes aquatiques, les ciliophora. Ces protozoaires unicellulaires ont la particularité d'avoir des extensions cytoplasmiques, ou cils vibratiles à double mouvement, à un moment de leur cycle. Je suis fascinée par le rôle de ces cils, car ils leur servent soit à se déplacer soit à se nourrir. Et puis d'autres questions apparaissent à leur étude. Comment s'organisent entre eux tous ces mouvements ? Entre les mouvements visibles et invisibles sans les grossissements des lentilles des microscopes, est-ce à dire que le mouvement fait la vie ? La vie ne serait-elle qu'une machinerie complexe dépourvue du souffle divin d'un créateur ? Et puis, on les dit anciens et présents même dans les organismes complexes et multicellulaires, ce qui voudrait dire que ces organites unissent et traversent le vivant comme s'ils étaient des composants de ces liens élémentaires sans lesquels la vie ne saurait se maintenir. Alors que penser vraiment des doctrines créationnistes qui ont bercé mon enfance et mes premières croyances, quand la microbiologie nous montre la présence et l'évolution de ces structures ? Entre évolution-adaptation et création, faut-il vraiment choisir ? Je n'ai vu que trop tard que le monde n'est qu'un *Millefeuille* de points de vue. Chaque point de vue sert des intérêts particuliers, mais toujours le monde finit par s'esquiver de l'emprise de l'homme, avec ou sans fracas.

Je suis une femme et je suis biologiste. C'est drôle de se dire que de mon point de vue, si je l'analyse avec distanciation et rigueur scientifique, mon être et ma place se trouvent toujours du côté des seconds rôles ou des figurants du monde, comme si je n'étais qu'un être microscopique pris dans les lamelles d'observation du monde des hommes. Pourquoi le choix idéologique et politique de quelques-uns prime toujours sur les faisceaux convergents des évidences ? Est-ce à dire que les résultats de la science perdent leurs pertinences en sortant des laboratoires, tout comme il en est du rôle et du pouvoir de la femme lorsqu'elle sort de sa cuisine ou de son *home, sweet home* ?

Oh ! je sais bien que mes questions ne doivent pas quitter le foyer de l'intériorité si je veux continuer à évoluer dans ce milieu que j'idéalisais un peu trop. La recherche est cofinancée par de généreux donateurs mâles qui se sont tous ralliés du côté des doctrines politiques qui préservent leurs intérêts. L'idéologie des puissants ne saurait être critiquée par la science et les femmes sans que cela constitue un crime de lèse-majesté. Certes, la science participe au rayonnement des nations, mais elle ne saurait remettre en question les choix idéologiques d'un peuple qui a comme devise *in God we trust*. Alors je fais le dos rond et passe sous silence mes réflexions. Je mets entre parenthèses ces idées qui émergent et commencent à agiter les mouvements féministes, les révolutionnaires et certains cercles très privés de chercheurs.

En 1903, tandis qu'Amundsen réussit l'exploit du premier passage du Nord-Ouest et que Behring découvre les anticorps, j'obtiens mon doctorat après avoir voyagé et étudié en Europe. En Allemagne, sur les traces de McFarland, je rejoins le laboratoire de Theodor Boveri. C'est là que je découvrirai un intérêt tout particulier pour la recherche sur les chromosomes, ce processus par lequel *un nouvel individu avec des caractéristiques propres est créé à partir du matériel génétique de ses parents*. En Italie, à Naples, je pose mes valises au laboratoire zoologique fondé par Anton Dohrn, l'embryologue convaincu par le darwinisme et disciple de la théorie de la récapitulation d'Haeckel pour laquelle l'ontogénie d'un organisme passe par des stades représentant les espèces ancestrales de celui-ci. Je m'enthousiasme à l'idée qu'il n'y a rien de nouveau, que tout est question de reprise et de recyclage de matériaux anciens et cachés depuis la fondation du monde. J'y vois un fil conducteur entre ma première recherche sur les ciliophora et mes questions plus métaphysiques sur le rôle et la place des femmes dans la société. C'est durant cette étape européenne que j'ai rassemblé un grand nombre d'éléments qui sont venus renforcer mes convictions intérieures. Je suis secrètement devenue partisane des théories de l'évolution parce que j'observe inlassablement ces répétitions et ces récapitulations dans les organismes vivants, humains ou non. Mais ça, je ne peux le dire ouvertement, je n'ai ni le statut universitaire qui me l'autoriserait ni le statut humain qui rendrait mon discours audible ou crédible.

Mais qu'importe, je me focalise sur cette question de l'hérédité du point de vue des cellules, de leur organisation, leur rôle et leurs fonctions dans leurs interactions qui mènent à la constitution d'un organisme, d'un être vivant. C'est décidé, que cela plaise ou non, ce sera là ma contribution à la science et je montrerai à ces caciques qui règnent en maîtres absolus sur les universités que la femme avant d'être l'avenir de l'homme est son égale.

L'hérédité, cette question aussi vieille que le monde et ses fossiles, voilà bien un sujet juridique, politique, idéologique et biologique. Quel est mon héritage et qu'est-ce que je transmettrai ? Est-ce un don du ciel ou un caprice de la nature ? Quel est mon destin ? Est-il déjà écrit ou s'écrit-il au fur et à mesure de mon présent ? Entre l'*Intelligent Design* et l'évolution par sélection et adaptation à un environnement, l'hérédité déchaîne les passions. On oppose la Bible à Darwin et chaque camp, convaincu de vérité, fourbit ses armes à l'aide d'un arsenal plus ou moins objectif.

Rajoutez à cela que derrière cette querelle, ou plutôt cette guerre de tranchées ou chacun campe sur ses positions, un sujet comme l'hérédité vise aussi le contrôle des naissances et la place de la femme dans la société, et vous comprendrez l'aspect brûlant de mes recherches. En effet, que dire de l'héritage des fils par leurs pères si ce n'est d'affirmer la prééminence d'une forme d'hérédité au profit d'une autre ? Les deux parents ont-ils le même rôle ou en tout cas des rôles équivalents, alors que toute la société est encore boquée par l'affirmation d'Aristote selon laquelle *il est impossible qu'un naisse de deux* ? La femme ne serait-elle que le réceptacle de l'excroissance de l'homme ou au contraire joue-t-elle un rôle déterminant dans l'attribution du genre de l'enfant ? Pourquoi une femme ne pouvant mettre au monde un garçon devrait encore et toujours être déconsidérée socialement quand elle ne serait tout simplement pas répudiée ?

Est-ce que j'étais féministe avant l'heure ? Je ne sais pas. J'étais opiniâtre et je pensais encore, mais comme beaucoup que l'étude scientifique, minutieuse, rigoureuse, exhaustive et reproductible, devait pouvoir apporter les réponses à mes questions. Il me semblait alors que face à l'évidence de la science, pourvu qu'elle soit portée avec intelligence, les modèles sociétaux et idéologiques, sans oublier les discours religieux, réviseraient leurs positions. Peut-être que je voulais aussi forcer mon destin, forcer la reconnaissance à laquelle j'aspirais depuis si longtemps.

Et comme j'étais déjà spécialiste des microorganismes du genre *ciliophora*, j'ai étendu mes recherches sur des organismes plus imposants, les coléoptères et plus particulièrement ceux du genre *Tenebrio*. Pourquoi ce genre de coléoptères ? D'un parce qu'ils sont courants et répandus aux quatre coins du monde, on les connaît aussi sous leur appellation de Ténébrion meunier parce que leurs larves se nourrissent de farine, ce sont les fameux vers de farine ; de deux parce que ces petits insectes, de treize à dix-huit millimètres, ont comme rare particularité de ressembler à leurs ancêtres, apparus il y a deux cent quatre-vingts millions d'années, c'est ce qu'on appelle dans notre jargon la stabilité taxinomique. Pour Lamarck, une telle stabilité devait représenter le type éternel ou la perfection idéale, qu'il opposait à la variation et l'imperfection née des aléas de l'environnement.

En me focalisant sur ces insectes, je rejoignais cette question de l'hérédité sans marcher sur les plates-bandes de mes collègues chercheurs de premier plan comme McClung, Wilson ou Morgan, mon directeur de thèse. McClung axait sa recherche sur les orthoptères, Wilson travaillait sur cette question de l'hérédité à travers les mollusques et les vers, tandis que Morgan planchait sur les drosophiles *melanogaster*, les mouches du vinaigre. Peut-être que, sans en avoir conscience, une sorte de compétition motivait nos recherches. Nous ne savions pas si nous allions découvrir quelque chose d'exceptionnel, mais je crois que chacun d'entre nous rêvait, plus ou moins secrètement, de reconnaissance. La reconnaissance c'est ce qui caractérise sans doute la population des chercheurs. Comme moi, en ont-ils tous manqué ? Et pourquoi une fois obtenue ne savent-ils pas l'offrir à d'autres qui ne seraient pas leurs pairs ? Pourquoi faut-il qu'ils dénigrent ceux qui ne pensent pas comme eux, ceux qui ont moins de pouvoir qu'eux ? La course aux publications comme élément de mesure de la performance est depuis toujours truquée. Comme l'avait dit Jean de La Fontaine, *selon que vous serez puissant ou misérable, les jugements de cour vous rendront blanc ou noir*. Et moi, je ne faisais pas partie des puissants comme Morgan ou Wilson. Avec mon petit statut de *Research Fellow* comment aurais-je pu rivaliser avec un Wilson, diplômé de Yale, ami de Boveri et professeur à Columbia ?

À cette époque, j'étais encore idéaliste et même si je savais que je ne jouais pas dans la même catégorie que mes pairs, je voulais croire en mon étoile. Alors patiemment, *vingt fois sur le métier*, j'ai rivé mon œil sur mon microscope monoculaire Zeiss à la recherche du *chromosome accessoire* dans les spermatozoïdes de mon coléoptère. Pour comprendre mon engouement pour cette question, je dois dire que depuis la découverte de cette fameuse molécule par Henking, qui étudiait les gendarmes ou *pyrrhocoris apterus*, personne ne savait qu'elle était vraiment sa fonction. Certes, on savait qu'à l'intérieur du noyau d'une cellule se trouvaient des chromosomes qui pouvaient contenir toutes les potentialités pour former d'autres organismes, donc il devait bien contenir des informations touchant à l'hérédité, mais nous ne savions pas quel était le rôle joué par ce chromosome *accessoire*. Nous étions plusieurs à vouloir relever le défi en respectant la règle du chacun pour soi, chacun dans son laboratoire et chacun son support.

J'ai multiplié les observations et empilé des carnets de dessins et croquis de tout ce que je voyais. J'ai fait mon encyclopédiste et mon exploratrice. J'ai isolé des cellules souches, j'ai observé l'aspect et compté le nombre de chromosomes qui évoluaient au cours du processus de production des spermatozoïdes, que ce soit lors de la phase de duplication, la mitose, ou de réduction, de la méiose. Et ce que j'ai remarqué c'est qu'il y avait vingt chromosomes, dont dix-neuf grands et un plus petit. Pourquoi ai-je alors procédé à une observation des ovogonies et des follicules ovariens ? Je crois que j'ai suivi mon intuition comme j'ai voulu vérifier la présence de possibles marqueurs de différenciation germinale entre mâle et femelle. J'ai été d'abord surprise de constater qu'au niveau des cellules germinales femelles, je n'apercevais pas mon petit chromosome. J'ai renouvelé l'observation des dizaines de fois, pensant toujours être passé à côté à cause de la fatigue oculaire ou parce que j'étais dérangée régulièrement. Mais je suis toujours arrivée au même constat de vingt grands chromosomes. À partir de là, je savais que ce petit chromosome, qui n'appartenait qu'aux cellules germinales mâles, devait jouer un rôle dans la reproduction sexuée, mais je ne savais pas encore s'il participait à la détermination du sexe. Je tenais mon *chromosome accessoire*, ce petit bout de nucléine, et répliquais ma méthode d'observation sur plusieurs autres espèces. Comme je remarquais toujours ce dimorphisme, j'en ai conclu que cette particularité devait pouvoir être généralisée.

Et puis un jour, comme si c'était une évidence alors que cela faisait des mois que je m'interrogeais sur le rôle du *Petit Poucet* des chromosomes, l'idée qu'un œuf fertilisé par ce dernier déterminait la production d'un mâle s'est imposée à moi, sans que je ne sache vraiment ni comment ni pourquoi. Ce n'était qu'une hypothèse, mais mes études semblaient la confirmer, surtout que le professeur Wilson venait lui aussi d'observer le même dimorphisme sur des hétéroptères et des hémiptères.

Tandis que la mutinerie du Potemkine agite la révolution russe de 1905 et que Bayliss découvre la sécrétine, je publie le résultat de mes recherches sous le nom d'*Études sur la spermatogénèse*. Cela a fait grand bruit. Mon hypothèse ne plaisait pas. Dans mon Amérique à moi, on pensait ou on voulait encore croire que c'était l'environnement qui déterminait le sexe. On parlait de contaminations des *humeurs* ou des *gemmules* ; on se rassasiait d'*envies* laissant des *traces* dans le cerveau ; on glosait à l'envi sur les *imprégnations*, comme si toujours la femme, être incomplet, ne pouvait connaître son achèvement, sous la forme du sexe mâle, que par la semence de son mari qui, contenant son âme, lui imprimerait sa forme.

On ne voulait pas d'un hasard dans la distribution d'un genre, car cela venait contredire autre chose de plus profond qu'une hypothèse, une croyance. *In God we trust*. Tout un système, comme une puissante statue aux pieds d'argile, risquerait de s'effondrer si l'on admettait un hasard, ne serait-ce que dans la distribution des genres.

Et tandis que je m'empêtrais dans d'interminables discussions visant à démontrer l'objectivité de mes observations et du faisceau de constats menant à mon hypothèse, Wilson publiait cette même année ses *Observations sur les chromosomes des hémiptères* et ses *Études sur les chromosomes*. Deux volumes qui allaient faire de lui le Christophe Colomb de l'Amérique des chromosomes XY.

Je crois me souvenir que c'est à ce moment-là que j'ai ressenti une douleur aiguë dans mes os, comme si quelqu'un s'amusait à vouloir me le percer avec une aiguille. Passé le questionnement immédiat quant à l'origine probable ou la cause de cette douleur, je l'ai rapidement reléguée au rang de ces questions que l'on met à plus tard, prétextant fatigue et travail comme origine acceptable des lancinements que je ressentais. Mais comme ils ont persisté, j'ai bien été obligée de réaborder le sujet. J'ai d'abord pensé avoir été touchée au plus profond de moi par cette injustice. Wilson, un homme mâle, m'avait spolié ma découverte par l'audience que la presse lui accordait. Cette première réponse me semblait tout à fait acceptable, car elle reliait symboliquement ce qui m'avait toujours fait tenir. Mon squelette, ce qui me supportait au sens propre, ne supportait plus cette discrimination des genres que ma raison avait toujours voulu dépasser au nom de la science. C'était « Ma » découverte. En tout cas, j'étais la première à marcher sur la lune des chromosomes XY. Et comme la douleur a fini par s'estomper, je l'ai légitimement attribuée à ce sentiment de frustration intense, colossale, celui d'être niée en tant que scientifique de premier plan parce que j'étais une femme. Malheur aux exclus dans un monde académique gouverné par des hommes et pour des hommes.

Plus tard, quand la fréquence et le rythme de ces douleurs se sont faits plus présents dans mon quotidien, je suis quand même allée consulter mon médecin. Je me souviens d'une rapide observation-palpation. Je me rappelle la tête de mon médecin à la vue de la modification de l'aréole à mon sein droit, à laquelle je n'avais pris garde et qui pourtant était bien visible. J'ai encore, de façon nette et précise, le ton de l'annonce du diagnostic qui me disloqua pour de bon, comme si je venais de subir un tremblement de terre ouvrant une gigantesque faille qui avait mis à terre mes murs porteurs. La déchirure qui venait de se réveiller était d'une violence au moins égale à celle que j'avais ressentie par rapport à la gloire imméritée de Wilson. J'avais un cancer. J'avais tout perdu. C'était la fin, par *K.O.*, de tant d'années et d'effort à revendiquer mon inclusion dans la société des hommes.

J'ai suivi ma radiothérapie, cette approche encore nouvelle et issue de la découverte des rayons X, comme on s'accroche à la rampe d'un escalier trop raide dès que le pas est incertain. Quand le risque de chute est probable, alors la main s'agrippe à ce qu'elle peut pourvu que cela tienne. J'y ai cru, mais mon cancer s'était déjà propagé, d'où mes douleurs aux os. La volonté ne suffit pas. J'ai fait mes quatre séances hebdomadaires durant plusieurs semaines. J'étais assidue à tous les *checkpoints* hebdomadaires avec mon radiothérapeute. Ma machine s'était emballée et la radiothérapie n'avait, en ce temps-là, qu'une action locale et superficielle, donnant certes des résultats, mais essentiellement pour les tumeurs radiosensibles, ce qui n'était pas mon cas.

J'ai eu des effets secondaires, notamment des nausées et des vomissements, et cette sensation bien réelle d'essoufflement au moindre geste. Et puis des douleurs thoraciques ont fait leur apparition et elles ne me quittent plus. Je sais que mon destin est scellé et j'essaie d'en repousser l'échéance. J'ai du mal à poursuivre mes travaux de recherche. Tout cela ne me mène plus à rien. Tant d'années consumées par le travail et ce besoin d'être reconnue dans mes différences, et puis rien. J'apprends à apprivoiser la mort, ma mort. Drôle de coïncidence quand on a tout misé sur la vie et l'hérédité. Je voudrais en rire, mais je n'y arrive plus. Les quelques moments de répit sont consacrés à mon introspection, je veux partir la plus sereine possible et il faut que je comprenne pourquoi ce crabe s'est d'abord attaqué à mon sein. M'a-t-il touché dans ce qu'il y a de plus vulnérable en moi, ma féminité ? Et puis c'est quoi la féminité ? Une somme de caractères morphologiques, psychologiques et comportementaux ? J'ai pourtant quitté ma famille, j'ai tout fait pour être une personne indépendante, mais finalement je n'ai fait que de me heurter au pouvoir patriarcal d'ordre public et professionnel.

Ma féminité n'a jamais pris le voile des femmes mariées et c'est cette séparation qui est restée en tension, que je ne suis jamais parvenue à équilibrer. Du coup, avec du recul, il me paraît évident que le cancer se soit développé dans mon sein. Le sein pour dire une vie amputée de son rôle de femme et de mère ; le sein pour focaliser le lieu d'une possible égalité anatomique entre l'homme et la femme, avant que la culture patriarcale ne l'exclue, au nom d'un érotisme concupiscent. Mon crabe n'avait rien fait d'autre que de ronger mon accès à une jouissance par le corps, l'esprit et l'ambition. Ce faisant, il avait rongé de l'intérieur mon estime de moi en tant que femme et universitaire reconnue. J'avais tout entrepris pour être l'égale des hommes, mais ils m'avaient exclu de cet accès réel à l'égalité. Ils l'avaient accaparée comme on s'octroie une chasse privée, et moi je n'étais même pas un gibier que l'on pourchasse pour en faire un trophée.

Aujourd'hui, la douleur est devenue intolérable. J'ai tellement mal en moi que je veux en finir. Passer sous un train, me faufiler sous une meule de meunier, écraser ma douleur pour qu'elle cesse pour de bon. Je n'ai plus envie de me battre, d'ailleurs je n'en ai plus les forces mentales et physiques. Ma volonté de fer est maintenant fourbue. Pour tenir, façon de parler, je prends de plus en plus de morphine. Cette drogue du sommeil, qui vous déconnecte de la douleur, embrume votre esprit et vous fait littéralement lâcher prise au monde, crée une parenthèse éphémère où tout flotte autour de soi. Je ne ressens plus rien, plus rien ne m'atteint. Mais ces parenthèses durent de moins en moins longtemps. Un effet d'accoutumance s'est installé à force d'en prendre et je dois augmenter la dose pour que j'arrête de ressentir. J'ai besoin de quantités de plus en plus fortes pour que le poison laisse mon cerveau, tout entier attentif à la douleur, en paix.

La dose que je viens de prendre est quatre fois plus puissante qu'à l'accoutumée. Je suis une morphinomane, mais je n'en ai que faire, je ne ressens plus rien, je ne pense plus à rien, je ne rêve plus. J'ai enfin l'impression de retrouver ces espaces cotonneux et douillets dont je vous ai parlé il y a peu. Ma tête s'embrouille et s'embrume, une somnolence confuse s'installe. Je n'entends plus que le bruit sourd de mon cœur qui bat la chamade, ma respiration ralentit et mes bronches s'encombrent, mais tout cela m'est égal. J'ai fermé les yeux. Laissez-moi dormir.

Surdose, overdose ? On distribuera une brève hagiographie autour de ce cercueil qui m'emporte. On louera mon combat contre la maladie et puis mon acharnement au travail. Quelques proches sont là qui ont écrit ou disent des choses que l'émotion et les convenances estiment nécessaires, mais je sais bien qu'à la dernière pelletée de terre je retournerai dans l'oubli. J'ai toujours joué des seconds rôles, de ceux dont on ne se souvient jamais du nom à la fin de la représentation.

Et si j'ai su observer un monde microscopique avec méthode et constance, je n'ai pas su m'examiner avec la même intensité. Est-ce que je suis passée à côté de moi à force de vouloir être égale aux hommes de science ? La prochaine fois, je ferai autrement.

Post-scriptum

Cela fait maintenant deux fois que je vis une vie de femme. Déjà la première fois ce n'était pas évident, c'était à une époque où une partie de l'humanité se construisait contre une menace extérieure, la barbarie, qui avait une tout autre position que celle des civilisés, quant à la place et le statut de la femme dans la société. Cette fois, j'ai changé de civilisation et d'époque, mais, à ma grande surprise, la condition de la femme n'avait évolué que sur la forme. Les préjugés hérités des civilisations judéo-gréco-latines, mâtinés d'un christianisme conservateur, avaient la part belle. Le statut de prophétesse avait été remplacé par celui d'institutrice et les femmes continuaient à courber l'échine. Le mariage leur offrait un passeport pour forme d'inclusion dans la société, mais aucun visa ne pouvait raisonnablement leur être délivré pour l'accès aux sphères décisionnaires. L'honneur et la gloire habillent encore les hommes, tandis qu'ils affublent toujours les femmes de vertu et de discrétion !

Comment réussir sa vie quand on se sent exclu ? Quel genre de vie peut-on espérer avoir quand on appartient, de fait, à une minorité bâillonnée juridiquement, moralement et socialement ? Doit-on se battre pour obtenir son inclusion, de droit, dans une société qui repose fondamentalement sur un postulat discriminant ? Le pacte social n'est-il en fin de compte qu'un pacte du semblable au détriment du dissemblable ? Il ne m'appartient pas de répondre à ces questions, mais de les révéler afin que chaque individu, en fonction de ses aspirations et de ses origines, y confronte sa réponse. À ce titre, je crois que j'ai tout mis en œuvre pour que Nettie ne puisse y passer à côté.

Je l'ai accompagnée et j'ai cheminé avec elle de la mort de sa mère à son ultime dose de morphine. Je n'ai pas cherché à la détourner des mécanismes de survie qu'elle a développés tout au long de son existence. Chaque réponse qu'elle a trouvée, de l'endurance à l'opiniâtreté, de volonté à l'exigence, de l'audace au repli sur soi, de la satisfaction à l'amertume, n'a été qu'un outil de plus dont elle s'est servie pour aller au bout d'elle-même. Au jeu de la fable du chêne et du roseau, elle a su courber l'échine ou braver l'effort de la tempête. Elle a su se faire roseau pliant sous les fardeaux de la Nature comme elle a aussi cherché à résister sans courber le dos. Tantôt roseau, tantôt chêne, selon l'Aquilon ou le Zéphyr, elle s'est accrochée à ses rêves et sa passion, mais l'enfant terrible du Nord a finalement déraciné celle qui n'avait pas pris le temps de s'observer.

Que vous faut-il de plus ? J'étais dans les renflements de ses émotions et le bourdonnement de sa passion. J'étais à ses côtés quand, l'œil rivé au microscope, elle scrutait un monde insoupçonné et proposait de nouveaux postulats. J'étais dans son regard fier ou désenchanté, dans sa conscience d'être une femme et une scientifique, et dans sa désespérance à toujours devoir passer au second plan, au nom de sa condition d'infériorité. J'ai même assisté, impuissant, à sa noyade et ce que je regrette c'est de n'avoir pas eu le temps de lui dire au revoir. Dans ses derniers instants, je n'avais plus d'accès à elle comme elle s'était définitivement coupée d'elle-même. Quel dommage !

Durant cet accompagnement, une question me taraudait. La Vertu a-t-elle un genre ou n'est-elle que victime d'une usurpation ? Qui donne la Vertu ? Y a-t-il, comme un chromosome spécifique, quelque chose qui fertiliserait la Vertu ? C'est vrai que j'ai observé combien, pour les êtres humains, la Vertu se définit par un état décisionnel qui se situerait précisément entre deux formes d'excès contraires. À ce titre, la Vertu serait à égale distance de la passion et de la raison, de l'excès et du défaut, du masculin et du féminin. Mais, comme la Vertu se définit toujours par rapport à soi, que reste-t-il de la Vertu si le soi d'un genre se l'accapare à son seul profit ?

Oh ! j'aurais tant aimé lui faire comprendre combien la Vertu est rare, combien elle n'est pas à portée du premier venu. J'aurais tant aimé qu'elle dépasse le champ des émotions qui fertilise la Vertu. Mais comment lui en vouloir dans cette vie qui a été la sienne ? Pourtant je l'avais bien préparée à l'exercice de la Vertu. Tant sur le plan humain que professionnel, je l'avais habituée à l'entraînement du replay et je dois dire qu'elle y mettait du cœur. Mais le zèle, l'ardeur et la conviction qu'elle déployait se sont heurtés à un temps, des hommes et des nations. À un moment donné, j'ai cru qu'elle avait compris que la Vertu, et son cortège de mots-clés tels que l'équité et la justice n'avaient rien de statique, mais au contraire qu'elle était soumise à une évolution. La Vertu d'hier ne ressemblant pas à celle de son époque tout en conservant des traits communs. Parmi ces derniers, l'appropriation de la Vertu par les hommes mâles jouait le rôle de cette stabilité taxinomique qu'elle observait sur ses coléoptères, et cet aspect elle l'avait bien compris sans toutefois pouvoir le dépasser.

Ah l'ego, quel drôle de perturbateur du juste milieu que la Vertu est censée occuper. Sans ego que reste-t-il de l'idée, d'une forme et d'un contenu du soi ? Sans ego que reste-t-il de la res cogitans ? Trop d'ego tue l'ego tant il joue bien des tours à la raison comme à la conscience et la reconnaissance. Nettie s'est battue contre cet ego qui la poussait à vouloir être l'égale de l'homme. Elle s'est confrontée à son ego comme à celui des autres. Elle a intégré qu'il était une entrave à sa liberté et son développement. Et puis elle l'a combattu sans prendre conscience des dégâts que cela engendrait, sans imaginer un seul instant que ce genre de bataille peut s'achever sans vainqueurs ni vaincus.

Et pourtant que n'ai-je pas déployé comme moyens pour qu'elle puisse mettre son ego au service de quelque chose de plus grand qu'elle ? J'ai stimulé sa passion pour la biologie au point de la rendre plus nomade que sédentaire. J'ai multiplié les occasions lui permettant de prendre de la distance, que ce soit au travers de son microscope ou des jeux de pouvoir universitaires. J'ai favorisé l'éclosion de ses questionnements liant des branches différentes du savoir. J'ai été à la manœuvre, mais elle n'a jamais voulu faire de son ego un outil adapté et adaptable au voyage circonstancié qui mène de ce que je crois devoir être ce que je suis profondément, intimement. Son ego devait prendre la forme et la puissance de ceux qui l'entravaient dans sa volonté d'être égale. Elle se soumettait docilement à un ego qui ne lui appartenait pas. Ce faisant, elle en a payé le prix. Choisir pour modèle un ego qui n'est pas le sien tue.

Et la Vertu dans tout cela ? Vous comprenez pourquoi elle est si difficile à atteindre. La Vertu n'est pas un ego qui s'imposerait à tous. Voilà ce que j'ai compris en accompagnant Nettie. Voilà aussi ce qui donne du sens à mes missions et stimule mon envie de rejoindre cet ordre qui, au final, et tel que je le comprends, incarne l'humilité et la force ou la puissance. Être humble, prendre conscience de ses faiblesses, être à même de minimiser ses propres mérites, ne pas se voiler la face au nom de l'idée que je voudrais que les autres aient de moi, voilà une posture que je veux incarner.

Et si la Vertu n'est qu'un bâton de marche soutenant le cheminement vers ce que l'on est vraiment, alors il me hâte d'en être un.

Inventaire

En accomplissant sept fois des missions d'aide humanitaire, en côtoyant de l'intérieur sept vies et leur difficulté à naître à leur conscience et puis à la vivre, j'ai remarqué combien le désir profond d'accomplissement personnel qu'ont les humains est trop puissant pour n'être qu'une résultante acquise de leur construction sociale systématiquement utilitariste. Au nom de cette finalité, les hommes sont capables d'aller au bout d'eux-mêmes, de se mettre en danger quitte à se sacrifier. Faut-il n'y voir que l'expression de l'héroïsme, du don de soi désintéressé qui caractériserait la possibilité du dépassement de soi ou, au contraire, une résistance fondamentale à tout pacte social et politique ? Et si cette résistance chevillée à la nature humaine était le tendon d'Achille de l'homme, cette pente de l'esprit vers tout ce qui tient ou se résume à soi, cette forme d'amour-propre caractériserait-elle un égoïsme fondamental ou plutôt un instinct de survie ?

Mais l'égoïsme a mauvaise presse et, dans un monde politiquement correct, il faut en atténuer ou détourner les valeurs péjoratives. Ramené ou réorienté en idéal de réalisation de soi auquel l'être humain devrait s'attacher pour être heureux, équilibré, bien dans sa peau et ses envies, ce désir de réalisation de soi en devient presque vertueux, mais un doute subsiste. Cette nouvelle Vertu, crânement revendiquée par tous les influenceurs et les conseillers en mieux vivre qui peuplent la planète et ses réseaux, ne masquerait-elle pas une énième dérive de l'homme qui, après avoir réduit la nature à n'être qu'un décor pour sa comédie, se réduirait lui-même à n'être plus qu'un accessoire de sa propre tragédie ? Je au détriment d'autrui, voilà bien l'enjeu de la propagande de la réalisation de soi.

Derrière cette motivation profonde ne serait-il pas tout simplement question d'égotisme dissimulé, camouflé sous des prétextes et des causes que l'individu veut nobles, au moins à l'écran de son paraître ? Dès lors, la justice et la rédemption par le sacrifice, l'obéissance, la tolérance, la liberté, l'égalité et la fraternité, tous ces slogans qui font la fierté des esprits communautaires et des nations, ne seraient-ils pas complètement viciés par cette tendance à tout rapporter à soi afin de sauvegarder l'avantage qu'une minorité aurait à façonner, transformer et maintenir les intérêts et les plaisirs des autres sous contrôle ?

N'y aurait-il donc pas de limite à l'égoïsme, rien qui ne puisse l'arrêter ? À m'appuyer au plus près des sept vies que j'ai eu l'occasion de vivre, je ne perçois rien qui puisse contredire, fondamentalement et durablement, cette conduite ou cette attitude qu'à l'homme de ne s'occuper que de ses intérêts. Oh bien entendu, il reste toujours quelques hommes de bonne volonté, mais cela reste insignifiant tant au regard d'une population mondiale qui ne cesse de croître, qu'au niveau de la succession des nations et des civilisations.

Or en affirmant que l'égoïsme est la caractéristique fondamentale de l'être humain, je ne veux pas induire que l'ordre des Âmes et celui des Vertus n'ont pas les moyens de mener à bien leurs missions. Si tel était le cas, cela n'aurait aucun sens que j'expose devant vous mes motivations à rejoindre cet ordre.

Ce que je veux dire, c'est que si parfois la Vertu est venue s'opposer à l'égoïsme, en proposant une alternative au tout pour soi, ce courage et cette force sont rapidement dévoyés en arguments marketing, politiques ou religieux, quand ils ne sont tout simplement pas dénigrés ou dévalorisés par ses opposants qui, au nom d'une désuétude morale, ont trouvé là une stratégie de relégation bien commode pour éviter de mettre en lumière leurs propres motivations et agissements.

La Vertu ne laisse personne indifférent. On s'en empare, on s'en drape ou on s'en déshabille au gré des objectifs que l'on se donne et finalement on la vide de ses qualités. Plus on en parle et moins on s'y fie, plus on l'expose et moins elle est noble, plus on la confesse et moins on y croit. Les maîtres du soupçon sont passés par là. La Vertu dans ses excès n'est au mieux qu'une lâcheté, au pire une forme du vice. Où sont passés les hommes qui voulaient faire correspondre leurs paroles à leurs actes ? Ont-ils tous succombé à la tentation de faire de leur expérience personnelle un modèle de la Vertu ? Ont-ils tous déserté leur propre demeure ? Entre universalité et singularité où se joue la Vertu ?

Dans son fondement comme dans son action, ne présuppose-t-elle pas une conversion de l'orientation de la motivation, au niveau de la structuration profonde de l'homme pris dans une tension permanente entre vice et vertu, rationalité et irrationalité ? Et dans cette tension permanente, doit-on se résigner à ne pouvoir agir qu'en provoquant des mouvements de balancier entre ces deux pôles du psychisme de l'humain ? Où est la nouvelle Vertu que l'homme devrait s'approprier pour se surmonter et non pour se sauver de lui-même ou de ses croyances ? Existe-t-elle ou faut-il l'inventer ? Par l'exigence, qui est une forme de dureté envers soi-même, ou par l'impératif, posant une réalité supérieure qui permettrait à l'homme de se dépasser plus ou moins objectivement, différentes voies ont été explorées et toutes ramènent à cette question de la finalité qui conditionne, plus ou moins implicitement, les choix des actions et des valeurs que l'homme se donne. À se considérer comme sa propre fin, l'homme est-il condamné à devenir un surhomme pour se protéger de lui-même ? À considérer qu'il y a un Être créateur, un monde idéal, une loi morale universelle, ne peut-il qu'espérer de salut que gracieux ?

C'est fort de ces questions que je souhaite rejoindre l'ordre des Vertus, car c'est bien au niveau de la protection que l'être humain se donne, pour éviter de sombrer dans ses propres abîmes, que se joue la partie. Elles incarnent depuis toujours la force et la constance dans les missions et les projets qu'elles mènent. Elles sont inébranlables et incorruptibles parce qu'elles ont une perception claire de tous les risques et les tentations qui peuvent surgir. On les représente souvent avec un livre à la main pour mieux les relier à la connaissance éclairée qui se fonde sur l'idée d'un bien absolu. Or quel est ce bien si ce n'est cette zone de protection que les Vertus se donnent comme frontière ou espace limite de leurs vouloirs et de leurs désirs ? Le bien, pour ce que j'entrevois des Vertus, c'est un bien qui ne saurait être nuisible, mais peut-il être de même nature que celui que quelques hommes cherchent depuis leurs commencements ?

Avec Abel, nous avons exploré le rôle de la tolérance dans la Vertu, car je pensais que cette dernière impliquait un choix et une persévérance nécessaires au salut des existences marquées d'absurde et d'impasses. La Vertu m'apparaissait alors comme une boussole évitant les errements des hommes. Je la voyais comme un outil d'autoréconciliation. Au final, je n'ai fait que donner raison à ceux qui la voient comme une qualité d'exception. La Vertu lui a-t-elle été nuisible ? Avec Tomas, nous avons cheminé le long d'un autre aspect de la Vertu, celui de l'obéissance. Là encore, la Vertu a montré l'envers de son décor. Au nom d'une mise en conformité de ce que je crois être avec un idéal qui peut m'être « autre », la vertu comme obéissance absolue peut être aveugle et aveuglante. Qu'à cela ne tienne, avec Ernesto, poursuivant cette variation eidétique de la Vertu, nous nous sommes enfoncés sur le sentier de l'engagement. Et si la Vertu est engagement absolu, si elle peut être créatrice, est-ce au prix d'un recommencement permanent ? La Vertu de l'engagement serait-elle le rocher de Sisyphe ? Et puis, avec Mélissa, s'est posée la question de savoir si la souffrance était une Vertu. Une Vertu illusoire ou bienfaisante ? Un accès à la sagesse ou à la rédemption ? Pour les tenants d'un dolorisme valeureux, les adeptes d'une résilience de comptoir et tous les psychologues de la vie ordinaire pour qui « ce qui ne tue pas rend plus fort », la souffrance est un sport de combat pourvu qu'ils n'y soient pas concernés eux-mêmes. Et là encore, je dois dire que le prix à payer a largement été supérieur au bénéfice attendu. Quoi qu'il en soit, Mélissa a bravé cette épreuve au nom d'une coïncidence avec elle-même. Alors s'est posée pour moi cette question de savoir si la Vertu ne pouvait être que tragique. Asoka a été un arc-en-ciel dans l'orage de la Vertu qui s'abattait sur moi depuis mes premiers accompagnements. Sur cette voie d'une éthique de l'émotion, pour une fois la Vertu sortait de la logique des contraires et dépassait celle de la réciprocité. J'avais trouvé une clé. Se fonder sur des émotions individuelles pour les transcrire dans un espace transindividuel, cela revenait à fonder une morale de l'émotion et faire de l'émotion une Vertu. Mais si Asoka a touché du doigt la Vertu, c'est pour mieux constater qu'elle ne se transmet pas, que le fruit de l'expérience acquise reste définitivement intransmissible. Alors c'est vrai qu'avec Ernesto, la question de la mémoire semblait aller de soi. Si les acquis de l'expérience ne se transmettent pas, est-ce dû à un problème de mémoire ? Quelles liaisons sémiotiques sont à l'œuvre pour qualifier une perception, une posture ou une action, de vertueuse ? Et puis, si faire mémoire n'est qu'une forme d'un replay qui dépasse les limites d'une existence, peut-on réellement y voir une forme de Vertu ? Comme vous le constatez par vous-mêmes, j'ai profité de ces tutorats officieux pour y voir un peu plus clair et je dois dire que j'ai été servi.

Car si je comprends la démarche qui est celle des Vertus, je m'interroge encore quant à son application dans l'espace-temps humain. L'idée d'une Vertu à égale distance de deux pôles contraires est séduisante, mais elle pose la question de celui qui la détermine ainsi. Quel est ou serait ce « nous » à partir duquel se fonderait la Vertu ? Est-ce que ce « nous » vertueux posant l'idée même de bien pourrait résister et ne pas être transformée par la marche du temps qui porte ou détruit les évolutions et les civilisations ? Y aurait-il une permanence du bien accessible à tous les hommes, quelles que soient leurs époques et leurs croyances ? Et c'est avec Nettie que nous avons encore une fois touché les limites de ce « nous » posant la Vertu. Quand la Vertu prend les caractéristiques, les attributs et les valeurs qu'une moitié de l'humanité se donne, n'assiste-t-on pas là à une confiscation qui se fait au détriment de l'autre ? Et comme toujours, « la raison du plus fort est toujours la meilleure ».

Je sais, cet inventaire à quelque chose d'un discours sur la fatalité et je vois à vos attitudes que vous êtes interloqués de cette manière de défendre sa candidature à l'ordre des Vertus. Faut-il toujours se vendre, quitte à prendre un chemin de Canossa, pour intégrer un groupe, pour faire partie d'une tribu, ou tout simplement être reconnu ? J'entends déjà vos arguments contraires. Vous allez me dire que vous avez déjà donné aux hommes la clé du point d'articulation à partir duquel ils peuvent se construire en Vertu et que ce n'est pas de votre responsabilité s'ils ne veulent pas la prendre. Les mythes et les croyances que vous leur avez suscités ramènent sans cesse l'homme à sa dualité originelle. Mi-ange, mi-démon, Junon, le réel et son double dans la figure du jumeau, le Doppelgänger, l'Amphitryon, l'ombre et l'âme, sont autant d'expressions symboliques qui renvoient continuellement à ce risque de mise en abîme, propre à la conscience de l'espèce humaine. Un, mais double, comme le ruban de Möbius, avec ce risque de s'exténuer à vouloir tenir les deux aspects de sa personnalité sur un même plan. Un, mais double tout en voulant trouver un point d'équilibre, une Vertu.

Vous avez donné la solution à l'énigme de la Vertu : « nul ne peut servir deux maîtres ». Mais lequel choisir afin de se préserver ? Y en aurait-il un qui ne soit pas, poussé à l'extrême, une menace pour l'autre ? Ne pouvoir tenir simultanément les deux aspects d'une personnalité tout en essayant de garder un équilibre dans la voie du bien, de manière qu'elle ne soit jamais totalitaire ou intransigeante et par conséquent exclusive, est-ce une vue de l'esprit, une forme de schizophrénie, une idée directrice ou régulatrice, un cheminement ? Pardonnez-moi si je vous dis qu'à mes yeux toute cette histoire de Vertu n'est qu'une construction sociale. Un moyen bien insidieux de soumettre et puis de contrôler. Loin d'accéder au bonheur et à la compréhension élargie de ce qu'est une existence, chaque fois cette invention broie les faibles ou les rebelles, tous ceux pour qui la valeur d'une vie ne se résume pas à l'approbation de la majorité.

Après sept vies, je pose le constat qu'il n'y a d'hommes que d'errements. Seuls les fous et les simples d'esprit s'accrochent à considérer qu'il n'y a qu'une voie à suivre. Moi, je n'ai pas fait autre chose que d'accompagner les hommes à travers leurs questionnements. J'ai essayé de les faire naître à eux-mêmes. J'ai suggéré, j'ai mis en situation, j'ai stimulé, mais je les ai toujours laissés libres de leurs choix. Avec le recul, je me rends compte que le choix et l'application éthique qui en découlent ne consistent pas tant à privilégier telle ou telle voie qu'à assumer la totalité du sensible et du spirituel qui forment les deux racines de l'homme. La tâche est ardue et je conçois aisément qu'il faille plus que sept vies pour s'y rapprocher. Et si au départ je voulais rejoindre votre ordre pour devenir à mon tour un garde, un garant de l'incorruptibilité, un modèle de Vertu, aujourd'hui, en vous prenant à témoin, je veux publiquement renoncer à ce désir.

Accordez-moi le privilège d'être une âme déchue. Accordez-moi l'exil, sous forme d'une vie à soi ou d'un éternel recommencement. Je renonce à la connaissance absolue parce que je veux expérimenter le doute, la peur, la mort et la liberté qui surgissent quand il n'y a plus d'autre alternative. Au cœur des discontinuités qui s'ouvrent quand l'habitude trébuche, je veux explorer l'imaginaire. Par-delà bien et mal, je veux être cette intention qui se donne et se propage, qui encourage et console, qui vibre de tous les bonheurs et de toutes les peurs.

Une éternité sans choix, sans risques, sans erreurs, voilà bien une punition à laquelle je ne suis pas prêt à me soumettre.

Imprimé en Allemagne
Achevé d'imprimer en juillet 2023
Dépôt légal : juillet 2023

Pour

Le Lys Bleu Éditions
40, rue du Louvre
75001 Paris